饭店部门经理实务手册 系列丛书

饭店行政总厨实务手册

☆☆☆☆☆

潘宝明 杨玉臻 陈 香 ◆编著

旅游教育出版社
·北京·

责任编辑：兰　琳　王　薇

图书在版编目（CIP）数据

饭店行政总厨实务手册/潘宝明,杨玉臻,陈香编著.—北京：
旅游教育出版社,2007.8
（饭店部门经理实务手册系列丛书）
ISBN 978-7-5637-1532-9

Ⅰ．饭… Ⅱ．①潘…②杨…③陈… Ⅲ．厨房—管理—手册
Ⅳ．TS972.3-62

中国版本图书馆 CIP 数据核字（2007）第 109970 号

饭店部门经理实务手册系列丛书

饭店行政总厨实务手册

潘宝明　杨玉臻　陈　香　编著

出版单位	旅游教育出版社
地　　址	北京市朝阳区定福庄南里1号
邮　　编	100024
发行电话	（010）65778403 65728372 65767462（传真）
E-mail	tepfx@163.com
排版单位	首都经贸大学出版社激光照排部
印刷单位	中国科学院印刷厂
经销单位	新华书店
开　　本	787×960　1/16
印　　张	13.125
字　　数	212 千字
版　　次	2007 年 9 月第 1 版
印　　次	2007 年 9 月第 1 次印刷
印　　数	1～5000 册
定　　价	20.00 元

（图书如有装订差错请与发行部联系）

"饭店部门经理实务手册"系列丛书出版说明

我国申奥成功和中国旅游业的迅猛发展,给中国饭店业在服务、管理上提出了更高的要求。作为饭店中层管理人员的部门经理,其素质高低直接影响到人们对中国饭店业的整体评价。因此,积极开展岗前培训和在岗培训势在必行,而一本好的培训教材更是十分必要。

为适应新的饭店业培训的需要,我们邀请全国各知名旅游院校的老师和旅游行业经验丰富的管理者,一起编写了这套针对部门经理的培训用书。全套教材共有9册,分别涉及餐饮部、营销部、客务部、保安部、行政总厨等9个主要部门,与同类出版物相比,此套书具有以下特色:

第一,实用性强。全套教材以读者的实际需要为出发点,紧密结合饭店工作实际,结合新技术、新理念在旅游饭店的实际运用,切实解决饭店部门经理在实际工作中遇到的难题难点,力争使读者从本书中能直接得到解决问题的具体方法。

第二,针对性强。此套教材的读者群众是饭店各部门的部门经理以及即将上任部门经理的人员。提炼的问题也是部门经理在实际工作中遇到的或可能遇到的难点,剔除了服务人员层次和更高一级管理人员的内容,因而更具有针对性。

第三,体例新颖。此套教材避免了与其他教材类似的传统体例,对于理论知识讲得很少,而是根据部门经理在实际工作中所遇到的真实难点提炼出若干个问题,从具体问题展开分析,旨在解决实际问题,而非笼统地传授知识。值得一提的是,我们在要求作者提炼问题时,特别强调问题不能太"大",过于宽泛,这样有利于更深入地探讨。

图书的出版是一个不断完善的过程,作为国内唯一的一家旅游教育专业出版社,希望得到广大读者一如既往的关心和支持。对教材使用中的问题,更希望得到广大读者的积极反馈,我们定会不断以专业的精神提高我社教材的专业品质,回报广大师生与读者对我们的厚爱。

旅游教育出版社

目　录

模块一　厨房设计和布局 ··· 1
- ◆ 怎样设计主厨房？ ·· 1
- ◆ 厨房设计时，如何符合卫生部门清洁生产的要求？ ········ 7
- ◆ 如何做到冷菜间的合理布局？ ································· 13
- ◆ 明档餐饮的利弊在何处？ ·· 17
- ◆ 洗碗间设计如何才能合理？ ···································· 20
- ◆ 厨房设计时如何预防噪声影响餐厅客人？ ················· 23
- ◆ 厨房生产运转过程中，如何有效地使用冷藏设备？ ····· 25
- ◆ 如何做好传菜部的管理工作？ ································· 28

模块二　人员管理 ·· 32
- ◆ 如何增强厨房团队凝聚力？ ···································· 32
- ◆ 如何建立"用人追究责任"制度？ ···························· 36
- ◆ 如何调动后进员工的积极性？ ································· 40
- ◆ 怎样杜绝厨房的"跑冒滴漏"现象？ ························ 43
- ◆ 如何做到"奖不重亲，罚不避贵"？ ························ 46
- ◆ 如何开展技能竞赛活动？ ·· 50
- ◆ 如何正确处理厨房包厨对于人员管理的影响？ ··········· 55
- ◆ 厨房管理中怎样做到责权对等？ ······························ 59
- ◆ 如何协调不同岗位员工之间的关系？ ······················· 65
- ◆ 如何实施制度化管理？ ··· 71

模块三　成本控制 ·· 75
- ◆ 加工过程中发现原料不合格怎么办？ ······················· 75
- ◆ 怎样在竞争投价中选择供应商？ ······························ 78
- ◆ 如何控制贵重原料的采购权？ ································· 82
- ◆ 如何对厨房所领原料进行检查？ ······························ 86
- ◆ 怎样进行原料的综合利用？ ···································· 89
- ◆ 如何合理控制菜肴的综合毛利率？ ··························· 92

- ◆ 如何控制饭店餐具的破损？·· 96
- ◆ 如何控制厨房生产费用？·· 100

模块四　质量控制·· 106
- ◆ 如何建立菜肴质量跟踪评估体系？·· 106
- ◆ 怎样制作标准食谱卡？·· 109
- ◆ 怎样建立菜肴销售龙虎榜档案？·· 113
- ◆ 如何理解"零库存"？·· 116
- ◆ 怎样实施菜肴口味标准化管理？·· 119
- ◆ 对原料加工规格如何严格把关？·· 124
- ◆ 如何发挥菜肴研发中心在厨房生产管理中的作用？·· 128
- ◆ 如何开发酒店看家菜？·· 133
- ◆ 如何对员工进行厨艺培训？·· 138
- ◆ 在生产管理过程中如何做好重点控制？·· 143
- ◆ 就餐客人反映菜肴口味不好找厨师长怎么办？·· 147
- ◆ 怎样建立客史档案？·· 151
- ◆ 如何提高厨房生产的效率？·· 155
- ◆ 如何进行厨房生产的营养控制？·· 159

模块五　经营管理·· 165
- ◆ 怎样筹划美食节活动？·· 165
- ◆ 如何合理安排会议餐？·· 169
- ◆ 如何合理安排VIP会议菜？·· 173
- ◆ 怎样协调厨房与餐饮部和宴会部的关系？·· 177
- ◆ 怎样协调厨房与营销部之间的关系？·· 181
- ◆ 怎样协调厨房与采购部之间的关系？·· 184
- ◆ 怎样协调厨房与工程部之间的关系？·· 186
- ◆ 厨房生产运转过程中如何预防事故发生？·· 190
- ◆ 怎样策划餐饮营销方案？·· 196
- ◆ 如何建立合理的厨房工资分配方案？·· 200

模块一 厨房设计和布局

**怎样设计主厨房？**

厨房的设计与布局是否合理,直接影响到餐饮产品的质量、厨房的生产效率和厨房生产人员的工作情绪,也关系到投入的资金是否能得到充分的利用。厨房的设计尤其是主厨房设计的合理,才有可能谈得上布局。因此,主厨房的设计与布局对厨房生产和管理来说是至关重要的一步。

厨房设计的趋势受西方快餐公司中心厨房生产的影响,饭店利用中心厨房生产,将厨房加工变为工厂的车间是当前餐饮的一大生产风格。中心厨房的生产加工使烹饪操作规模化、规范化、标准化,并且方便各点厨房的工作效率。对于饭店企业来说,就是将分散的、零星的厨房或店铺原料加工集中起来,由一个专门的原料加工小组统一进行,形成一定的加工规模,使各个厨房分享效益。而且保证了各点厨房产品的质量标准,统一了产品的规格水平。每个厨房根据菜单的要求和经营状况每天提前通知加工中心,各厨房不需再用人员加工原料,这样大大减轻了整个分厨房的负担,同样也降低各厨房的加工费用和人员消耗的费用,这是我们应该注意的。

一、如何预防

防火墙一:必须了解主厨房设计与布局的基本要求

主厨房的设计与布局是饭店总体设计布局中较为复杂、难度较大的一部分,因为主厨房的设计布局是随着新产品的开发、先进烹饪设备的运用以及市场需求的变化而不断地改进和发展的。主厨房的结构变化逐渐由综合型向功能型发展。影响主厨房设计布局的因素很多,比如,建筑面积的大小、生产功能的差异,以及不同的烹饪设备、不同的能源、不同的投资标准,等等。另外,主厨房在设计布局时有无专业人员的参与也是很重要的。所以,无论是厨房的生产者,还是厨房的管理者,都必须了解主厨房设计与布局的基本要求,避免造成主厨房的布局与设计的不合理。

防火墙二:主厨房设计必须保证厨房生产流程的畅通

主厨房设计必须保证厨房生产流程的畅通,避免厨房内的人流、物流的交叉和碰撞。主厨房生产从原料购进、加工、切配、烹调直到销售,是一个连续的流程,在这一流程中,生产人员相对集中,工种多、货物杂、操作工序复杂,尤其要避免人员的大幅度走动,避免生产的工序颠倒、货物回流等现象;也要防止厨房内行走路线的交叉,防止跑菜人员与厨房工作人员的碰撞等现象。

防火墙三:厨房必须以主厨房为中心进行设计与布局

有些饭店只有一个厨房,也有的饭店有多个厨房。所有厨房生产都离不开一些辅助设施,比如食品仓库、冷库、厨师的更衣室、主要运输道口等。这些设施应尽量靠近主厨房。由于主厨房的生产量大,消耗物品多,因此,设计布局时要以主厨房为中心。

主厨房要尽可能靠近餐厅,中国菜的一大特色就是热菜热吃,厨房与餐厅如间隔距离太远,一会影响出菜的速度,二会影响菜点成品的质量,三会造成人力的浪费。

二、基本对策

步骤一:主厨房的具体布局

主厨房的具体布局,就是确定厨房生产各部门的具体位置,同时把根据生产需要所选定的设备、工具合理地组合到每一个操作点并分布在厨房内的过程。因而,科学合理的厨房布局首先是厨房的有效功能的连接。如图 1-1 所示。

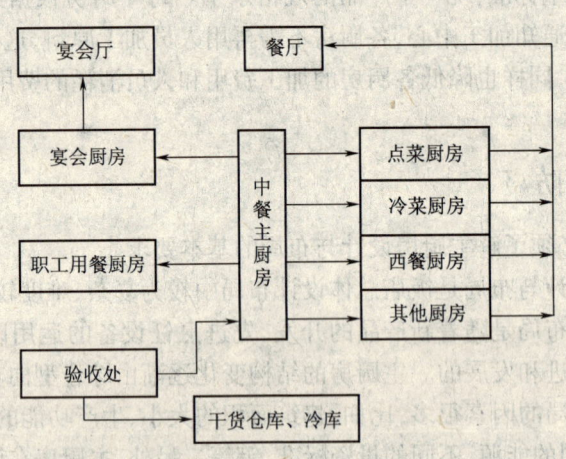

图 1-1 主厨房功能连接示意图

主厨房是负责各分厨房所需原料进行加工的场所。各分厨房可根据生产计划书及菜单向主厨房领取净料或半成品。因此,主厨房要与原料的进货、验收、食品仓库、各类配套厨房、餐厅等设施有效地连接起来,以达到合理布局的要求。同时布局也要考虑到厨房的操作流程。只有这样,才能真正保证厨房的各道工序顺畅流通。

有效的连接与操作流程,都强调合理性。有效连接就是要把相关的部门有效地安排在一个连接点上,避免生产路线的交叉和物品的回流。操作流程的畅通,可减少原料在生产过程中的囤积,减少人员和原料的流动距离,减少厨房工作人员对原料、用具、设备的使用次数和时间。强调操作流程的畅通,是为了充分地利用设备和厨房的空间,注重各环节的控制,降低生产成本。如图1-2所示。

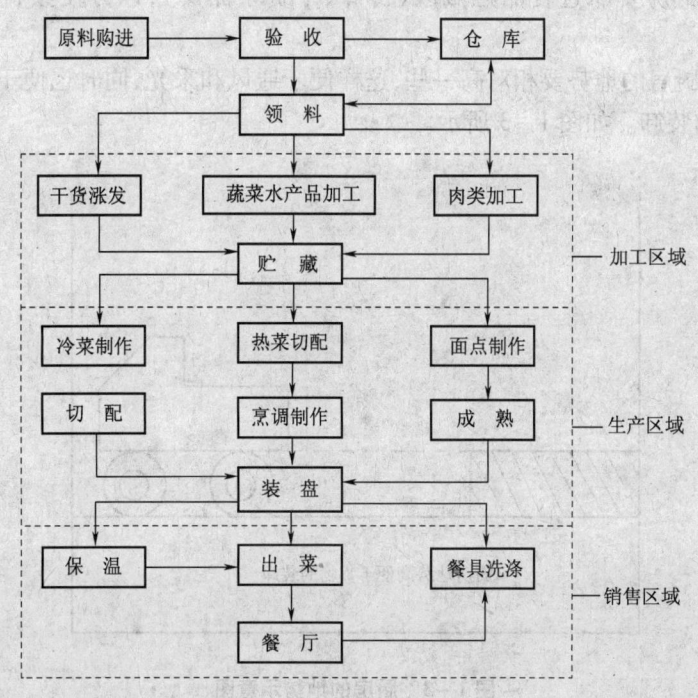

图1-2 厨房操作流程示意图

步骤二:主厨房的整体布局

根据主厨房布局要求和厨房生产特点进行合理组合,确定各岗位的面积、设备和位置。充分利用现有的厨房面积,改善操作环境,提高工作效率。厨房的整体布局应考虑以下几个方面:

1. 人流走向

从员工上班到更衣,最后进入岗位,这条人流的路线是畅通的。

2.物流走向

从原料的进货、验收、贮藏,从领料、发料到加工、切配、烹调直至走菜这条物流线是畅通的。

步骤三:厨房位置的确定

在总规划的前提下,设计时应尽量将主厨房安排在方便进货、领料,方便工作联系,方便生产管理的区域内。在厨房位置的设计上,要求整体与局部相协调,以达到最佳效果。具体的要求是:

(1)为利于厨房生产,主厨房最好设在底楼。分厨房应靠近主厨房,这样除了利于生产管理,还可节省多种开支,有利于水、电、气等设施的相对集中。

(2)主厨房要尽量靠近所对应的餐厅,以缩短服务员的行走路程和时间。

(3)主厨房要靠近食品贮藏区(冷库、干货杂品库),以方便领料和货物的运送。

(4)主厨房的地势要相对高一些,这样便于通风和采光,同时也便于污水的排放和货物的装卸。如图1-3所示。

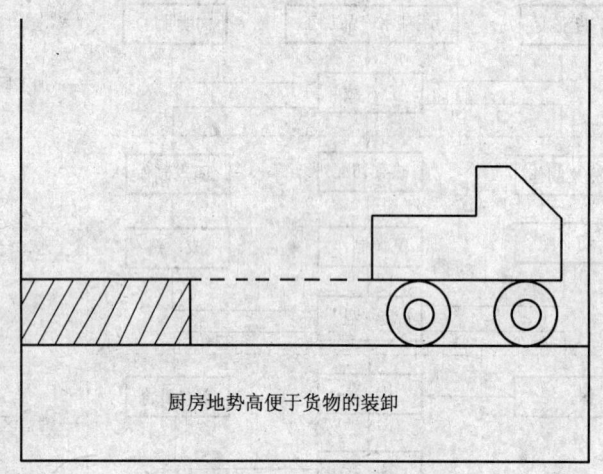

图1-3 厨房的地势示意图

步骤四:确定厨房面积

确定厨房面积大小有以下四种方法:

1.按餐座数计算厨房面积

厨房面积是根据生产需要而定的,因此不同类型的餐厅相对应的厨房面积也各不相同。一般来说,供应自助餐餐厅的生产厨房,每一个餐位所需厨房面积约为 $0.5m^2 \sim 0.7m^2$;供应制作简易食品的咖啡厅的厨房,由于供应品种较少,且大部分使用半成品,因此每一个餐位所需厨房面积约为 $0.4m^2$。大型的宴会厅、风味厅所对应的厨房面积就要大一些,因为供应品种多,规格高,烹调过程复杂,厨房的使用设备多,所以每一餐位所需厨房面积约为 $0.5m^2 \sim 0.8m^2$,详见表 1-1。

表 1-1 每类餐厅餐位数所对应的厨房面积对照表

餐厅类型	厨房面积 m^2/每餐位	后场总面积 m^2/每餐位
自助餐厅	0.5~0.7	
咖啡厅	0.4~0.6	1~1.2
正餐厅	0.5~0.8	

2. 根据就餐人数计算厨房面积

根据就餐人数来计算厨房面积其实并不十分科学,因为就餐人数是一个变量,而厨房的面积则是相对固定的。但如果按餐厅年均就餐人数来定,那准确性就高多了。因此,利用此方法来计算时,应对餐厅的全年就餐人数作一综合分析,以求得适当的厨房面积。一般来说,就餐人数越少,对每位就餐客人所需的平均生产面积就越大。另外,档次高的餐厅,菜肴加工复杂的餐厅所需厨房面积也要更大些。详见表 1-2。

表 1-2 不同就餐人数时每人所需厨房面积对照表

就餐人数	平均每位用餐者所需厨房面积 m^2/人
100	0.697
250	0.48
500	0.46
750	0.37
1 500	0.309
2 000	0.279

3. 餐饮部各部分面积的分配比例

厨房的面积在整个餐饮面积中应有一个适当的比例,餐饮部各部门的面积分配应做到相对合理。一般来说,厨房的生产面积应占整个餐饮总面积的21%,仓库占8%。这里需要指出的是,在市场货源供应充足的情况下,厨房仓库的面积可相应缩小一些,厨房的生产面积可适当大一些。见表 1-3。

表 1-3 餐饮部各部分面积比例表(餐饮部总面积为100%)

各部门名称	百分比	各部门名称	百分比
餐厅	50%	仓库	7%
客用设施	7.5%	员工设施	3.5%
厨房	25%	办公室	1.5%
清洗	5.5%		

4. 厨房各作业区的面积比例

厨房总面积确定以后，还须进一步确定厨房各作业区的面积比例。首先，炉灶区的所占比例最大，这是因为炉灶本身所占的面积要比其他设备大。其次是加工区，对于加工区的面积大小，可根据其职能的多少来确定。有些厨房的加工间只需要对烹饪原料进行初步加工（如洗涤、宰杀、摘拣等），而有些厨房的加工间不仅要对原料进行初加工，还要对各类原料进行精加工（如切割、上浆、初步熟处理等）。由于加工内容越多，相对所需的设备、用具也就越多。因此，加工间的面积应根据其职能需要来确定。见表1-4。

表1-4 厨房生产区域面积比例表

各作业区名称	所占百分比	各作业区名称	所占百分比
炉灶区	32%	冷菜区	8%
点心区	15%	烧烤区	10%
加工区	23%	厨师长办公室	2%
配菜区	10%		

以上所述的几种面积预定方法，只是一般常规的计算法。

三、案例分析

图1-4是某饭店中餐主厨房布局示意图。

分析：

从图上看出，加工与切配的距离较远，由于该厨房面积较小，原料从洗涤、宰杀、刀工处理直至上浆、焯水都在加工间完成，配菜区只负责一些小料和配料的刀工处理，其主要任务是配菜，所以，配菜区较小。面点间紧靠炉灶区的蒸锅，这是因为面点间内无蒸锅，凡上笼蒸的点心都必须在蒸锅上进行。炉灶区呈L形依墙排列，炒灶、炖灶、低灶（用于制汤摆放汤锅或汤桶的一种较低的炉灶）在同一侧。烤炉、蒸锅，组合在另一边，同置于通风排气罩下，这样厨师能较便利地使用每一组设备，减少行走路线，也便于排风设备的安置和换气。

四、提示

首先，随着社会的发展，工业化食品加工业的兴起，厨房使用的烹饪原料也逐渐从粗料向加工料或半成品发展，由于厨房使用的原料改变，加工间面积可相对缩小。其次，随着经济的发展，地皮房价成本增高，经营者要想获取更大的利润，就需要扩大餐厅面积，尽量缩小厨房面积，以达到降低成本费用的目的。再次，由于交通的发达，原料供应丰足方便，无须大批量进货，厨房面积、仓库面积也相对缩小，

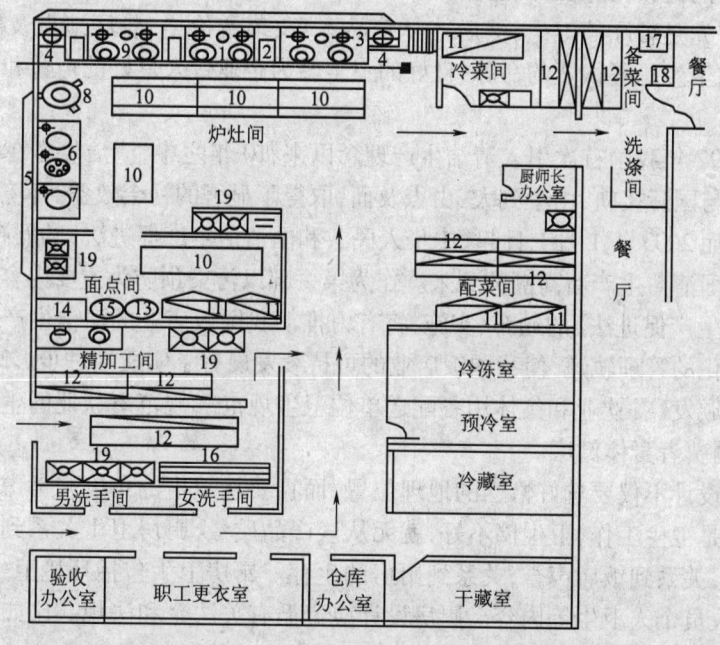

图1-4 中餐主厨房布局示意图
1. 双头强力炒灶(连汤锅) 2. 调料池柜 3. 水龙头 4. 低灶(又称矮仔灶、汤灶)
5. 油烟罩 6. 中式蒸灶 7. 大锅灶 8. 烤鸭炉 9. 炖灶 10. 工作台
11. 冰箱 12. 带架工作台 13. 和面机 14. 电烤箱 15. 木面工作台
16. 货架 17. 制冰机 18. 保温箱 19. 水池

这是社会发展的需要,也是新型功能性小厨房出现的基础。规模较大的饭店或餐厅、厨房较多的大酒店可通过建立"中央工场",对饭店内部或连锁分店的餐厅、厨房实行统一采购、集中储备、集中加工,把加工后的原料或半成品送至各店铺厨房,使其稍作加工烹调便可出售,既能保证产品质量、降低产品成本,又能减轻分厨房的负担、加快经营效率。

厨房设计时,如何符合卫生部门清洁生产的要求?

我国餐饮行业普遍提倡:菜肴品质就是餐饮业经营的生命。而国外饮食界则普遍认同:食物的安全卫生是无价的,是顾客选择餐厅、餐厅争取回头客的基本要素之一。真正意义上的美食,应该既包括美味的佳肴和周到的服务,又包括餐饮环境和厨房卫生,从而真正满足消费者生理需要和心理审美的双重需求。中国的厨房生产应在注重色、香、味、形的同时融入国外有关食物安全卫生第一的观念。美国餐饮管理协会对美国公民选择餐厅的调查材料显示,美国公民对各种餐厅的选择标准,首先是餐厅的卫生,然后才是菜品本身、菜肴价格、餐厅地点及服务态度等。因此,卫生是餐饮业的命脉,良好的卫生会为企业带来良好的声誉和可观的经济效益。

自1992年我国首次引入清洁生产理念以来,10年之中,清洁生产在我国从朴素自发到与国际接轨,由小到大、由点及面,取得了显著的社会效益、环境效益和经济效益。而2003年1月1日起《中华人民共和国清洁生产促进法》的颁布实施,则标志着我国清洁生产新高潮的到来。作为第一部以污染预防为主要内容的专门法律,《清洁生产促进法》的颁布、实施,将有力推动我国饭店业的清洁生产走上规范化和法制化的管理轨道,使我国饭店业的可持续发展有了实质性进步。2005年10月卫生部颁发《餐饮业和集体用餐配送单位卫生规范》,规范餐饮业的生产经营行为,保证消费者身体健康。

厨房设计不仅要选好恰当的地理位置,而且要从卫生的角度来考虑。厨房的头等大事是卫生工作,卫生搞不好,就无从谈产品质量,厨房卫生关系到消费者的身体健康,关系到饭店声誉,关系到厨房的生存。厨房卫生包括环境卫生、食品卫生、工作人员个人卫生等内容。厨房设计应遵循有关法令和法规。比如,《食品卫生法》对饮食部门提出的有关规定,包括卫生防疫、环境卫生等要求。

一、如何预防

防火墙一:充分认识饭店清洁生产设计的必要性

1. 消费市场不断增长的环保需求

从20世纪90年代开始,世界进入了环保时代、绿色时代,根据国际经合组织的统计资料,现在世界每年的绿色消费额在2 000亿美元以上,而且呈急速增长的趋势。人们在生产和消费过程中,越来越注重自然资源与环境的保护。饭店业消耗大量自然资源,排放大量废弃物是不争的事实,面对日益增长的绿色消费市场的需求,饭店业必须迎头赶上,塑造自己重视环境保护的新形象。

2. 环境成本和风险的降低与规避

环境成本是指本着对环境负责的原则,为管理企业活动对环境造成的影响而被要求采取的措施成本,以及因企业执行环境目标和要求所付出的其他成本。我国以往的环境治理采用的是"末端治理"模式,即"先污染、后治理",以期实现主要污染物的达标排放。这种模式虽然取得了一定的效果,但也存在着治理成本高、难度大,污染物易转移等明显的弊病,使得环境成本较高。清洁生产强调生产过程中的预防和控制,其最终结果是使企业管理水平、生产工艺技术水平得到提高,资源得到充分利用,环境从根本上得到改善。因而,清洁生产找到了环境效益与经济效益相统一的结合点。

防火墙二:按《清洁生产促进法》定义进行清洁生产的设计

这是指不断采取改进设计、使用清洁的能源和原材料、采用先进的工艺技术与设备、改善管理、综合利用等措施,从源头削减污染,提高资源利用效率,减少或者避免生产、服务和产品使用过程中污染物的产生和排放,以减轻或者消除其对人类健康和环境的危害。清洁生产的内涵应包括以下三个方面:首先是生产过程中,清洁生产主要是指节约能源和原材料,减少废物与有害物质的产生量;其次是产品,清洁生产旨在降低产品从原料的提取到最终处置对人类和环境的有害影响;最后是服务,清洁生产是指将预防性环境战略体现于生产工艺、技术和产品等的设计和提供的服务中。可见,清洁生产是对厨房传统发展模式的根本变革,是实现饭店业可持续发展的必由之路。厨房清洁生产既具有一般企业部门的普遍特点,更有自身的特殊性。

防火墙三:寻求最佳的清洁生产设计布局方案

为了提高设计布局质量,可聘请有经验并且懂餐饮生产的工程顾问、从事餐饮管理多年的管理人员、厨师长等一同参加,以求得最佳的设计布局方案。近几年来,我国有许多大饭店在厨房改造过程中,都汲取了这方面的经验,使改造后的厨房生产工艺流程畅通,环境舒适,适应了现代化饭店高标准生产的需要,也使厨房的生产效率得到了很大的提高。

二、基本对策

《食品卫生法》要求,"保持内外环境整洁……与有毒、有害场所保持规定的距离","厨房的设备布局和工艺流程应当合理","应当有相应的消毒、更衣、盥洗等设施"等。具体说,应做到以下几点:

步骤一:便于进行环境卫生管理的厨房内部环境设计

(1)厨房在选址时,要考虑以下两个因素:一是要注意防止周围企业对厨房环境的污染,尽量避开排放"三废"(废水、废渣、废气)的企业。二是厨房最好不要设在地下室,因为地下室不利于通风、采光、排放烟尘和防潮,食品也极易霉烂变质。

(2)主食品原料库必须保持低温、干燥、通风,以保持粮食干燥,防止霉变和虫蛀。环境湿度保持为70%,温度保持在10℃左右。

(3)厨房要有消除苍蝇、老鼠、蟑螂和其他有害昆虫及其滋生条件的措施。

(4)厨房内地面、墙壁、天花板、门窗、食梯、下水道、设备等方面必须符合卫生要求。

厨房的高度应适当。如果厨房的高度不够,会使厨房的生产人员有一种压抑感,也不利于通风透气,并容易导致厨房内温度增高。反之,厨房过高,会导致造价高、费用大、卫生难搞。因而根据工程学要求和厨房生产的经验,厨房的高度大约以3.2m~3.8m为宜。

厨房的墙壁，应力求平整光洁，无裂缝凹陷，不吸油水，易冲洗，最好为浅色的材料。旅游饭店星级评定要求，三星级以上饭店的厨房墙面必须全部用瓷砖从墙脚贴至天花板。这样处理过的墙壁，一是便于清洁卫生，二是美观实用，三是防止灰尘污染。如果用石灰、涂料刷墙，由于厨房湿度高，易造成石灰、涂料的剥落，因而会造成食品的污染，也不利于环境卫生。墙壁之间，墙壁和地面之间的连接处应以弧形为宜，以利于清扫。

厨房的顶部，其处理可采用耐火、防潮、防水滴的石棉纤维材料进行吊顶处理，最好不要使用涂料。吊顶时要考虑到排风设备的安装，留出适当的位置，防止重复劳动和材料浪费。天花板也应力求严整，不应有裂缝。暴露的管道、电线要尽量掩盖掉，因为顶部裂缝中易落下灰尘，管道和电线上最容易积污积尘，甚至滋生虫害，不利于清洁卫生。

厨房地面，通常要求耐磨耐损、耐重压、耐高温、耐腐蚀、不积水、不掉色、不滑、易于清扫、禁得起反复冲洗，不至于受厨房高温影响而开裂、变软或变滑，一般以防滑的无釉地砖、硬质丙烯地砖和环氧树脂等材料为宜。地面要求平整，不积污水，有一定的倾斜度，以便于冲洗。

厨房的门窗应考虑到方便进货，方便人员出入，防止虫害侵入。厨房应设置两道门，一道是纱门，二道是铁门或其他质地的门，并能自动关闭。厨房的窗户一是要便于通风，二是要便于采光。在窗户的处理上，应设计一道安全窗，一道纱窗。有些饭店的厨房在设计时，不留窗户，利用电源照明，依靠空调换气。还有一些厨房在进出门上方安装空气帘，以防止虫害侵入，同时也可防止厨房内的温度不受室外温度变化的影响。门窗应每天擦拭，较高位置的，如超过1.8m的可以三天至一周清洗一次。

食梯，因其通往各楼层，是老鼠、害虫进入厨房的通道。因此食梯内不得留有残渣，以免老鼠成患，细菌繁殖。

厨房通风，一般有两种方法，一是自然通风，二是机械通风。自然通风即依靠门窗进行换气。但仅靠自然通风是不够的，因为厨房内油烟气味很浓，极易进入餐厅，所以需借助排风设备来换气，使厨房内呈负气压，这样厨房内的油烟气味就不易进入餐厅。机械通风的形式有换气扇、排油烟机、空气交换器等，排油烟设备大多设计在炉灶上方以便及时排出油烟。机械通风设备要定期清洁保养，以防火灾。

排水系统，一定要能满足生产中最大的排水量，厨房内排水道主张用明沟，排水沟的深度要适宜，要防止水的逆流，且要便于冲洗。排水道必须盖严，下水口要有隔渣网，防止厨房内的杂物堵塞下水道。

步骤二：无条件执行卫生部门清洁生产的标准

1. 环境卫生要求达标

(1) 厨房标志无灰尘、无污迹。

(2) 厨房门窗玻璃明亮、无灰尘。
(3) 天花板和墙面无灰尘、无污迹、无蜘蛛网。
(4) 厨房地面无污迹、无异味、无杂物、干净光亮。
(5) 厨房灯具无灰尘、无污迹。
(6) 工具无油污、无污垢。
(7) 厨房做到刀不生锈,木见本色。
(8) 通道与通风设备无油污、无灰尘。
(9) 厨房用具经常消毒,符合卫生防疫站要求,无灰尘、无水渍。
(10) 厨房下水道无堵塞、无油污,保持畅通无阻。
(11) 厨房内空气清新无异味,同时设有防"四害"装置。
(12) 厨房附近公共卫生间无灰尘、无污迹,空气新鲜无异味。
(13) 厨房的环境卫生应始终处于光洁明亮、洁净无尘的状态,要求员工在开餐过程中或开餐间隙及时清洁,做到地面清扫不少于5次至7次,发现有垃圾立即清扫,并养成良好的习惯。
(14) 厨房原料在任何情况下都应做到生、熟分开。

2. 垃圾处理设施达标

厨房对垃圾和废物的处理,必须符合卫生的规程。室外的垃圾箱要易于清理,要防止虫、鼠的进入,防止污水的渗漏,并按时处理,以保护周围环境不受气味、虫和细菌的污染。厨房内的垃圾桶(箱)必须加盖,并要有足够的容量来盛装垃圾,必须按照卫生要求进行袋装化管理,并及时清理和清洗。桶、箱内外要用热水、洗洁剂清洗。这项工作要安排在非营业时间内进行。大型饭店应设置垃圾冷藏室,配备垃圾压缩机,或使用垃圾粉碎机。

3. 更衣室和卫生间达标

员工的便服易从外界带入病菌,因此不能穿着上班,也不能挂在厨房、仓库或卫生间内。更衣室应不靠近厨房、仓库和餐厅,要求通风、照明良好。

为确保厨房卫生,应按卫生防疫部门的要求建造卫生间。

步骤三:不断革新清洁生产的技术手段

技术上的革新就是要总结、提高、创造新型清洁生产手段,在实际工作层面上落实清洁生产理念的有效手段。实施清洁生产的技术途径主要包括五个方面:一是改进设计,在工艺和产品设计时,要充分考虑资源的有效利用和环境保护,生产的产品不危害人体健康,不对环境造成危害,能够回收的产品要易于回收;二是使用清洁的能源,并尽可能采用无毒无害或低毒低害原料替代毒性大、危害严重的原料;三是采用资源利用率高、污染物排放量少的工艺技术与设备;四是综合利用,包括废渣综合利用、余热余能回收利用、水循环利用、废物回收利用;五是改善管理,包括原料管理、设备管理、生产过程管理、产品质量管理、现场环境管理等。

步骤四：饭店清洁生产的指向就是创造"绿色产品"

清洁生产的技术步骤为：一是设置厨房清洁生产的领导机构，培训骨干技术人员，编制清洁生产操作手册及环境审计手册并监督实施；二是根据调查分析确定厨房清洁生产的重点领域，一般来说，厨房主要污染物为污水、固体废弃物、废气、噪声等。饭店节能降污的重点部门顺序大致是：厨房和餐厅、后勤保障及供应部门、客房部、健身娱乐部。因此饭店必须首先要针对厨房污染物产生的种类、数量等特点，确定研究厨房清洁生产方案；三是根据清洁生产方案，针对厨房使用的物料和能源，分析其物流和能流的运行方式及排放污染物的方式，采取清洁生产技术措施，保证达到节能省料、降耗减污的目标；四是建立健全的监测机构，对水、气、噪声和固体废渣进行统计、计算，对厨房节能降耗情况实施全面监测。总之，厨房清洁生产的主要任务是降低资源、能源损耗和加强废物的处理与控制。基本措施详见表1-5。

表1-5　厨房清洁生产基本措施

形　式	处　理　措　施
节水	改进供水设施，加装节水装置
节能	安装节能照明和能源控制设施，放置节能卡
日用品	回收，循环利用
污水	排入中水处理系统，控制用量
噪声	限时，降噪，封闭
废气	安装净化设备，使用无铅汽油，减少用量
固体垃圾	分选，回收，集中填埋或焚烧，控制用量
餐饮原料	环保优质
物品采购余物	加强管理，物尽其用，选用环保材料和用品

厨房节约资源和控制污染，目前主要走的是单一的纯技术路线；而系统技术控制（如环境控制中的全过程控制技术）和管理手段的融入和提高（如建立饭店内部监测机构），将是今后的发展方向。

三、案例分析

清洁生产带来的经济效益是非常巨大的，香港港岛香格里拉酒店，2年时间节约纸张费用44 000港元，每年节约洗涤费用88 037港元，节约垃圾运输费用12 000港元，水流限制器和节能灯具的使用又为酒店节约130万港元。而在经济效益的背后，更为可观的是良好的社会效益，其对环保做出的贡献，引来众多媒体的宣传报道，无形中又提升了酒店形象，使得客房入住率不断提高。

分析：

饭店实行清洁生产在初期需要一定的投入，但清洁生产带来的经济效益和社会效益也是非常巨大的。此外，饭店业实行清洁生产也有助于打破国际"绿色贸易壁垒"，建立饭店业发展的绿色通道，使我国饭店业迅速融入世界饭店业体系中。如浙江省在推进"绿色饭店"的过程中，欧盟等国际组织对中国的"绿色饭店"活动表示关注，主动派遣专家到中国为饭店的节能和环境保护开讲座。"绿色饭店"活动是政府有关部门倡导的结果，也是饭店经营者和管理者生态环境意识提高以后的一种自觉自愿的活动。"绿色饭店"需要鼓励，要深入开展"绿色饭店"活动，需要政府给予必要的政策性支持，以提高饭店开展这一活动的积极性。

四、提示

清洁生产的设计还要有清洁生产的管理和维护，而且是全员的参与。日本管理新概念五S管理法，Seiri（整理）、Seiton（整顿）、Seiso（清洁）、Seiketsu（规范）、Shitsuke（自律），香港何广明教授结合中国人的习惯改为五"常"法——常组织、常整顿、常清洁、常规范、常自律，其目标是提升餐饮成品及服务的安全、卫生、品质、效率、形象，以形成餐馆厨房的综合竞争力。其常清洁的含义是每个人都有自己应该清洁的地方，都有负责清洁、整理、检查的范围，其格言不仅是"我不会使东西变脏"，而且是"我会马上清理东西"，要点是个人清洁责任的划分及认同，使清洁和检查容易，制定清洁和维修检查表和纠正小问题。

如何做到冷菜间的合理布局？

冷菜组在厨房生产运作中是一个相对独立的部门，其生产与出品管理与热菜有不尽相同的地方。冷菜属开胃菜的范畴，位于热菜之前，因而冷菜品质的好坏，将直接影响顾客对餐厅的第一印象。所以，在餐饮经营中，要加强对冷菜烹制的加工管理，确保冷菜品质优良，给顾客一份好的见面礼。

冷菜同热菜一样，同样要经过初加工、切配、烹制、装盘等生产加工环节，但因其属开胃菜范畴，且制作数量少，加工时间、节奏与热菜不同而单独形成一类工种。冷菜讲究色彩的丰富、口味的变化、成形后的美观、刀路的清晰、数量的精巧。

冷菜作业区在许多饭店不是独立的厨房，但也有的饭店将冷菜制作独立出来，专门设冷菜厨房，主要负责各种冷菜的制作及拼摆装盘。西餐中的冷菜厨房往往是独立的，并称冷菜厨房为冻房。

一、注意要点

要点一：明确冷菜间的要求

冷菜间必须单独设置，厨房设计布局必须使冷菜生产的工艺流程布置能将原材料与成品分开，人流、物流没有交叉感染存在。应注意执行《食品卫生法》和国家相关行业管理规范，创造安全可靠条件，切实维护消费者利益。

（1）冷菜间工作温度达到标准，成品备餐间温度必须适宜。

（2）要有紫外线消毒设备。安装足够的紫外线杀菌灯。防蝇、防尘设备要健全、良好。

（3）冷菜间要为专人、专用具、专用冰箱创造条件，有专门的冷藏室，能每日清理所属冰箱，将生、熟食品分别放置。

（4）能为严格操作规程创造条件，做到生、熟食品的刀、砧板、盛器、抹布等严格分开，不能混用。刀、砧板、抹布、餐具等必须专用，并能为用具彻底清洗、消毒，抹布要经常搓洗，以免交叉污染。在制作凉拌菜、冷荤菜时，一定要用经过消毒处理的专用工具制作，防止交叉污染。

（5）营业结束后，各种调味汁和食品原料要用相应的冰箱贮藏、放置，工作台保持清洁、光亮、无油污。一些机械设备如切片机要进行拆卸清洗，以防机械损坏，同时便于更彻底地清除食物残渣。

要点二：布局要求合理

布局要求方便操作、便利出品，必须达到如下要求：

（1）保障生产流程的顺畅合理。在冷菜间的生产中，应避免与厨房其他加工程序回流和交叉。

（2）保证冷菜间生产人员能极便利地使用各种必需的设备和用具，简化操作程序，缩短员工在生产中行走的路线。

（3）加强环境布置。为职工提供一个卫生、安全、舒适的工作场所，符合卫生法规，符合劳动保护和安全的要求。

（4）设施和设备的布局，要便于清洁、维修和保养。

要点三：应具备两次更衣条件

根据行业规范，为确保冷菜出品厨房内食品及操作卫生，要求冷菜出品厨房员工进入生产操作区内必须两次更衣。因此，在对冷菜出品厨房设计时，应采取两道门（并随时保持关闭）防护措施。员工在进入第一道门后，经过洗手、消毒，穿着洁净的工作服，方可进入第二道门，从事冷菜切配、装盘工作。

要点四：冷菜出品厨房应尽量设计在靠近餐厅、紧邻备餐间的地方。为了保证冷菜出品厨房的卫生，应减少非冷菜间工作人员进入，同时，也为了方便冷菜的出品，减少碰撞，冷菜出品应设计有专门的窗口和平台。

二、设计实训

步骤一：冷菜厨房设计布局

冷菜厨房，一般由两部分组成：一部分是冷菜、卤水的加工制作场所，另一部分是冷菜、卤水成品的装盘、出品场所。通常情况下，泛指的冷菜厨房（俗称冷菜间）多为后者。由于进入冷菜间的成品都是用于直接销售的熟食，或虽为生料但已经过泡、洗、腌、渍等烹饪处理，已符合食用要求的成品，所以，冷菜间的工作性质及其设计与其他厨房有明显的不同。冷菜厨房布局示意图详见图1-5。

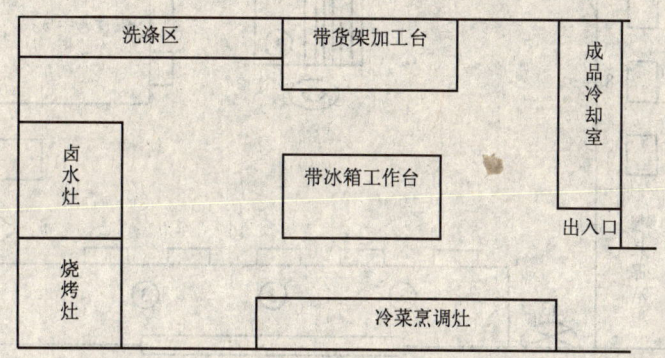

图1-5　冷菜厨房布局示意图

步骤二：设计成低温、消毒、可防鼠虫的环境

进入冷菜出品厨房的成品都是可直接食用销售的食品，常温下存放极易腐败变质。因此，冷菜出品厨房应设有可单独控制的制冷设备，使冷菜出品厨房总体温度不超过15℃。同时，为了防止冷菜出品厨房可能出现的细菌滋生和繁殖，设有紫外线消毒灯等设备也是十分必要的（用消毒灯时不可有人在场）。各类冷菜食品的味、香除了刺激人的食欲外，同时还对鼠虫产生极大诱惑。因此，冷菜出品厨房的门窗、工作台柜等，均应紧凑严密，不可松动或留有太大缝隙，以防鼠虫等侵袭。

步骤三：设计、配备足够的冷藏设备

尽管冷菜出品厨房室温比较低，但将冷菜食品长时间直接放在这样的温度环境里也是不安全的。用于待装盘的成品冷菜，或消过毒的净生原料，在装盘前均应在冷藏冰箱或冷藏工作柜内存放，有些成品类（水晶）冻汁菜肴更应如此。因此，冷菜间应设计、配备足够的冷藏设备，以使各类冷菜分别存放，随时取用。烧烤、卤水成品，在出品厨房的存放也应有特定条件和要求，因不同地方客人的饮食习惯还须配备出品加热、烫制设备。

三、案例分析

图1-6是某饭店冷菜作业区布局示意图。

分析：

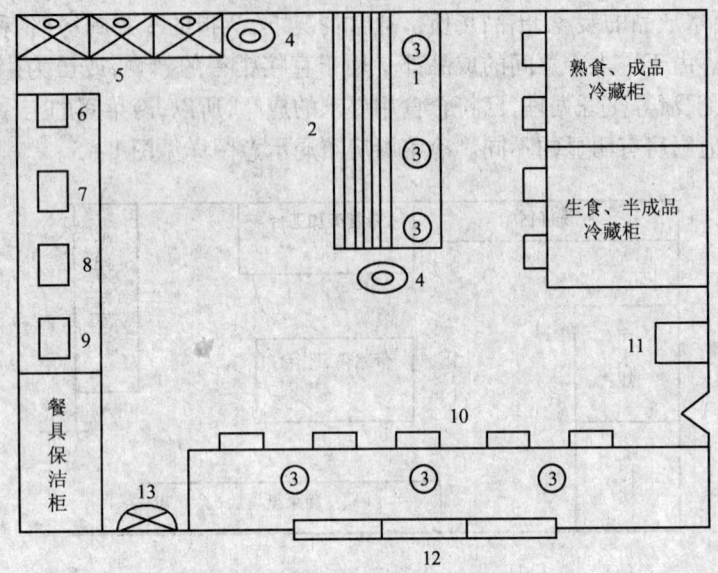

图1-6 冷菜作业区布局示意图

1. 工作台 2. 货架 3. 砧板 4. 垃圾桶 5. 洗涤池 6. 开罐器 7. 搅拌器
8. 切片机 9. 微波炉 10. 带冷柜的工作台 11. 刀具柜
12. 出菜窗口 13. 紫外线消毒灯(位置较高)

冷菜生产工艺流程布置必须注意是否将原材料与成品分开,人流、物流是否有交叉感染存在。冷菜间是否单独设置,冷菜间的工具是否专用,工作温度是否达到标准,冷菜间是否设有专门的冷藏室、是否安装足够的紫外线杀菌灯,成品备餐间温度是否适宜,卫生状况是否有不安全因素。

四、提示

冷菜加工还应设置单独备餐间,进行冷菜的装盘、备餐。餐盘是否残留油污,是否达到消毒卫生的要求;备餐间的温度是否达到要求,是否已事先消毒。拼盘拼摆好后送至备餐间是否已经过紫外线杀菌灯进行灭菌处理。冷菜送到备餐间后再送到消费者前食用的这一段时间是否存在有害病菌滋生的安全隐患,这些都不能有丝毫懈怠。很多饭店在举办大型宴会时,往往提前半小时将冷菜摆放在餐桌上,这是不妥当的,应尽量避免提前将冷菜端出,即使要摆出,也应罩上无菌保鲜膜以避免空气中的微生物污染,否则出了问题仍旧要追究冷菜间的责任。

明档餐饮的利弊在何处?

餐饮经营进入21世纪,传统的厨房运作受到了新的挑战,全开放型、半开放型、超市式酒家、电视检测型厨房等,将随着时代的进步而发展,新的管理模式也将随着时代的需求而更新。在厨房管理理念方面,将更加深入地朝着以人为本的方向发展,制度管理、标准管理、人本管理等在厨房管理中将越来越显示出它的优势。

刘广伟先生所著的《新厨艺主义》一书中,对新世纪的新厨艺运动做了精辟的阐述。他非常恰当地指出:"这场新的变革强烈地冲击着传统的厨艺模式:原料供应由封闭向开放转变;厨具研制由传统热源向新热源转变;厨师由工匠型向知识型转变;操厨观念从以厨师为中心向以食客为中心转变。"由此可以清楚地看到,四大转变共同的显著特征,就是从封闭转向开放。

明档料理是目前自助餐的最高境界,指的是将活鲜类原料的活养设施直接搬进餐厅,让客人放心地点选所需要的菜品。同时,一些特殊菜肴的加工也从后厨房中移到了餐厅,在客人点选了菜品后,由当值厨师立即当着客人的面进行烹制。这样不论是食品原料的新鲜程度,还是厨师们的实际操作,都在食客们面前一览无余。对于吃饭的人来说,看到生猛的海鲜在面前展示,当然会更有食欲;然而对厨师们来说,这就意味着自己的任何动作都要承受顾客的"监督",丝毫松懈不得。

一、注意要点

要点一:操厨观念的转变

操厨观念的转变是指由"以厨师为中心"向"以食客为中心"转变,由"客随主便"转变成"主随客便"。操厨观念转变的具体体现,一是冷菜间、煲菜柜进餐厅;二是自助餐盛行。

要点二:深入了解和把握顾客的需求

明档点菜最早是在南方一些专营海鲜的酒楼里推行,目的是让消费者能亲眼看到养在水里的活海鲜,当场挑选,当场称重,然后再拿到厨房里宰杀加工。这样就消除了顾客对海鲜新鲜程度的疑虑,让大家吃起来放心。后来,这种点菜方式渐渐扩大到其他菜品。与菜单等点菜方式相比,明档点菜原配料一目了然,使消费者更有真实感和新鲜感,而且也避免了因原料是否新鲜而容易产生的纠纷。

在餐饮行业激烈的竞争中,引进新的促销模式无可厚非,但最关键的还是让顾客满意。虽然有媒体曾将明档点菜称作是颠覆传统点菜的新方式,但各地经济环境、人文背景、饮食习惯都迥然不同,经营者必须因时而变,因地而异,单纯地"拿来"势必会"水土不服"。如明档点菜适用于杭粤菜系的生猛海鲜,却未必适用于口味浓重的京鲁菜系,正所谓"江南为橘,江北为枳"。再者引进先进的营销方式,并不妨碍保留传统模式,矫枉过正不如多条腿走路,有明档,也有菜谱、套餐,这是经营者为适应各类人群需要所应该具备的基本服务理念。因此,光鲜和便利其实是可以兼得的。

要点三:对传统的餐饮生产经营的继承和升华

传统的餐饮生产经营并不重视展示生产过程,一般都是"前堂后灶"式经营方式。如今,餐饮经营风格多样,许多饭店在特色营造上开始注重烹饪生产的过程,将一贯埋在深院的厨房前置于餐厅,以突出与众不同的个性。这是一种将就餐与饮食文化艺术相结合的经营方式,它的特点就是在餐厅内架起炉灶,当着顾客的面烹制菜肴,烹制好的菜肴当场上盘送顾客品尝,这种独特的餐饮经营方式,甚至以表演为主,确实能吸引许多顾客。

二、基本对策

方式一:硬件革新

(1)废除烧煤灶,选用气化油灶,解决了烟熏灰尘问题。

(2)配置室内调温、排气净化空气等装置。

(3)美化厨房用品,新型灶具同装饰品一样镶嵌在厨房的墙体上,不锈钢工作台、冰柜等整齐洁净。洁净美观成了厨房的主旋律,可与无尘、无菌、恒温的实验室相媲美。

(4)场所大小的设计,必备设施需要有一个冷冻的冰箱,最好是速冻型的。此外是各种菜的盘子,如果地方不是很大,冰箱太占地方,也可以直接拉两张台子拼起来,然后放入拼好的菜和各种沙锅。一般这些菜可放一天,保持新鲜,在客人点好后,马上交给厨房,再重新配一个放于明档。

方式二:视频式明档

如果把厨房后台操作全部搬到餐厅,对顾客用餐也有影响,因而可用视频将厨师的工作环境、操作过程展示给各餐位上的客人。对厨师来讲,犹如施展才华的舞台;对顾客来讲,就像欣赏一场厨艺表演。

方式三:冷菜间、煲菜柜进餐厅

这是酒店对顾客需求深入了解和把握的必然结果。酒店通过此举,首先给客人一种新奇感。厨师当着客人的面进行现场烹制,在切配和烹调菜肴时不断征询顾客意见。这样一来,变众口难调为众口易调,提高了菜肴质量,也让顾客食用时具有安全感,还有助于厨师提高厨艺,创制新的受顾客欢迎的菜式。如粤菜高档餐厅在给客人上鲍鱼、燕窝、鱼翅时,也是把不锈钢的餐车推进餐厅,当着客人的面进行现场烹制,以表示货真价实。

方式四:铁板烧布局

近几年来,日本餐在国外大行其道。其中有一个很吸引人的地方就是"铁板烧"。在餐厅当场表演时,一个大堂内一顺儿摆开几个"铁板烧"柜,每个柜面的面积为 2m×1.5m,柜裙以不锈钢围裹,很干净,周围有转凳,可围坐 6 人~8 人,客人随点随烹。人们围坐在铁板四周,每人围一个小围兜。在就餐前,厨师先进行适当的工具表演,然后,边操作边表演,引得顾客的阵阵掌声,使食客兴致高涨,纷至沓来。这种"客前烹制"的方法,常常能调动客人的就餐情趣,博得大家的欢欣。

方式五:现场演示布局

此布局能改变餐饮经营的手段,增加顾客自主选择菜肴的权利。比如展示菜肴,以菜肴超市的形式出现,有鲜活原料的展示,也有菜品实际分量的展示;展示菜单,添加菜肴说明和菜肴图片,做到顾客眼见为实,心中有数;展示厨房,使用明档操作设备,进行现场演示,如印度抛饼、日本铁板烧式、桌边秀、拉面削面操作表演等,让顾客一目了然。

在许多大酒店的餐厅,把普通的烤鸭、烤乳猪用另一种形式在餐厅叫卖,准备一个不锈钢的餐车,上面垫一块白台布,四周围上桌裙,放上洁净的砧板,厨师或服务员戴上洁白的手套,在餐厅客人面前,当场用刀片烤鸭鸭皮,这种在客人就餐旁展示生产过程的举措,往往博得消费者的欢迎。

方式六:自助式明档

在旅游区,尤其是在亚热带旅游区,如昆明、丽江、西双版纳,由于气温较高,食品多为凉菜和温菜,旅客不需要太烫的食品,这为自助式明档提供了良好的条件。比如西双版纳的篝火晚会,是包括餐饮的,由于数千人同时入园,只能在广场提供餐饮。厨房上有顶棚,四周无遮挡的大明档,物料新鲜,当场烹制。米线是一碗碗地装好,调料自取,现场炖汤,一浇即可食用,菜肴主要是烤鱼烤肉烤茄子,由厨师现场提供基本烤熟的半成品,游客取用后再在烧烤炉上加热,蘸调料粉即可食用。厨师加工不复杂,游客再加工也容易,这种内外结合的明档互动,增加了旅游的情趣。

当然有的食客也有意见:明档点菜看起来是直观光鲜,名义上是方便顾客,其实际效果却并未像店家说的那么好。店家的初衷主要是为了消除顾客的信任危机,但陈列柜里摆放的毕竟也只是切好的原材料,顾客点的充其量是看到的半成品,并不是真正意义上的"样品"。这和牌单点菜没有实质的区别。

三、案例分析

天津市集贤大酒家在全国餐饮业有着很高的知名度。这是因为,十几年来,集贤大酒家超前的市场观念、全新的经营理念以及强烈的竞争意识,使其在跌宕起伏的市场竞争中傲立潮头。他们以"推动餐饮业进步,回报社会"为己任,以"名厨大舞台"的形式把一个濒临倒闭的餐厅变成了实力雄厚,效益显著的餐饮知名企业,创造了"集贤"的品牌。

"名厨大舞台"的推出,促进了厨房设备的现代化。几年来,"集贤"废除了烧煤灶,选用气化油灶,解决了烟熏灰尘问题;配置了室内调温、排气净化空气等装置。步入"集贤"厨房,新型灶具同装饰品一样镶嵌在厨房的墙体上,不锈钢工作台、冰柜等整齐洁净,美观成了厨房的主旋律。

"名厨大舞台"对厨房人员的素质提出了更高要求:工装要整洁,自身的修饰要得体,烹调基本功要过硬,操作上的陋习必须摒弃,操作中的一招一式如站立、拿勺、握刀等都要规范化,否则"大舞台"将变成"曝光台"。

分析:

厨师出身的天津市集贤大酒家有限公司总经理李连群有超前意识,俗话说,看戏不看后台,下馆子莫进厨房。传统厨房给人的印象是羞于见人。而"名厨大舞台"却反其道而行,通过提高人员素质、改革厨房设施、加强厨房管理,吸引客人就餐,打造出一个品牌。

四、提示

酒家要火一把,固然要有多方面的因素,但必须有超前眼光,这就要求不是哗众取宠,而是以"推动餐饮业进步"为宗旨,取得良好的经济效益和社会效益。

明档点菜如果仅仅用于大厅式就餐环境,或许是可行的。但对于亲朋聚会习惯于选择包间的北方人来说,就有点勉为其难了。因为菜品陈列柜不可能摆进每个房间。顾客不能没进房间前,就先挤到陈列柜前点菜,也不可能在落座后为点菜再鱼贯而出,那样做既不礼貌,也容易造成就餐环境的纷乱。而有的饭店却在推行明档点菜的同时,取消了菜谱和标准套餐,于是,又产生了一种难以调和的"点菜矛盾"。

 ## 洗碗间设计如何才能合理?

现代餐饮业视清洁为命脉,清洁是顾客选择餐厅、餐厅争取回头客的基本要素之一。真正意义上的美食,应该既包括美味的佳肴和周到的服务,又包括餐饮环境和厨房卫生,从而真正满足消费者生理需要和心理审美的双重需求。

洗碗间应按2003年1月1日起实施的《中华人民共和国清洁生产促进法》、2005年10月卫生部颁发的《餐饮业和集体用餐配送单位卫生规范》合理设置。其设置的合理不仅指方便操作,而且应方便实施"五常法",即方便餐具的清洁、归类、整理、卫生、消毒。

一、注意要点

要点一:保证洗碗间的足够面积

洗碗间面积在整个餐饮面积中应有一个合适的比例。一般来说,洗碗间面积应为餐饮部总面积的5.5%。

要点二：洗碗间应设置在生产区域和销售区域之间

洗碗间应设置在生产区域的烹调制作装盘和销售区域的餐厅之间，实盘由装盘—出菜—餐厅，空盘由餐厅—洗碗间，形成循环，以方便和保障上下流程的顺畅。其位置图详见图1-7。

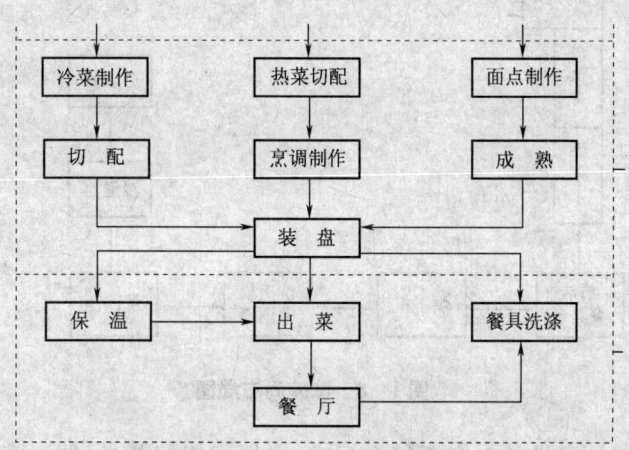

图1-7　洗碗间位置图

要点三：每个厨房和对应的餐厅之间都应该有对应的洗碗间，这样可以保证不同类型的餐具不会错乱。

要点四：长远考虑，应建立厨房的HACCP系统

卫生部出台了《食品安全行动计划》，明确了卫生系统今后5年在食品卫生安全方面的工作目标，指出到2007年，食品加工企业、餐饮业和快餐供应企业实施HACCP系统管理，为饭店的卫生管理指明了方向。

HACCP系统是指确认、分析、控制生产过程中可能发生的生物、化学、物理危害，是一种新的质量保证系统。它通过系统分析食品生产的全过程，从而确定其中潜在的可能发生的生物、化学、物理的具体危害，消除可能发生的食品安全危害，达到控制食品安全的目标。

二、基本对策

基本步骤：洗碗间布局，有入口——接受脏餐具；出口——取用干净餐具。按照一刮、二洗、三清、四消毒、五保洁的程序进行布局。其对应设备分别为刮桶——将脏盘中的残留食物刮在桶内进行处理；浸泡池——浸泡脏盘，便于洗涤，也可保护碗碟；洗涤池——对脏的器皿先用人工进行洗涤、冲刷；洗碗机——将已用人工

先行冲洗的器皿装入框内,放入洗碗机内清洗、消毒、上光;五保洁,将从洗碗机内洗涤、消毒的餐具在晾干台上自然晾干、滤干,及时分类摆放在对应的餐具柜架。洗碗间的设备均应选用不锈钢材料。其布局图详见图1-8。

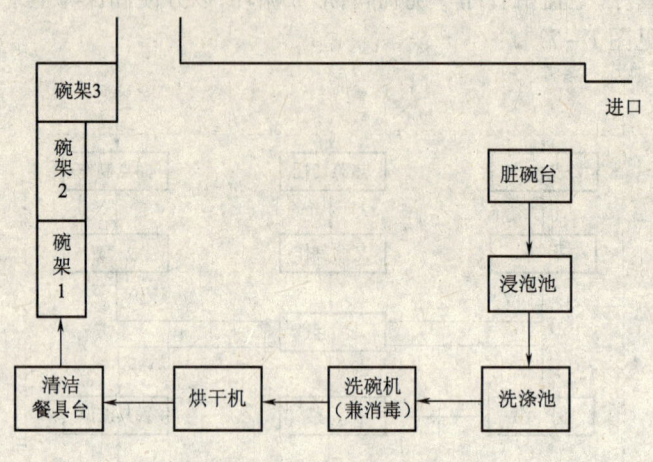

图1-8 洗碗间布局图

餐具、器皿消毒设备一定要符合标准,以便于把好餐具、器皿消毒关。《食品卫生法》规定"餐具、饮具和盛放直接入口的食品容器,使用前必须洗净、消毒"。餐具每天、每餐都与顾客接触,而顾客的流动性大,有的人可能患有某些传染性疾病,他们使用过的餐具若不消毒,不仅可能把病菌病毒直接传染给其他人,还可能通过病人用过的餐具、服务员的手、食品等途径,使其他食品和饮料受到污染。为防止病从口入,要严格执行洗消工序,切实达到消毒要求。

餐具消毒方法分为物理消毒和化学消毒,物理消毒工序为除渣—洗涤—清洗—消毒。物理消毒又分为煮沸消毒、蒸汽消毒(煮沸消毒、蒸汽消毒保持100℃,作用10分钟;洗碗机消毒水温控制在85℃,冲洗40秒以上)和红外线消毒,消毒柜温度控制在120℃,使用15分钟～20分钟。化学消毒程序为除渣—洗涤—消毒—清洗,化学性消毒使用的药物基本上是含氯消毒剂,常用品种有漂粉精、漂精片、84消毒液等。将1:300～1:500的消毒液或粉剂、片剂,放于容器内,加少许水调成糊状,再倒入水内,含有效氯达到250毫克/升的浓度,浸泡5分钟以上,消毒溶液每4小时更换1次;消毒后的餐具应符合GB14934《食(饮)具消毒卫生标准》。

三、案例分析

表1-6是某饭店保洁柜器皿置放示意表。

表1-6　保洁柜器皿置放示意表

包房饭碗	包房口汤碗	包房汤碗	包房菜碟	包房味碟
包房江盅	包房和合盘	包房品锅	包房鱼盘	包房锅盘
大厅饭碗(1)	大厅口汤碗(1)	大厅汤碗(1)	大厅菜碟(1)	大厅味碟(1)
大厅饭碗(2)	大厅口汤碗(2)	大厅汤碗(2)	大厅菜碟(2)	大厅味碟(2)
大厅饭碗(3)	大厅口汤碗(3)	大厅汤碗(3)	大厅菜碟(3)	大厅味碟(3)

分析：

消毒后的餐具应分类有序地放于干燥、清洁的保洁柜内。其位置应方便餐具的清洁、归类、整理、卫生、消毒。

保洁柜每一档应有明显标记。

四、提示

保洁柜内不得存放其他物品。

厨房设计时如何预防噪声影响餐厅客人？

厨房相对于餐厅是餐饮的后台，没有明显分隔的后台，就不可能有独立完整的前台。因此，要为宾客提供高雅清新、舒适自如的就餐环境，应将厨房设计成与餐厅有明显分隔和遮挡的，且不能有噪声、气味和高温等污染前台的独立的生产场所。

厨房生产间噪声较大，如果机械设备选用不当、布局不妥，就会加重厨房的噪声。可惜厨房噪声的控制问题至今国家还没有专门的量化指标确保隔音效果，但是作为星级餐厅，尤其是高星级餐厅，为预防噪声影响餐厅客人，必须走降噪、封闭、限时之路。

一、注意要点

要点一：明确厨房生产间噪声的危害

噪声会分散厨房员工的注意力，使血压增高，心情烦躁，听力下降，容易疲劳，从而使其工作效率降低，严重的会影响到人的身体健康。因而，降低噪声可有效地提高生产率，降低事故的发生率，提高产品质量。噪声还影响餐厅客人，进而影响饭店的档次，最终影响饭店的经济效益和社会效益。

要点二：明确噪声的主要来源

厨房是一个比较嘈杂的地方。噪声一般是指超过80dB的强音。厨房噪声的主要来源：一是炉灶上方排风扇的声响；二是炉灶内的鼓风声响；三是餐具的碰撞声；四是各种敲打声；五是冷藏设备的机器工作声；六是人员叫喊声，等等。必须注意，50dB的噪声在正常情况下是听不见的，但是如果频率与心脏跳动一致，人也会感到难受,因此控制声源尤其重要。

二、基本对策

步骤一:采取消除噪声的布局

在设计时,应尽量将加热设备集中布局,以缩短加热源的延伸距离,不仅会减少成本和不安全因素,而且由加热而产生的噪声便于集中控制,油、烟、蒸汽也便于集中净化,创造空气清新的厨房环境。

步骤二:采取消除噪声的建材和装饰

消除噪声的措施:

一是厨房使用具有良好隔音性能的建材,比如用整浇的实心楼板而不是用空心现成楼板;隔墙用实心的黏土砖,由于和钢筋混凝土的框架线涨系数一致,因而隔音效果好,相反用加气混凝土砌块、混凝土灰沙砖等,材料和钢筋混凝土的框架线涨系数不一致,墙体易出现裂缝,因而隔音效果不好。

二是对厨房进行消音装饰,比如选用石棉纤维吊顶,既吸音又防火,在墙壁或天花板上砌上消音砖或涂上消音漆等。

三是在生产区和餐厅之间采取隔音措施,比如使用双层隔音门,对开,宽度不小于1.2m——保证传菜的两人平行通过不受影响。

步骤三:改进厨房内的设备

使用优质生产工具,主要是炉灶、排风、抽油烟系统,最好是使用运水烟灶,烟灶上方的抽油烟机中有水喷雾,水中带洗涤剂,水循环使用,有过滤网,定期清理,既去油烟,噪声又小。

使用节能产品,比如普通的柴油炉灶烧菜时,炉火有响声,炒菜时有锅压着,声音传不出来,但菜起锅时,由于锅离了灶,声音肆无忌惮,噪声使人受不了。而使用红外线自控控制的柴油炉灶,当锅离灶时火自动熄灭,锅重新上灶时火自动重新点燃,自然减少了噪声。

使用环保设备,如低噪声风机、模块式制冷机组等。

步骤四:选用优质餐厅现场操作设备

餐厅现场操作,尤其是加热设备,要避免选用振动大、噪声高的器具,防止产生不悦耳的杂声,破坏就餐环境。如电微波炉,最好使用功率大,噪声小的类型。在餐厅烹饪操作台的上方应有抽排油烟设备。无论是在餐厅的操作台上煎蛋、煎饺,还是烙饼、煮面条、灼时蔬,都需要在设计时充分考虑油、蒸汽和噪声的处理。

步骤五:厨艺革新

中国菜肴大部分要求用大火炝锅,清蒸菜相对要少一些。而多用清蒸菜,能有效减少敲锅声和排风声。这虽然只是一个小问题,但也绝不能忽视。烹饪工作者在平时的厨艺创新中要注意多发掘美味、吸引人的菜,从"零碎的小工程"入手,从细处解决噪声问题。

三、案例分析

南京丁山宾馆开发的厨房设备,就是以减低噪声、消除油烟为宗旨,柴油炉灶使用红外线自控控制,其特点是当锅离灶时,灶火自动熄灭;锅重新上灶时火重新自动点燃,自然减少了噪声。

分析:

厨房噪声的主要来源:一是炉灶上方排风扇的声响,二是炉灶内的鼓风机声响,使用红外线自控控制的装置,锅落灶时声响由锅压住,锅离灶时因电源切断,排风扇声响、鼓风机声响自然消除,可见使用高科技是减少噪声的有效途径。

四、提示

好的设备价格虽高,但对环境、对员工、对客人的益处却是难以用金钱衡量的,厨房,乃至饭店的管理人员一定要有长远眼光。

厨房生产运转过程中,如何有效地使用冷藏设备?

厨房生产系统是由若干个功能性的作业区所组成的。各作业区由于生产功能的不同,其内部布局、所需冷藏设备也不一样。因此,在对各作业区进行布局时,首先应考虑到各作业点的面积大小、场地的形状、冷藏设备的摆放位置。中餐厨房可按照热炒组、面点组、加工切配组设置,西餐厨房可按汤类组、蔬菜组、主菜组、甜点组、三明治组等组织几个工作中心。其次是人员进出的通道、物流的方向等。这些作业区都离不开食品仓库,离不开冷藏设备,可惜一些饭店在对冷藏设备的选择、放置、使用、维护和保养上均有问题,却熟视无睹。如何有效地使用冷藏设备,以发挥其最大效益,应引起重视。

一、注意要点

要点一:注意冷藏设备的使用
(1)不要频繁开启冷库库门或开启时间过长,最好是在规定时间开启。
(2)冰库内食品堆放应上架,且货架可自由拼接,使用方便。
(3)物品堆放要留空隙,便于冷空气流通,冷库蒸发器附近不要塞满物品,以免影响制冷效果。
(4)凡热的食品,要待其冷却后再放入冰箱内或冷库内。
要点二:注意冷藏设备的维护和保养
(1)厨房内冰箱摆放时应远离热源,避免阳光直射或过于潮湿,也不能将冰箱放在闷热而不通风的屋子里。

(2)冷库要经常检查是否有冷气泄漏的情况发生,以免污染食品及周围环境。该项检测应由专业人员定期进行。

(3)及时更换冷藏设备的传动带,经常观察和测试冷库、冰箱的温度,及时调整自动除霜装置,以便及时发现、及时排除故障。

(4)要定期地进行库房的卫生消毒工作,以免积存污物,滋生细菌。冰库、冰箱等使用一段时间后,要进行彻底清洗,除霉杀菌与消毒。冷藏的烹饪待用原料和食品中都有一定的脂肪、蛋白质和淀粉营养成分存在,当库房卫生条件不好的情况下,霉菌和细菌会大量繁殖生长。如蛋库常年有霉菌,鲜蛋也会生霉变质,造成经济损失,影响企业的经济效益。

(5)冷库中要排除异味,冷库中的烹饪原料及食物在外界因素的影响下,通过物理、化学的变化,产生一种不正常的气味。天长日久,这种气味就黏附在库房的墙壁、顶棚以及设备和工具上,如果不及时排除就会影响烹饪原料贮藏的质量。

(6)冰箱在搬运或运输时,不能倒置或过分倾斜及碰擦(搬运时倾斜角度不能大于45°)。

二、基本对策

步骤一:合理布局加工区和贮藏区

一是仓库、冷藏设备尽可能地靠近厨房;二是食品仓库应尽量安排在一个区域内,以便于发料和贮存。下面是冷藏库房和厨房各作业点关系的布局实例,详见图1-9。

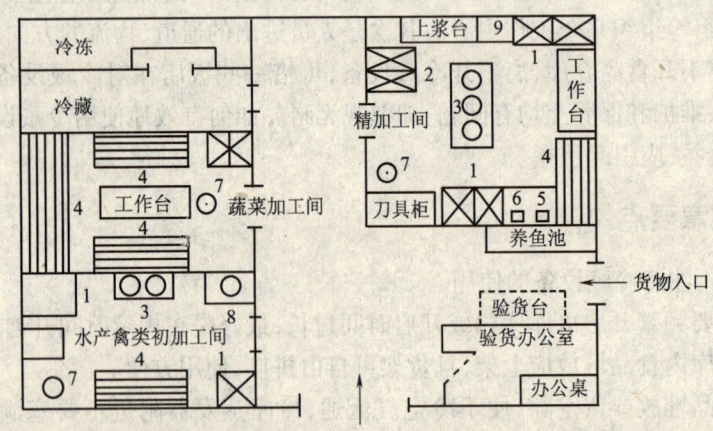

图1-9 冷藏库房和加工贮藏区的布局图
1.洗涤池 2.解冻池 3.工作台与砧板 4.货架 5.切片机
6.去皮机 7.垃圾桶 8.蒸汽夹层锅 9.锯骨机

冷藏库房和厨房的加工贮藏区,是专门负责各厨房所需原料加工和贮藏的作业区。

从图1-9中可以看出,将验收、贮藏、加工安排在一条流程上,这样不仅缩短了货物的搬运距离,也方便了货物的贮藏、领料和加工。在加工区域的布局中将原料的精加工与初加工分开,蔬菜加工与水产、禽肉类加工分开,其目的是为了防止交叉污染,而冷藏库房和这些加工区合在一起,则可以提高工作效率。

步骤二:充分用好活动式冷库

冷库是现代饭店必备的大型冷藏设备,由于其冷藏空间大,食品经速冻后保存期较长,所以不仅可供平时食品保鲜贮存之用,还可用来储备一定量的食品原料,如一些当前市场紧俏的食品原料。

饭店的冷库宜用活动式冷库,采用风冷式制冷原理。按库房容积可分为 M6（$6m^3$）、M9（$9m^3$）、M13（$13m^3$）几种规格,可按照饭店的实际需要选择相应的规格。按库内温度分为以下几种,一定要恰当使用:

（1）预冷间:温度 0℃~2℃,可降低食品温度,适用于食品的解冻及涨发后原料的存放。

（2）冷藏间:温度 2℃~7℃,适用于新鲜蔬菜及半制成品原料的贮藏。

（3）冻藏间:温度 -12℃~-18℃之间,适用于已冻结食品的贮藏。

（4）速冻间:温度 -24℃~-28℃,可使食品快速冷冻,适用于水产类、肉类、禽类等食品的冻结。

步骤三:充分用好冰箱

冰箱的形式较多,有四门冰箱、八门冰箱等。冰箱根据制冷方式和制冷温度的不同,又可分为速冻柜、冷藏柜和冻藏柜等类型,以供贮藏不同的食品。一般在每一个作业区都应该放置一个冰箱,但容量应与需求相应,过大和过小都不利于生产的进行。

步骤四:充分用好兼带工作台的冰箱

这类冰箱上面是不锈钢工作台,下面则是冰箱,常在冷菜间、配菜间等工作点放置,具有使用方便、易于清洁、节省厨房空间等优点。

步骤五:充分用好冷藏陈列柜

它又称冷藏展示柜,其柜门是用透明保温玻璃制成,柜门两边有照明灯管,从外面可以直接看到内部的贮存食物。这种冷柜一般温度在 2℃~5℃之间,多用于贮存水果、糕点、冷菜及酒水等食品。一般价格较高,适合放于中西餐厅、酒吧、茶吧、咖啡吧。

三、案例分析

表1-7为冷藏设备常见故障与排除方法表。

表1-7 冷藏设备常见故障与排除方法表

现 象	原 因	排除方法
温度降不下来	• 制冷系统漏气,制冷剂缺失 • 冷凝器翅片上有垃圾,冷凝效果不佳 • 吸、排气阀片严重漏气 • 箱内食品堆放太多 • 膨胀阀开启太大	修复渗漏处并添加制冷剂 停机后清除垃圾 拆下研磨 适当堆放食品,使箱内留有空隙 适当关小膨胀阀
箱内不结霜或结霜时间很短	• 过滤器或膨胀阀垃圾堵塞 • 膨胀阀被冻死 • 制冷剂渗漏	拆下清洗 系统干燥 修复渗漏处后添加制冷剂
压缩机不启动	• 电源保险丝烧断 • 温度表断路或压力继力器断路 • 热继电器超负荷	更换保险丝 修复或更新 检查后确定

分析:

由于厨房冷藏设备使用频率较高,构造精细复杂,操作人员操作时稍有不慎,设备就可能发生故障而影响食品质量,造成不必要的浪费。因此,为了减少损失,冷藏设备发生的故障要尽快排除。

四、提示

冷藏设备需要专人管理,管理者应懂得制冷设备的工作原理,能解决常见故障。制冷工质在蒸发器中蒸发,吸收库中热量,因制冷工质分子很小,所以冷库制冷系统要经常检查泄漏,主要有电子控漏仪、卤素灯检漏和皂泡检漏等方式。有油迹的任何连接处或区域都应加以控制。

如何做好传菜部的管理工作?

厨房将菜肴烹制好后送至备菜间(传菜部),再由服务员送上餐桌,备菜间是不可忽视的,它是沟通前后台的连接点。尤其客流量大的社会餐馆,习惯零点的广东餐馆,客情复杂,菜肴品种多,必须设置传菜部。

一、注意要点

要点一:传菜部是控制成品销售的重要部门

通过厨房各道生产工序出来的菜肴成品,必须进入餐厅销售,才能获取利润。如果成品在销售上失去控制,那么在此之前所做的一切控制成本的努力就会被抵消。因此,必须加强对成品销售的控制。成品销售控制是厨房生产成本控制的继续,它要求厨房与餐厅密切协作、配合,严格开票、取菜、收款等各项制度,防止产生差错及工作人员的舞弊行为。这一工作的中间环节就是传菜部。

要点二:传菜部可以更好地衔接厨房和餐厅

在出菜、领菜程序的控制中,厨房生产人员通过传菜部和服务人员加强联络是非常必要的。传菜员懂得一些常用菜及特色菜的制作、特点、口味等,因此在接受点菜时可以积极配合服务人员向客人推销。另外,传菜部知道哪些菜制作复杂,可以提前将单据送至厨房准备;传菜部知道哪些菜需要在跑菜时走快一些,可通知餐厅服务人员及时上桌,以保持菜肴的最佳程度,等等。备菜间有一台制冰机和一台保温车,制冰机既可方便餐厅使用冰块,又可方便厨房使用冰块。保温车还可将来不及上桌的菜临时保温。

要点三:传菜部可以防止出现一些人为的差错

在出品过程中传菜部可加强前、后台的联系,防止在客账单上可能出现的各种差错。由于其场所在厨房紧靠通往餐厅的出口处,对每一道离开厨房的菜点,在外观上、分量上、装盘造型上等都可进行检查监督,帮助协调出菜工作,负责核对客账单。还可负责菜肴销售的记录工作。传菜部设置检查员和发菜员,能有效地堵塞各种漏洞,减少前、后台的矛盾。

二、基本对策

步骤一:客账单的控制

客账单,又称订单、取菜单。它是服务员接受客人点菜的记录,也是销售控制的核心成分,应由传菜部把握。

1. 客账单的用途

客账单通常一式三联,一联送交收银台作收款依据,一联送交厨房作为配菜、烹调依据,一联由服务员保管或交给出品检查员作为取菜的凭证(有的酒店一式七联,另外的四联分别交冷菜、切配、炉灶、点心间)。

2. 客账单的内容

客账单的内容是厨房生产的依据,其内容必须填写清楚,冷菜、热菜、甜品、点心应分别填写单子,交给厨房生产。

3. 客账单的控制措施

①用本饭店、本餐厅的专用客账单(定制的)。如果使用购买的客账单,那么任何人都能买到,并带到企业内使用。因此,饭店最好的办法是定制不易伪造的客账单。②服务员需使用圆珠笔或无法擦掉字迹的笔填写客账单,如果写错,应当划去,而不能擦掉。③各餐厅和酒吧须使用不同颜色的客账单。④客账单必须编号。如果服务员或出纳员不诚实,或者顾客逃账,客账单就会缺少。经管人员须立即查出原因,并采取措施。⑤妥善保管空白客账单。客账单不能随便乱扔,而应放在安

全的地方由专人保管。

客账单编号登记簿详见表1-8。

表1-8 客账单编号登记簿

日期	班组	账单类别		服务员	账单编号		签名
		食品	饮料		起	止	
8/8	早班			张华平	111786	111815	张华平
8/8	早班			罗招娣	210631	210696	罗招娣
8/8	中班			金洪兵	211542	211593	金洪兵
⋮	⋮	⋮	⋮	⋮	⋮	⋮	⋮

步骤二：出菜、领菜程序控制

出菜、领菜程序是指厨房烹制出菜肴成品和服务员领取菜肴成品的两个过程，传菜部设置出菜员做好服务员和炉灶厨师的联络。传菜部的出菜员应该懂得菜的特点，该先上的一定要赶时间，以保持菜的口味。具体程序如图1-10。

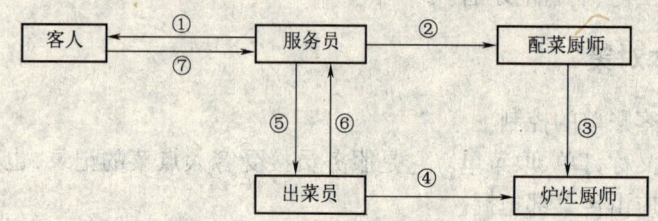

图1-10 出菜、领菜程序图

（1）客人点菜，服务员在客账单上作详细记录，一式三份。

（2）服务员将两份客账单发至传菜部，传菜部自留一份，另一份由传菜部传给厨房。

（3）厨房配菜员按客账单配菜，并交给炉灶烹制。

（4）烹制完毕，按标准装盘，菜肴成品由传菜部送服务员出菜。

（5）传菜部向出菜员出示客账单。

（6）出菜员核对客账单，确认无误后划单发菜。

（7）服务员按客账单及时给客人上菜。

步骤三：餐前准备

（1）开胃小菜准备，由厨房做好，交由传菜部，按需要分碟，减少后作的劳动，如花生米、酱菜、泡菜等。

（2）羹碟准备，配合菜肴的调味品都是由传菜部放置，如白脱基围虾、脆皮乳鸽、生鱼片的调料甜面酱,冰梅酱,芥末等。

步骤四:销售控制

销售控制的主要目的首先是确保餐饮产品在销售活动中应有的营业收入;其次是想方设法推销产品,以优质的服务和优质的菜点来吸引客人,以达到增加经营收入的目的。

在销售控制中,销售分析是成本控制循环体系中的最后一个环节。分析的主要内容是:

(1)各项产品的销售量;
(2)哪些产品畅销,哪些产品滞销;
(3)近期客人的总人数(每日、每周……);
(4)每餐销售结构的情况;
(5)账单上的总收入是否与实际收入一致;
(6)销售量、成本率、成本与同期进行比较。

通过分析,可以帮助经管人员进行下一步销售预测,改进厨房生产程序,调整生产内容,控制生产成本,提高餐饮质量。

三、案例分析

淮扬菜中"鱼羊鲜"是近年来深受顾客欢迎的菜,以红烧羊肉和红烧鳜鱼分别烧好装盘,下以黄花菜陪衬,鱼羊红、黄花菜绿,相配十分好看;鱼鲜羊肥,入口即化。但是此菜对温度的要求极高,一定要热食,必须出锅后迅速端上餐桌,否则不是鱼鲜羊肥,而是鱼腥羊腻,而如果保温,又会使黄花菜由绿变黄,影响视觉美感。这就需要传菜部很好地衔接厨房和餐厅。

分析:

传菜部知道哪些菜需要在跑菜时走快一些,可通知餐厅服务人员及时上桌,以达到菜肴的最佳程度。

四、提示

传菜部不仅仅是被动的传递,而要使生产和服务衔接紧密,配合默契。

模块二
人员管理

如何增强厨房团队凝聚力？

厨房是一个整体,各岗位之间上下相承,衔接紧密,相辅相成,因此如何增强厨房团队凝聚力是搞好厨房的极其重要的问题。影响厨房凝聚力的原因,一是厨师之间,各有一手,互相看不起,互相不买账,甚至互相拆台的情况并不鲜见;二是"武大郎开店",管理者不能知人善任,挫伤了员工的积极性。解决这些问题,关键在厨师长。因此,厨师长应通过向全体员工宣传组织价值观、团队精神等理念,切实制定一系列体现以人为本的措施,增强厨房管理人员和员工之间、员工与员工之间的感情紧密度,从而使各项工作得以顺利执行。

一、注意要点

要点一:使用与开发并行

饭店的厨房人力资源管理除了创造各种条件设法留住人才、使人才不外流外,还要注重培养和开发人才,即应重视员工的培训,如对员工进行潜能开发、个人职业生涯设计等培训,从而营造企业与员工共同成长的氛围。浙江省金马饭店人事培训部的一些做法值得借鉴:一是实行"等级员工制",等级与员工激励挂钩,同一岗位上最高员工的工资水平可以达到或超过管理人员,即鼓励员工在本岗位上成才。二是建立"内部人才库",将部分有培养前途的员工纳入人才库,确定指导老师,制定培训计划,下达工作任务,并尽可能为他们创造机会,如外派输出管理等。三是厨房的管理人员换岗培训制。换岗时间,前期为培训实习阶段,后期为实质性任职阶段,从而可以培养管理人员的多岗位适应性,挖掘新的管理人才,真正做到人尽其才。

要点二:智商与情商开发并重

提高人的智商,包括提高人的知识水平和智力水平。智力资本是企业的集体智慧,可以用来为饭店创造财富。饭店厨房人力资源开发的首要任务就是要建立、管理和充分利用智力资本,使员工不断地积累与更新知识,并加速厨房内部的信息流,使厨房所拥有的这些无形资产成为饭店强大的竞争利器。开发人的情商,即培养员工较好的道德品质、意志力、集体荣誉感,并善于与他人沟通,从而为厨房树立团队精神,建立良好的集体运作环境。优质高效的厨房服务质量,不仅要求员工具备娴熟的服务技能,更要有爱岗敬业、满腔热情、努力进取、善于合作的服务精神。因此厨房的人力资源开发必须智商开发与情商开发并重,只有智商与情商双高的人,才能实现厨房的工作目标。

一些饭店的厨房在人力资源开发中还存在着重视智商、忽视情商的偏向。即重视员工知识的提高、能力的培养,而对非智力因素如员工的品德、工作兴趣、工作态度、意志力、敬业精神、团队精神、集体荣誉感等方面的开发不够重视。有的饭店的厨房在招聘员工时看重文凭,认为学历高、有理论水平的人就是饭店需要的人才,就能适应并胜任饭店的工作,而对员工的其他方面并不重视,结果某些高学历的员工往往因为工作兴趣不浓、缺乏敬业精神、期望值过高而不能胜任,甚至不安心工作频繁跳槽。

要点三:增强员工主人翁意识

目前,饭店人员的频繁流失已影响了员工的士气,员工常常有一种干不了就走、不让干就走、想留我还不干的思想,主人翁意识薄弱,没有团队精神。要想留住人才就必须在员工思想上做文章,发挥人力资源的优势,积极调动所有员工的主观能动性,培养员工的主人翁意识。管理者应让员工树立"店兴我荣,店衰我耻"的思想,充分调动员工的工作积极性,赋予员工当家做主的权力,并设身处地为员工着想,关心他们的长远利益与眼前利益。管理者应摒弃传统观念,在重视高级人才的同时,更应重视基层骨干和员工培训,踏踏实实地、有成效地、灵活多样地开展培训工作,给员工晋升的机会、培训深造的机会。在培训上饭店要舍得花钱,有计划、有系统地对全体员工进行培训,如选送一部分优秀员工到大中专院校系统学习,通过多形式、多层次、多渠道培养各类业务骨干和技术骨干。对坚持学习、努力提高素质的员工给予物质和精神的双重奖励,在工资、工作安排上有所倾斜,使员工意识到继续学习的重要性,并对饭店的大力支持心存感激,自觉向企业靠拢,把饭店当成家,以主人翁姿态创建饭店这个共同的家园。

二、基本对策

步骤一:树立以人为本的经营思想

让内部顾客满意。企业要取得成功的关键在于外部顾客和内部顾客的全部满意,内部顾客即企业的职工。在企业内部,下一道工序是上一道工序的顾客,基层员工是中层管理人员的顾客,基层员工和管理人员又是董事长和总经理的顾客,对于像厨房这样的工作,厨师长是总厨师长的顾客,厨师是厨师长的顾客。国内外许多餐饮企业取得成功的关键是内部顾客满意,通过这种途径取得职工的信任,培养归属感,增强凝聚力,上下团结一致,共同努力,获得企业的成功。要做到这一点,厨师长必须公正、正直、大度,有亲和力,待人和善,必须做到尊重职工,尊重员工对个人理想、个人目标、个人价值的追求,为员工提供参与企业管理、解决实际问题、展示个人才华的机会,使其与企业合为一个有机体而不只是工具。让员工感到在企业中得到承认和受人尊重,体贴关怀员工,在工作和生活中真诚的,而不是出于利用目的的关怀,这样员工才会对企业依靠,把自己和企业融为一体,实现利益共享,包含工资、奖金、培训、晋升及其他待遇,利益是企业员工最关心的,红利制度、入股制度都是餐饮企业与员工利益共享的例子。加强有效的沟通,鼓励员工对企业的各种事务提意见建议,评论和投诉,对提出良好建议的员工进行奖励,通过沟通,能使管理层了解管理的不足,得到改进工作的建议和意见,针对性地及时解决问题,使内部顾客满意。

步骤二:知人善任,挖掘每个员工的潜力

根据厨房组织结构的设置要求,寻找最合适的人选。所谓最合适的人选,并非指某个人十全十美,而是相对于某个特定的工作来说,他具备这个生产岗位的某种特长。比如,炉灶上的厨师,他的优势是身材高大,体魄健壮,手臂有力,这是基础条件;如果身材过分矮小瘦弱,是很难胜任这份工作的。任何人都有其长处和短处,不同的性格、不同的兴趣爱好、不同的生产环境、不同的学历会有不同的专长。再如,有些人具有上进心,肯钻研业务,有文化、有一定的组织能力,如果安排到管理岗位上,就比较合适。还有一种人,工龄长、资格老、技术好,但由于本人文化水平低,怕得罪人,这种人可以是一位好厨师,而不一定是位好的管理者。因此,在岗位人员的选择上要做到知人善任和量才使用,充分发挥每个人的特长,使下属员工能在一个宽松愉快的环境中工作。只有这样,才能真正地挖掘出每个人的潜力。

步骤三:公平竞争,促进员工不断进取

厨房的工作岗位,由于生产的需要,有的岗位劳动强度大,而有的岗位劳动强度较小,因此就带来了这样一个问题,有的岗位许多人争着干,而有的岗位却很少有人愿意去干。对于这种状况,可以开展竞争,用考核的手段择优录取。比如:某饭店为了让有才能的人得到充分发挥,就炉灶这个岗位进行了实践考核,按考核成绩排列,成绩优异者定为头炉(也称首席炉灶师傅),以下依次定为二炉、三炉、四炉……被选上的人不仅有一种自豪感,同时也有一种责任感(因为头炉和二炉之间的岗位工资有很大的差异),落选者也只有努力工作,学好技术,下次再参加竞争。这种考核定岗不是终身制,如果员工在岗位上不能胜任或工作失误,厨师长有权随时撤换。开展公平竞争,既可促进员工不断进取,又可增加其责任感,有利于人才的开发和厨房的管理。

步骤四:采用人才互补来加强岗位建设

从管理心理学这个角度来看,把具有各种不同专长或性格各异的人合理搭配,就会形成一个最佳的人才结构,从而减少内耗。互补包括年龄的互补、性格的互补、知识的互补、技能的互补,等等。只有使每个人各显其长、互补其短,才能构成一个理想的生产结构和管理结构。

步骤五:采用多种激励手段,调动厨房员工的积极性

参与激励。参与激励表明管理者有事愿意与大家商量,发扬民主,集思广益。这实际上也是一种上下沟通感情的手段。

榜样激励。榜样是根据人们善于模仿的心理特点而树立起来的一面旗帜。榜样激励实质上是一种竞争激励,不甘落后是人之常情,所以任何人都有竞争向上的志向。作为榜样自身来说,由于自己做出的贡献受到了表彰,得到了他人的尊敬、承认,成就感、自尊感得到了满足,其积极性就会更高。对于非榜样的人,在不甘心落后的情感支配下必定想超过榜样,而去努力工作。特别是和年轻人在一起,这种竞争是非常激烈的。只有当管理者掌握了这一激励方法,才能有效地激发每个人的工作热情,从而达到调动积极性的目的。

竞赛激励。竞赛能增强集体中每一位员工的心理内聚力,使他们的行为更加协调;竞赛能缓冲集体内部的矛盾,为了超过竞争对手,大家相互鼓励和帮助,在某些非原则的问题上不再过多计较;竞赛还能调动人的潜力因素,使员工思维敏捷,操作迅速,提高技能。通过竞赛,还能有效地提高工作效率。

激励并没有固定模式,也不是一成不变的。作为一名厨师长,只有真正掌握每一种激励的内涵,才能在管理过程中灵活运用,才能真正有效地去激发每位员工的工作热情,调动其积极性,挖掘其潜在的能量。

三、案例分析

某饭店厨师长要求每位厨师一年中制作两道创新菜,凡被饭店收入菜单的创新菜,制作者可获得饭店给予的奖励500元。这个目标推出后在厨师中引起了很大的反响,有许多厨师在工作中细心琢磨,查找资料,试制菜肴。这不仅提高了每一位厨师的工作热情,推动了大家钻研技术的劲头,还使得厨房每一位员工都增强了自信心、紧迫感和创新的积极性。

分析:

这是运用了目标激励的方式。心理学家研究表明,激励要有一个目标,利用振奋人心、切实可行的奋斗目标,可以达到激励的效果。在制定目标时,管理者必须既考虑到员工的切身利益,又考虑到企业的利益;当今许多员工追求工作环境中的人生价值,普遍关心个人事业的发展,因此必须注重企业发展和个人发展并行,营造企业与职工共同成长的氛围,重视员工个人职业生涯设计,关心职工的自我发展

和自我超越的内在需求。让职工对未来充满信心和希望,为其提供施展才华的机会,减少职工跳槽和离职现象。

四、提示

要注意目标的先进性和合理性,既不是可望而不可即,也不是轻而易举就能达到。应该注意的是,管理者在推出目标时,要有一定的策略,不要信口开河,到处许诺。管理者要清楚,制定目标是为了激励,是为了激发员工努力工作的热情。

喜来登集团的一家饭店,针对器皿损耗严重的情况,餐饮部搞了个"损耗是饭店大敌"的活动,以实物、图片、文字展览,教育员工为餐饮部的集体利益和荣誉,要热爱饭店公物,活动收到了预期效果,开创了新的风气。

如何建立"用人追究责任"制度?

厨房组织结构是从属于饭店餐饮部的一个子系统。餐饮部经理和总厨师长在构思厨房组织结构图时,要根据本饭店的规模、等级、企业经营要求和生产目标以及设置结构的原则等内容来确定组织的层次及生产的岗位,使厨房的组织结构充分体现其生产功能,并做到明确职务分工,明确上下级关系,明确岗位职责,有清楚的协调网络,以及把人员进行科学的劳动组合使厨房的每项工作都有具体的人去直接负责和督导。但是在现实生活中,由于管理者或出于私心,或秉承上级的旨意,或照顾自己的裙带,或好好先生怕得罪人,因而使得该用的能人不用,不该用的却委以重任,这不仅造成工作的损失,而且败坏了风气,影响了和谐的关系,因此必须建立用人追究责任制度。

一、注意要点

要点一:必须遵循垂直指挥原则

厨房的组织结构是指为了完成上级下达的经营目标,由各种职责或职位所组成的一个阶梯性的结构。

在厨房的组织结构设置中,首先应考虑的是垂直指挥原则。垂直指挥要求每位员工或管理人员原则上只接受一位上级的指挥,各级、各层次的管理者也只能按级、按层次向本人所管辖的下属发号施令。企业不应要求任何人同时受命于数人,即保证一位被管理者只能听从一位管理者的指挥,向其汇报工作,并对其负责。

垂直指挥并不意味着管理者只能有一个下属,而是专指上下级之间,上报下达都要按层次去进行,不得越级,要形成一个有序的指挥链。有些餐饮部经理、总厨师长往往喜欢下厨房亲自处理一些员工工作中的错误,而不愿通过下级管理者(部门厨师长或领班)去处理。这样做的结果是,员工们分不清谁是他们的直接领导,导致有些员工一有问题或矛盾就去找总厨师长或找部门经理,从而降低了部门厨师长或领班的威信。因此,当餐饮部经理或总厨师长听到一些有关菜肴质量的意见或看到某厨房存在一些问题时,不应该直接去找某厨师训斥,而是应该通过具体分管该厨房的厨师长去处理。

  在这样的垂直指挥下,下属都是上一级的管理者认可的,自然一切应该听从上一级的管理者的指挥,而一旦某一环节出了问题,很快可以追究责任。如图2-1大型厨房垂直指挥系统图。

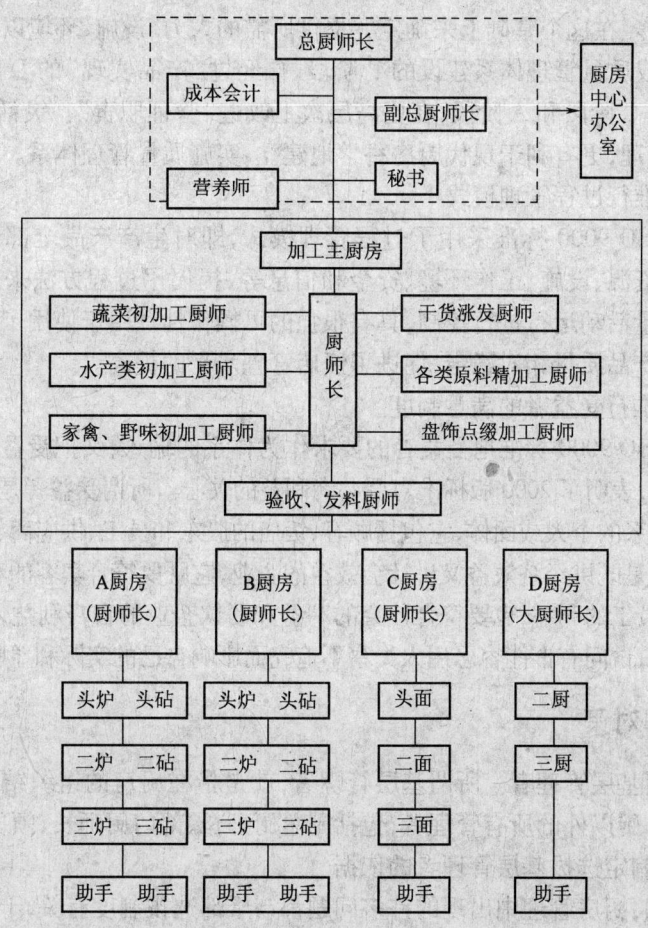

图2-1 大型厨房垂直指挥系统图

要点二:推行管理现代化

  管理现代化要求在管理思想、管理组织、管理人才、管理方法、管理手段等诸方面实现现代化。现代化管理要求饭店不断改进、创新,2000版ISO 9000标准体系更加突出了整体的观点、系统的观点、动态的观点和持续改进的观点。扬州新世纪大酒店按照系统原则,以质量为核心,质量管理模式为基础,容纳并结合饭店星级评定标准以及国家饭店管理法规建立健全了相互兼容、相互补充的一体化管理体系,并将这一体系渗透到每个部门、每个职工的职责中,体现了全员参与、全过程管理的思想,在这样严密的管理制度下,用人追究责任制度无处不在,无时不起作用。

要点三:推行组织的"管理职责"

2000 版 ISO 9000 标准体系的运行是从一个组织的"管理职责"开始的,包括最高管理者的承诺、质量方针、质量目标和质量策划、组织架构、职责和权限以及内部沟通要求等。在这个基础上来确定并提供所需的人力、设施、环境以及资金和信息等资源,完成质量管理体系建设的 P 阶段,再经过"产品实现"的 D 阶段,测量、分析和改进的 C 阶段和 A 阶段,在更高层次上改进"管理职责"。灵活运用 PDCA 循环的工作原理,更有利于现代厨房科学地建立、实施质量管理体系。

要点四:推行过程管理模式

2000 版 ISO 9000 标准采用了过程管理模式,即对生产产品全部环节进行控制,包括人力资源、设施、工作环境、资金和信息等,提倡用过程方法来识别和建立体系,并对质量活动运行进行控制,具有很强的可操作性。由于使用了过程管理方法,使厨房的产品质量相对稳定,促进了饭店管理水平的提高。

要点五:推行受益者的满意制度

2000 版 ISO 9000 标准把受益者的要求作为体系的输入,又把受益者的满意作为体系的输出,表明了 2000 版标准对受益者利益的关心。所谓受益者是指与厨房的经营利益有关系的个人或团体,它包括顾客、饭店的股东和员工、供应商、银行和社会等。现代饭店是既讲经济效益又讲社会效益的企业,它既要符合宾客的利益、供货商的利益、饭店员工的利益,也要符合社会的利益和餐饮企业的自身利益,从而使各相关方利益多赢,试问有谁能容忍用人失察不追究而影响自己的实际利益呢?

二、基本对策

选拔使用基层管理者。所谓基层管理者,就是指在厨房的组织结构中除总厨师长或行政总厨以外的所有管理者,包括副总厨师长、部门厨师长、领班等。

步骤一:制定选拔基层管理者的依据

实践证明,厨房管理中出现的许多问题都与干部选拔制度有关,干部的渎职失职、内外勾结、损公肥私,甚至贪污盗窃,其重要原因是选拔体制、监督约束机制不健全、不完善,因此建立用人追究责任制度的基础是制定选拔基层管理者机制和制度,其具体要求是:

(1)必须具有一定的专业知识,专业技能和文化知识。

(2)必须有较强的事业心和责任感,具备一定的管理意识。

(3) 平时工作认真,有吃苦耐劳的精神,有敏锐的观察力和较强的记忆力。
(4) 善于和人打交道,在员工中有一定的影响力。
(5) 具有一定的创新意识。

在选拔部门厨师长时,还须考虑到被选者的技术职称。当然技术职称不能完全代表一个人的水平,但还是必须具备的,否则在管理中会带来诸多不便。

步骤二:坚持选拔基层管理者的程序
(1) 面谈,这是选拔过程中的第一件事。通过面谈可了解到候选人的意见和想法,获取初步印象。
(2) 查阅有关资料,这是进一步了解情况所必须做的工作。根据候选人的档案进行分析,对候选人的厨师职称证书要进行审核:一是看发证单位,二是看技术与职称是否相符。
(3) 举行测验,测验包括两个方面:一是智能测验,包括专业技能、综合知识、应变能力、处理问题的能力等。通过测验,以了解候选人的管理能力和专业技术能力。二是民意测验,即在群众中召开一些座谈会或填写民意调查表,以便了解群众的看法和意见。
(4) 上级批准。总厨师长通过大量的工作,将推选出的优秀人才,组合成一个班子,报餐饮部及饭店人事部批准后,方能宣布名单。

步骤三:使用基层管理者的选拔方法
(1) 群众评议推荐,这是广泛听取群众意见的一种方法。由于群众最了解候选人的情况,知道他在什么管理层次上最合适,因此在选拔时,应该认真听取群众意见。
(2) 自荐,自荐是竞争潮流的产物,也是体现自身价值的一种形式,值得推行。
(3) 组织挑选,根据德才兼备的原则,挑选一批后备干部,利用送出去培训、学习的方法,择优录用。这种方法一般适用于厨师长的选拔和培养。目前,许多饭店都是采用此法来挑选人才。
(4) 注意"五忌",在厨房基层管理者的选拔中,应注意"五忌":一忌任人唯亲;二忌嫉贤妒能;三忌论资排辈;四忌任而不用;五忌只用不养。

三、案例分析

一份调查报告显示,现在不少酒店舍不得在员工培训上投资,主要靠挖人过日子,现代企业员工跳槽的原因,排在第一位的是"更好的发展空间和学习机会",而不是管理者常认为的"工资待遇"等其他因素。现代管理界有一种说法,即一等人存人,二等人存物,三等人存钱。这实际指的是以什么作为价值提升的基础,存钱利息低,升值就小;存物升值也不是很大;而"存人",由于价值伴随终生,所以提升的空间会大得多。所谓"存人",就是指单位或个人投资于学习,使员工随着企业的发展,知识不断增多,能力不断提升。

分析:

现代酒店要生存发展,要不断在竞争中取得优势,就必须不断树人育人,要把树人育人作为最基本、最重要的战略性投资,为企业积聚势能,没有千里马的养蓄,则无一时可用之人。但是现代厨房的领导者和人事管理者,有些人并没有真正领悟到"一树百获"的真谛,或者认为育人是社会和国家的事,企业只管用人;或者认为育人是投资,要有机会成本,而不愿对人力资源存量进行培训开发。即使投资,也总是给受训员工设立诸多限制性条件。其实,这对于酒店业吸引和留住优秀人才是非常不利的,也是造成酒店员工流失率高的重要原因。

四、提示

建立用人追究责任制度的关键是"用人要养人",追究用人不养人的过错。如果员工在一家酒店工作了10多年,却连一次正规的培训都没有,员工对酒店会忠诚吗?所以,为员工提供系统的培训,促使员工不断进步,是人本管理理念的重要内容,也是现代社会发展对企业发展的基本要求。

如何调动后进员工的积极性?

每个人在工作中或在日常生活中总会遇到许多不顺心的事,受到各种挫折,由于每个人对挫折的承受能力不同,因而就会有一部分人常带着痛苦、失望的情绪来工作,这样就会严重影响到工作态度和工作效率,从而导致工作落后。要调动后进员工的积极性,就必须了解后进员工的表现,以及造成落后的因素,以便能尽早预防。后进员工常常会消极怠工,违反店纪店规,不服从分配,工作不负责任。这种现象如果不及时加以处理,还会影响到其他员工的工作情绪,其结果将会给管理带来很大的麻烦。因此,对于"后进"的员工,管理者只有去认真观察,认真对待,及时解决矛盾,用激励的方式给予恰当的刺激,才能取得一定的效果。

一、注意要点

要点一:必须了解后进员工的表现形式

后进员工的表现形式是多种多样的,归纳起来主要有这两种类型:

1. 公开对立型

(1)不听从管理者的指导,我行我素;

(2)故意影响工作质量,造成极坏影响;

(3)为管理者设置工作障碍;

(4)好斗逞强,经常与同事吵架;

(5)"老子天下第一",好像任何人都无法去管他或指挥他,凭情绪干工作。

2. 暗中捣乱型

(1)阳奉阴违,当面表示接受工作,背后却不努力去做或根本就不去做;

(2)强词夺理,寻找理由为自己完不成任务进行狡辩;

(3)专门把眼睛盯住管理者或先进职工,挑剔或有意找岔子;

(4)工作不专心,这山望着那山高;

(5)在工作期间,不去干自己的本岗工作,谈天说地,影响他人工作;

(6)经常迟到早退;

(7)钻饭店规章制度的空子,并借此为自己的行为狡辩。

要点二:必须分析员工后进的原因

1. 管理者思想老化

许多厨房管理者在管理思想与方法上沿用老套路,没有及时更新自己的管理理念,思维陈旧、立意不新、气魄不大,不能吸引人才、培养人才、用好人才,也不能挽留人才,造成一方面人力资源短缺,另一方面人才大量流失。一些管理者舍不得投入,认为开发人力资源、培养人才要花钱,花力气培养下属后,害怕其"飞"走,或者害怕下属成长起来威胁到自己。一些饭店短期行为严重,急功近利,只注重经济效益,而把人力资源的规划、人才的引进和培养、开发人的潜能等都放到从属或者不重要的地位。以引进人才为例,我国的厨房管理专业人才本来就少之又少,许多饭店的厨房引进饭店管理专业的大学生后,又不肯给他们一个展示才华的机会,工作分配时强调管理意志,一切都是总厨说了算,不顾及员工的性格、爱好、兴趣、特长,只凭第一印象或主观臆断将其分配到某一岗位,员工的个人需求得不到重视和满足。这样,造成员工们对饭店失去信心,许多优秀人才受到压制,消极怠工,最终造成人才流失。

2. 激励缺乏公平性

公平性是厨房管理中一个很重要的原则,任何不公正的待遇都会影响员工的工作效率和工作情绪,影响激励效果。涉及员工切身利益的激励机制有许多方面,评功评奖、调资调级、升职重用、养老医疗等。饭店往往能将激励标准制定得很好,但厨师长在执行时缺乏公平性,"奖而重亲,罚偏避贵",尤其是对于那些敏感的、伸缩性较强的事不太慎重,未能做到阳光操作,只是几个知己的人在一起决定了事。当取得同等成绩的员工,不能获得同等层次的奖励,就会有不平衡的感觉,管理者又忽视员工的感受,没当一回事,挫伤了员工的积极性,让员工感觉不到温暖,只感觉到不公平,因而冷却了那颗对厨房抱有厚望的心。

二、基本对策

步骤一:情感激励

管理者要积极主动地关心后进员工,使下属树立工作信心。感情联系是无形的,它不受时间、空间限制,与有形的物质联系相比较,能产生作用更为持久的效应。情感激励能起到融洽关系、协调感情、维系人心、减少内耗的作用。感情联系一经建立,员工便会将完成上司交办的任务作为感情上的补偿,较少甚至不计较工资、奖金等物质因素。

步骤二:因才施用

安排合适的工作岗位,充分发挥员工的特长,使他们在一个符合个人特点、心情愉快的环境中工作。信任是对人价值的一种肯定,也就是管理者对被管理者的一种奖赏,因此这也是被管理者的一种需求。后进员工在得到了领导的信任后,将会更努力地工作。信任激励是一种非常有效的手段,"士为知己者死",这句话便是最好的说明。管理者要善于用人,在其工作范围内赋予其相应的权力,并让其认识并承担起自己应负的责任。管理者在用人方面必须做到"用人不疑,疑人不用",信任下属,使下属感知到领导的信任,满足其成就欲,从而激发其工作热情。

步骤三:规范后进员工的行为

明确后进员工的工作职责,加以严格的督导,健全各项规章制度,用制度来规范厨房各类人员的行为,使每个人的行为都围绕管理的目标而进行。

在规范的同时以参与的激励方式调动他们的积极性,让后进也参与管理工作,参与一些制度的制定和执行,使他们感觉到你在重视他。参与会使员工感到心情舒畅,认识到管理者承认了他们的"存在价值",从而更进一步地激发其工作热情。

步骤四:建立科学、合理、公平的激励机制

要力求做到每个员工,尤其是后进员工得到的奖励与贡献相一致,这样激励才有效果,后进员工看到实惠,也会弃恶从善的。

步骤五:有效的培训,提高后进员工的思想素质和技术素质

改变我国饭店厨房在人力资源开发中存在着的重视使用、忽视开发的误区,即视厨房人力资源为饭店的最重要资本,既重视人力资源对饭店的贡献,又重视对员工个人发展、个人素质的培养和提高,舍得对员工投资培养。

步骤六:对于一些工作不负责任、职业道德差的员工,就必须实施惩罚

但惩罚要注意方式和方法,要让员工产生一种内疚心理,从而消除消极因素。常言道:"知耻近乎勇","知耻"所产生的勇气,就是惩罚激励产生的最佳效果。但是在运用惩罚这一手段时,管理者应该了解员工的过失是有意行为还是员工无能力或部分超越个人控制的事故。如果必须使用惩罚时,应做到前后一致,即对同一种过失给予相同的处罚。必须明确的是批评和惩罚仅仅是一种手段,而不是目的,要做到对事不对人,要在批评惩罚的同时进行细致观察,一旦发现有好的表现要及时表扬,这样就会使那些被惩罚的员工感到领导不是在有意整自己。对屡教不改者,实施严厉的纪律约束,让其感觉到有一定压力,同时管理者要进行深入调查,找

出屡教不改的原因。如果对后进的员工不进行考察分析,只是一味地强压有时会适得其反;建立流动性机制,相对稳定,调动不宜频繁,但对不能称职的必须果断调整。

步骤七:妥善对待老资格后进员工

对于一些老资格的后进员工,不能听之任之否则会严重影响到整个厨房的管理,对这些老资格的后进员工在处理上要慎重,注意言辞的运用,抓住时机,对一些好的行为多表扬,多鼓励;对违反店纪店规的行为,要严肃处理。表扬或鼓励时要注意策略,在公开场合要不失时机地对他们的表现给予表扬,赞扬其丰富的工作经验和以往对饭店所作的贡献,并要求其他员工向他们学习。在自尊自爱心理的驱使下,他们的工作表现将会保持在一定的水平上,有时还会将一些后进的员工带上来一起努力工作,这就是管理所产生的效果。

三、案例分析

某厨房小李,平时工作总是无精打采、敷衍了事,有时厨师长或领班批评他几句,他便一触即发,骂声不断,故意作对,虽经多方教育仍不见效。一次,小李因交通事故小腿骨折,住进了医院,厨师长、领班轮流去照顾他、看望他,小李非常感动,待小李伤好后来上班,工作积极、主动,服从分配,尊敬厨师长和领班。人们发现他已不是以前的小李了。

分析:

协调人与人之间的关系必须开发员工的情商,即培养员工较好的职业道德、个人道德、意志力、团队精神、集体荣誉感,处理人际关系的能力。情感激励是针对人的行为最为直接的激励方式。以上实例中可以看出感情激励可以发挥出惊人的力量。

四、提示

要建立感情联系,管理者必须改变居高临下的工作方式,变单向的工作往来为多种形式的往来,建立思想、工作、生活、娱乐等多方面的接触。在员工没有心理压力的无拘无束交往中彼此相互信任,相互尊重。作为厨政管理者,必须懂得管理心理学,运用激励理论知识,去调动、激励下级的积极性,激发其热情,鼓舞其干劲。

怎样杜绝厨房的"跑冒滴漏"现象?

饭店管理者加强饭店管理,遏制甚至杜绝厨房的"跑冒滴漏"现象,对于严肃厨房员工工作纪律,降低餐饮的生产成本,提高饭店的经济效益,是非常有意义的。饭店的声誉和可信度是客人最关心的问题,也是经营管理者最为关注的问题。对于饭店任何一个部门的员工,只要违背了职业道德,就应予严肃处理,以端正饭店其他员工的服务态度,从而减少宾客投诉,提高饭店服务质量,而这确实是维护饭店声誉和良好形象所必需行使的一项举措。厨房的"跑冒滴漏"现象不会单独发生,即使发生,其次数也不会太大,如果内外勾结会造成大的漏洞,所以必须综合防治。

一、预防要点

防火墙一:杜绝人情菜

特别值得指出的是,饭店中某些经济效益不好的部门,从节省人力、降低成本出发,尽量减少员工人数和班次,结果往往因为劳动分工不清而造成漏洞。要做到人尽其才,但又不能走极端,若客人增多,人手不够,就易出现人情菜——"走餐"现象,即客人用餐完毕不付账便离开。这不仅仅是"人情问题",如果数量大,次数频繁,甚至厨房和餐厅勾结,员工和客人勾结,就是贪污盗窃的行为,必须严加惩处。

防火墙二:防止利用职务之便,内外勾结

若仅剩一名服务员工作或两人共谋的情况下,服务员可能会"走单",包括"一单多用"(用已被一位客人支付过的账单去收取另一位相同消费的客人的现金,而不记录此次收入);或撕毁账单(用账单向客人收取现金后,作为作废的账单销毁,而不记录这次销售);还可能对客人订的食品少记品种和数量,而向客人收取全部价款,二者的差额装入自己腰包;或者使用两种账单,以高价账单向客人收钱而以正常价交款,甚至对客人订的食品不记账单,将向客人收取的全部现金吞没,而这些都要与厨房员工勾结。对这种现象,如果厨房管理者不警觉,漏洞将越来越大,这些部门将进入经济效益低——管理松懈的恶性循环中。

防火墙三:防止利用职务,内外勾结,贪污盗窃

厨房盗窃的主要目标:一是食品仓库,二是高档餐具。厨房内严禁乱吃、乱拿食物或物品。违者视其情节轻重处罚。

二、基本对策

步骤一:规定加工数量

应明确规定加工数量(这里所说的加工数量是指加工出料率),主要包括未经加工的原料数量和加工后的数量。数量定得过高,加工人员达不到这一要求,会产生消极情绪;数量要求过低,则会产生浪费、盗窃等现象,从而增加食品的成本开支。

步骤二:严格退菜制度

因种种原因,客人有时会要求退菜。有些是客人非常挑剔或者有特殊需求,要求退菜;有些是服务员粗心大意记错了菜名;还有些是厨师忙中出错。无论什么原因,收到退菜后,厨师长都必须在退菜单上记下菜肴的名称、客账单编号以及退菜原因。

步骤三:控制剩余食品

造成厨房剩余食品主要有三个因素:一是生产量预测不准确;二是客人临时的退餐或退菜;三是配菜厨师没有根据生产标准来配菜,等等。

步骤四:控制关键点

餐饮的销售经营中有两个重要环节:账单开出为关键,货币收进是中心。所以,餐饮部的控制和管理也要从这两个方面入手:服务员填写的账单必须一式三份,分别由餐厅、厨房、传菜部掌握并签名,以便核查;严格禁止撕毁账单造成断号的行为,即使出现记录需要更改的情况也应在账单上注明"作废"并保留;管理人员及时收回账单和现金,打印发票,以防账单流失和谎报消费金额。最后,部门经理或主管应经常巡查上述情况,对违规操作者加以严肃处理,从而规范部门的管理。

步骤五:加强安全保卫措施,防止盗窃

1. 食品仓库的防卫措施

(1)挂警示牌。仓库的大门要挂上"仓库重地,闲人莫入"牌子,以示提醒。要限制仓库进出人员,未经许可,任何人不得进入贮藏区。通常允许进入仓库的人员有:饭店总经理、财务总监、饮食总监、成本会计、总厨师长、当日值班经理、管辖仓库区域人员。仓管员只能在本管辖区内进出,不得随意串岗或打听其他库存的消息。

(2)仓库环境的防护。仓库的门钩、锁扣都必须牢固,墙壁应坚实,门窗上均要有防护设备。有条件的仓库还要装上闭路电视监控器。仓库的周围禁止堆放易燃、易爆、污染性的物品。

(3)仓库钥匙的管理。仓库钥匙的管理应有专人负责,不可随意放置或交给他人代管,工作结束后立即上锁。对于存放贵重原料的仓库,除由专人负责外,还要加强门锁的管理,只有在需要领料时才打开仓库门,领完料后立即上锁。仓库的钥匙不能随意存放,更不能由仓管员私自带回家。仓库钥匙的管理程序是:仓库保管员在下班之前,将仓库的所有钥匙收齐,放入一个特制的信封内,当着饭店保安员的面,点清钥匙的数量,再封上日期封条,仓库保管员在信封上签字,并写清交钥匙的时间,接受钥匙的保安员也在信封上签字,表示收到。然后由保安员放入保险箱。第二天,仓库保管员来上班时,到保安部门领回钥匙,并检查一下信封是否被开启过,如有可疑,应速向上级报告。另外,如果一旦钥匙丢失,应立即报告,不得随意配制钥匙。

2. 厨房内的防卫措施

(1)厨房各作业区的员工,下班前要将本作业区内的炊事用具清点、整理,有些较贵重的用具一定要放入橱柜中,上锁保管。

(2)剩余的食品原料,尤其是贵重食品原料在供应结束后,必须妥善放置。需冷藏的放进冰箱,无须冷藏的放入小仓库内,仓库、冰箱钥匙归专人保管。

(3)厨房员工在下班后应将钥匙集中交给饭店安全部门,由保安员统一放入保险箱内保管,厨房员工次日来上班时,到安全部门签字领取钥匙。

(4)加强门卫监督。加强厨房内部的相互监督,发现问题及时汇报、及时查处,切不可隐瞒事故,以防后患。

三、案例分析

若配菜数量过多,烹调厨师在装盘时会将多余的菜肴盛装在另一个盘内,如果管理上稍有疏忽,多余的成品菜肴就会浪费掉,如果通过再加热或掺和或搭配到其他菜品中制成菜销售,必然降低菜肴质量,且成本上升。因此,在厨房生产控制过程中,要尽量避免剩余成品的出现。与此同时,对于一些批量制作的菜肴,除提供正常的供应外,剩余的部分应及时进行妥善保管,并做好剩余食品的记录,责任到人,防止人为消耗和环境污染。

分析:

剩余食品的控制是成本控制的关键,管理者稍有疏忽,就会使成本率增高。剩余食品的出现,一是大手大脚,二是有意截留。前者,厨房内剩余成品在经营管理中应看做是一种浪费和损耗;后者则是以合法掩盖非法,这是多吃多占,更可怕的是习惯成自然,势必有恃无恐。因此,在厨房生产控制过程中,要尽量避免剩余成品的出现。

提示:

剩余食品在保存时还应注意下列事项:

凡温度高的剩余食品,必须让其自然冷却后才能放入冷藏柜保管,不正常的冷却会使食品污染。剩余食品在存放时,应用保鲜膜(袋)包裹起来,以防止细菌和杂物的侵入。另外,还应在盛器上注明日期。不能将剩余的熟食品与生料或半成品料混放,以防交叉污染。重新使用剩余食品,要再次加热,以达到杀菌作用。剩余食品不可无时间限制地存放。

如何做到"奖不重亲,罚不避贵"?

传统的厨房生产,往往存在着"派别"隔阂问题。在厨房炉、案、碟、点的不同岗位,一般是由许多厨师共同协作,在几位厨师技术彼此相近、思路各有差异的情况下,常常会出现不同岗位之间或不同厨师之间的派别纷争与对抗局面。每个师傅带着自己的徒弟,师徒之间抱成一团,自然就形成了不同派别。领导的

"奖而重亲,罚偏避贵"更给工作中带来矛盾,进而形成了个人之间的恩怨,并逐渐形成了小团体,使得工作中沟通协作难以进行,最终带来工作上的不配合,这将给企业带来难以预料的损失。这种现象在厨房生产与管理中必须彻底杜绝。如何做到"奖不重亲,罚不避贵",调动员工工作积极性是现代厨房管理中必须注意的。

一、注意要点

要点一:厨师长要有全局意识

作为一个厨房管理者,工作上要树立自己的威信,一切从企业的大局出发,从自身做起,正确处理厨房管理与派别问题,善于团结厨房所有工作人员,摒弃派别的观念,把工作的重点放到生产与经营管理之中,并在饭店总体管理思路下,合理地控制成本,最大限度地满足客人的需求,为企业创造最大的经济效益和社会效益。

要点二:厨师长要摆正管理天平

一个厨房有多种岗位,其中近半数是有一定技术水平的人员,必然也会有一些经验丰富、技术过硬的老一辈;也有较年轻的、身强力壮、工作能力和进取心较强的新一代。他们各有所长,也各有所短,管理者的管理天平要摆正,要努力使各层次技术骨干联合起来,互相配合,取长补短,达到工作上的一致,共同完成生产任务。每个饭店都有明确的管理制度,管理者必须按章办事。由于目前的厨师仍然有"派别"和"师徒关系"观念,比较重"义气",加之厨房工作环境和厨师文化水平的局限,所以按章办事有一定的难度,但作为厨师长应杜绝私情,在注重工作方式方法的同时,首先要管好"人",其次要及时处理厨房生产中出现的问题,最后是对事不对人,要做到公正、公平。

二、基本方法

方法一:坚持才职相称原则

行政总厨设计完组织结构后,就需考虑到人员的配备问题。在配备厨房人员时,应遵循知人善任,选贤任能,结构(年龄、知识、专业技能、职称等)合理,用人所长,人尽其才的原则。切不可重"亲"顾"贵"而任人唯亲。

方法二:精干和效率的原则

精干就是在满足生产、管理需要的前提下,把组织各结构中的人员降低到最低程度。厨房内的各结构人员数量应与厨房的生产功能、经营效益、管理模式相结合,与管理幅度相适应。精干的目的在于效率,因此,在厨房组织结构设置中,应尽可能缩短指挥链,减少管理层。切不可重"亲"顾"贵"而因人设岗,因人设事。

方法三:善于使用公平、公正的物质激励和精神激励激励是调动厨房人员积极性的主要方法之一。人的行为需要激励,通过恰当而有效的激励,能够唤起人潜在的行为动力,激发职工的创造力,加强企业的亲和力,能获得意想不到的积极效果。激就是激发和刺激,励就是奖励或鼓励,激励就是管理者运用奖励或鼓励的方式去激发和刺激下属员工工作热情的一种方法。人的行为是由刺激引起的,刺激是产生人行为的条件,也是促进人的行为、激发和调动人的积极性和创造性的重要手段。为什么刺激会产生行为呢?这是由于刺激会引起人的某种需求,使人产生某种需求的动机,并进一步引起人的某种行为去实现需求。由于人的需求是无限的,当一种需求满足以后,又会产生另一种新的需求,如此循环往复,以至无穷。作为一名管理者不仅要满足下属的合理需求,而且还要善于诱发下属的新的需求,去激发和挖掘人的内在潜力,充分发挥人的主观能动性。

美国哈佛大学的詹姆士博士曾经指出:"绝大多数的职工为了应付企业指派给他的全部工作,一般只需付出自己能力的20%~30%,即能达到企业的需求。"也就是说,职工为了"保住饭碗",在工作中只需付出很小一部分劳动,如果管理者能利用有效的激励手段,可使被管理者付出全部能量的80%~90%。由此可见,激励对员工潜在的工作表现和工作能力有很大的推动力。

方法四:善于使用物质激励和精神激励的手段调动能者、贤者的积极性

激励方式是管理者在激励下属员工工作积极性的过程中所采用的具体形式。不同的人有着不同层次的需求,所以,对不同的人就要采用不同的激励手段。"奖"说到底是满足人需求的激励,美国心理学家马斯洛指出人们的需求总是从低到高。当第一层满足后,就可能产生高一层的需求,一直发展到最高层的需求。也就是说,人的需求首先是物质的需求,然后才是精神的需求。因此,管理者在采用激励手段时,要注意处理好物质激励和精神激励这两者之间的关系。金钱和物质是每个人赖以生存的前提,物质激励在一定条件下将产生相当大的激励作用。但是物质激励并非万能,在一定的条件下会产生"淡化"现象。比如,在厨房工作中发现,当一个人第一次因表现突出而获得50元奖金后,所产生的效果是很明显的,但如果连续拿几次同等量的奖金后,其效果就没有第一次那么明显了。又如:当小王第一次拿奖金时得了200元,第二次拿180元时,就会满腹牢骚,甚至产生后退的现象。因此,物质激励应与精神激励相结合,才有可能真正达到激励的目的。

方法五:慎用且正确使用公平、公正的纪律处分手段

纪律处分是对那些经说服教育仍不悔改者的一种行政约束。纪律处分的目的是为了改变后进员工或犯了严重错误的人的行为和态度,并防止他们再犯错误,从而来继续维持整个厨房的正常工作。因此,纪律处分必须起到惩罚和教育的双重作用。通过纪律处分,使犯错误的员工和其他员工都能受到教育,从而达到预防为主的目的。

1. 纪律处分的方法

(1) 口头警告；

(2) 书面警告(过失单)；

(3) 扣除奖金、工资；

(4) 停职；

(5) 降职；

(6) 劝其辞职；

(7) 除名。

目前,我国大多数饭店都是实行以上这几种处分方法。一些三资企业、合资企业、独资企业,由于企业的性质不一样,纪律处分的方法也可能有所不同。有的合资饭店规定只要员工受到三次书面警告就要被除名；有的则是采用记分制,根据违纪的轻重分别扣分,当扣分达到一定额度即被除名。

2. 纪律处分的原则

(1) 惩前毖后,治病救人：在纪律处分时要尽量去挽救犯错误的员工,在生活上关心他,工作上一视同仁,切不可小题大做,故意刺伤他人的自尊心。

(2) 不应为惩罚而惩罚：纪律处分是管理者在管理过程中使用的最后一种方法,管理者应该抱着帮助员工改正缺点错误的态度,而不应为惩罚而惩罚,在惩罚前做到事先警告,不搞突然袭击。

(3) 一视同仁,公平合理：在处分任何一位员工时,都应做到惩罚公平,对事不对人。不管是什么人,只要是违反了纪律,都同样要受到惩罚；犯同等错误的员工,应受到同等层次的处罚。

(4) 及时处理,不要拖延：一旦有人违反了纪律,首先应向犯错误的员工讲清利害关系,让其了解为什么要对其进行处分。处分要及时,否则受处分的员工对处分与错误之间关系的认识可能变得模糊,降低了执行纪律对纠正错误行为的作用。

(5) 纪律处分既要防止草率行事,又要注意方式方法：在执行纪律处分时,当管理者怒气未消时或情绪激动时都不宜做出决定。如果遇到严重的违纪行为,要彻底查清事情根源,不得有漏,以免留下不能根治的弊病和祸根。要做到公正判定,公平才使人服,才得人心。对于犯小错误的同志,要注意不伤害其自尊心,以免引起员工对领导的不满,甚至产生敌对情绪,要防止破罐破摔。

总之,执行纪律处分的最终目的是要纠正员工的错误行为和错误思想,而不是为了惩罚犯错误的人。

三、案例分析

表2-1是某企业对职工激励与效果的调查表。

表2-1 某企业对职工激励与效果的调查表

激励方式	效果变化 变好(%)	行动变化的比重 没变(%)	变差(%)
公开表扬	87	12	1
个别指责	66	23	11
公开指责	35	27	38
个别嘲笑	32	33	35
公开嘲笑	17	36	47
个别体罚	28	28	44
公开体罚	12	23	65

分析:

从表2-1可以看出,纪律处分在不同性质的企业、不同人员素质的厨房会产生不同的效果,奖励和处分所收到的效果是有很大差距的,调查发现,无论是表扬激励还是惩罚激励都必须注意方法,尤其是出以公心,就会收到事半功倍的效果,反之采用不适当的激励只能是事倍功半,必然会出现相反的效果。

四、提示

人是厨房管理和建设最宝贵的财富,我国有句俗语:"人心齐,泰山移。"厨房的发展,靠的是大家的力量,不是单靠某个人或几个人的力量。现在有些饭店厨师流失现象比较严重,面对这一现象,厨房管理者应保持清醒的头脑,从管理内部去寻找原因,实施科学管理方法,造就一支优秀的员工队伍,保证厨房经营和发展的需要。只有工作做到实处,真正把大家团结起来,把员工的积极性、创造性都调动起来,饭店才会有用之不竭的动力,才能真正吸引人才,留住人才。

如何开展技能竞赛活动?

系统地开展技能竞赛,不仅可以保持厨房的活力,营造厨房积极向上的环境氛围,还可以提高全员素质,同时也是立足市场,引领潮流,提高饭店的知名度,创造良好的社会效益和经济效益的需要。有些饭店不开展技能竞赛,或不系统地开展技能竞赛;有些饭店虽然开展技能竞赛,但技能竞赛与培训分离,不能为提高全员的素质服务,都是应该注意的。

一、注意要点

要点一:必须有系统的技能竞赛规划

竞赛是手段,促进员工的学习才是目的,每个饭店都应该从制度上制定近期和长远的技能竞赛规划,以技能竞赛带动培训,促进培训。比如配菜人员如何做到"一抓准、一找准",就是要求他们苦练基本功,技术熟练,手上长眼。

要点二:必须结合市场需求进行技能竞赛,定期推出创新菜

进行技能竞赛的目的是为了立足市场,引领潮流,提高饭店的知名度,创造良好的社会效益和经济效益。定期推出创新菜点,不断满足广大消费者求新、求异的永恒需求:

1. 根据饭店经营的需要,或者配合开展某项活动,又或者促进和改进厨房产品形象,择时开展厨师创新菜比赛或认证活动。

2. 根据饭店自身需要,每月、每季度、半年、一年或两年可举办一次创新菜比赛,以调动厨房工作人员的积极性,发挥大家的聪明才智。

3. 定期或不定期地推出一些新菜,不断增加新品种,以满足市场的即时之需,以及回头客的特别需求。

4. 在饭店客源相对清淡时期,以不影响正常的接待工作为前提,聘请有关专家、大师来店传授创新菜和时尚菜品。

5. 对于获奖的或有特色的创新菜,可作为饭店推销的重点内容,或者列入饭店特色菜菜单,向顾客宣传推销。经过一段时间的销售,凡点菜率较高、能够产生很好经济效益的菜品,对创作者应给予一定的物质奖励。

要点三:必须针对厨房状况进行技能竞赛

进行技能竞赛以提高全员的素质为宗旨,其中包括对员工的知识要求、能力要求、职业道德要求、身体要求等,从整体上全面提升员工的水平。

要点四:不要忽略理论知识竞赛

厨房工作,从表面上来看,似乎无须多少专业理论知识,其实,中国烹饪技艺的发展也与社会其他科学、技术、艺术一样永无止境。一道精美的佳肴,不仅是令人垂涎的食物,更是令人赏心悦目的艺术品,这些菜肴蕴涵着烹制者的文化和艺术品位,这也正是一位厨师应当追求的艺术境界。要达到这种境界,就需要具备丰富的文化、艺术知识和专业理论知识,并且还需要能用所学到的理论知识指导实践,不断提高专业技术。一名合格的厨房工作人员必须掌握如下知识:食品原料知识、食品生化知识、食品卫生知识、食品营养知识、烹饪工艺知识、烹饪美学知识、各国的饮食习惯和饮食禁忌、厨房生产成本核算知识、厨房管理知识等其他相关知识,因此必须不断地以技能竞赛活动的形式普及这些知识,使每一个员工不仅记得住,而且能运用到实践中。

二、基本对策

步骤一:系统谋划专业技能竞赛

厨房人员的专业技能竞赛,应根据不同工种(中式烹饪、西式烹饪、中式面点、

西式面点),不同等级(厨工、三级厨师、二级厨师……)的技术人员进行不同专业技能竞赛,其目的就是为了培养和提高厨房人员的专业技术和操作技能。所以,进行专业技能竞赛是整个厨房竞赛的最主要内容。

专业技能竞赛的主要内容有:

(1)各种原料的加工技术(特别是新型原料的加工)。

(2)本店所提供的菜点制作技术。

(3)创新菜点品种的推广使用。

(4)新的烹饪工艺技术。

(5)食品雕刻与盘饰。

(6)新型调味料的使用与味型开发。

(7)其他相关技能(新进厨房设备的使用、保养等)。

步骤二:分层次进行专业技能竞赛

为不同级别技术人员制定专业技能竞赛要求,将平时的培训和技能竞赛相结合,从整体上全面提升员工的水平。

以烹调师为例,基本知识与技能的要求应十分具体,级别不同的烹调师技能要求依次递进,高级别应包含低级别的技能要求。

1. 初级

职业功能:原料初加工、原料分档与切割、原料调配、菜肴制作。

工作内容:鲜活原料初加工、加工性原料初加工、原料部位分割、原料切割成形、菜肴组配、着衣处理、调味处理、热菜烹制、冷菜制作。

相关知识:了解蔬菜类、家禽类、有鳞鱼类原料和腌腊制品的加工方法及技术要求;了解水发加工的概念及种类;了解干制植物性原料的水发方法及技术要求,了解原料冻结和解冻的要求与方法;了解分割取料的要求和方法,鸡、鸭等家禽原料肌肉及骨骼分布,家禽原料各部位名称及品质特点;了解刀具的种类及使用保养方法,了解直刀法、平刀法、斜刀法的使用方法,片、丝、丁、条、块、段的切割规格及技术要求;了解菜肴组配的概念和形式,热菜配制的规格要求,冷菜装盘的方法及技术要求,餐具选用原则;了解淀粉的种类、特性及使用方法,拍粉、粘皮的种类及技术要求,制糊、调浆的方法及技术要求;了解调味的目的与作用,调味的程序和时机,腌制调味的方法与技术要求,味型的概念及种类,咸鲜味、酸甜味、咸甜味、咸香味等味型的调味方法及技术要求;了解加热设备的功能和特点,加热的目的和作用,水预熟处理的方法与技术要求,翻勺的种类及技术要求,烹调方法的分类与特征,烹调方法煎、炒、炸、煮、蒸、汆的概念及技术要求;了解冷制冷食菜肴加工的要求及制作方法。

2. 中级

职业功能:原料初加工、原料分档与切割、原料调配与预制加工、菜肴制作。

工作内容:鲜活原料初加工,加工性原料初加工;原料部位分割,原料切割成形;菜肴组配;着衣处理,调味调色处理,制汤;热菜烹制、冷菜制作。

相关知识:了解家畜类原料清理加工技术要求;无鳞鱼类的宰杀、开膛加工的技术要求;加工性原料的分类;油发加工的概念及原理;动物性干制原料的油发方法技术要求;粮食制品的种类及加工方法;猪、牛、羊肌肉及骨骼分布;不同品种鱼的肌肉及骨骼分布;同种鱼不同部位的肌肉特点;花刀分类及剖刀的方法;花刀成形的种类及应用范围;菜肴质地、色彩、形态的组配要求;花色菜肴的组配手法;几何图案冷菜的拼摆原则及方法;着衣处理的作用;蜂巢糊、脆皮糊、蛋泡糊的原理及技术要求;调味的基本方法;酱香味、奶香味、家常味、香辣味、麻辣味等味型的调配方法和技术要求;调料调色的方法;汤的种类及技术要求;油、汽导热预熟处理的方法及要求;火候的概念及传热介质的导热特征;烤、熘、爆、烩、烧、焖等烹调方法的概念及技术要求;热制冷食菜肴的制作要求和方法。

3. 高级

职业功能:原料初加工、原料切割、原料调配、菜肴烹制。

工作内容:鲜活原料初加工,加工性原料初加工;原料部位分割,蓉泥原料加工;菜肴组配,调味调色调质处理,制汤、制冻、制蓉胶;热菜烹制、冷菜制作。

相关知识:了解贝类、爬行类、软体类、虾蟹类、菌类、藻类原料的加工方法及技术要求;了解碱水涨发加工的概念及原理;了解中式火腿的分档方法,动物性干制原料的碱发方法及技术要求,整料脱骨的方法及要求,各种蓉泥的制作要领,包、卷、扎、叠、瓤、穿、塑等手法的技术要求;了解花色冷菜的拼摆原则及方法,味觉的基本概念,勾芡的目的、方法及技术要求,食用色素的种类及使用原则,茶香味、果香味、醋椒味、鱼香味等味型的调配方法及技术要求,制汤的基本原理及注意事项,冻胶的分类及制作要领,蓉胶制品的特点、种类及技术要求。

4. 技师

职业功能:原料鉴别与加工、菜肴装饰与美化、菜单设计、菜点制作、厨房管理、培训指导。

工作内容:原料鉴别与加工,餐盘装饰与食品雕刻,零点及宴会菜单设计,宴会菜肴及点心制作,成本管理、生产管理、销售管理,培训指导。

根据企业定位、经营特点和企业综合资源设计零点菜单;根据零点特点,对冷、热菜及面点等进行组合设计;根据不同要求设计主题宴会菜单;根据宴会主题设计菜点;根据厨房生产各阶段的要求控制好厨房出品秩序,协调好厨房与餐厅两者间的关系,制定厨房产品的促销办法,制定出菜点创新的生产与管理措施;根据培训教材和教案对二级以下中式烹调师进行培训、考核以及刀工、烹法、调味等技术指导。

相关知识：了解高档干制原料的种类及特征、品质鉴别方法、涨发方法及技术要求；了解餐盘装饰的概念、特点及应用原则及构图方法；了解食品雕刻的概念、特点及分类、保鲜保藏方法；了解零点及零点菜单的概念、结构及作用、设计的原则及方法；了解宴会主题设计的方法及要领，宴会主题与环境氛围设计，宴会规格、季节、风俗习惯、服务对象设计整套宴会菜点；了解中国主要菜系的风味特色；了解点心在宴会中的作用及制作要求；了解厨房产品成本构成、厨房作业流程中的成本控制、成本报表与控制方法；了解厨房生产各阶段的管理要求，标准食谱的制定与管理，厨房与前厅之间的营销协作，厨房产品促销活动的开展；了解菜点创新的办法与机制，培训计划的编制方法、培训教案的编写要求。

5. 高级技师

职业功能：营养配餐，宴会组织实施，菜点制作，厨房管理，培训指导。

工作内容：一般人群和特殊人群营养配餐，宴会菜点生产及服务的组织实施，创新菜的制作、开发及菜点展示，厨房整体布局，人员组织分工，菜点质量管理，培训指导。

相关知识：了解三大产能营养素配比，一日三餐的热能配比，烹饪原料的营养功用，食物营养成分知识；了解不同环境下作业人员、特殊人群营养配餐原则及药食兼用食品知识；宴会菜点生产的特点、生产过程、实施方案的编制方法；宴会服务的特点、作用及实施方案的编制方法；了解创新的概念、方法和途径；了解主题性展台的特点及作用、展示菜点的造型及装饰方法；了解中餐厨房类型及布局知识；了解厨房组织结构设置、厨房人员配备及管理、行政总厨岗位职责；了解影响菜点质量的因素及管理方法；了解培训讲义的编写、多媒体课件制作、使用及专业技能指导方法。

三、案例分析

厦门悦华酒店管理者交替使用培训和竞赛的管理措施，使得工作扩大化与丰富化。他们举行丰富多彩的竞赛与评优活动，送优秀员工进修学习，在工资结构中加入"学习津贴"一项，鼓励员工进行自我学习和提高，强化酒店对员工自我成长的引导和管理，在员工自我实现的追求中，提高酒店的管理艺术，因而建立起一支具有凝聚力和战斗力的员工队伍，体现了酒店管理的特色。

分析：

员工都有自我实现的需要。厨房的日常工作大都是简单而重复性的体力劳动，久而久之，员工必然会产生厌倦感。只有从员工的角度建立员工竞赛体系，营造持续学习的工作环境，鼓励员工不断学习新技术和新知识，将知识用到工作中，并与其他员工共享信息，最终把企业变成一个学习型组织。只有这样的组织才能不断适应新的变化,充满生机和活力,成为可持续发展的组织。

四、提示

现代酒店员工的需求已不单纯集中在工资福利上,而向个人发展、学习知识等需求转移。许多员工追求的不仅仅是工资和福利,他们开始关心自身的发展,喜欢富有挑战性的工作。这是在知识经济条件下,酒店员工的需求发展方向,酒店业的管理人员应当予以高度的重视,把个人成长与企业的发展统一起来。

如何正确处理厨房包厨对于人员管理的影响?

包厨就是餐饮投资者将厨房承包给一个厨师群体,由这个厨师群体负责厨房的生产、管理,并按拟定的承包合同,每月支付给这个厨师群体相应数目的报酬。经营者必须意识到,厨房工作与其他行业的工作一样,其生产与管理是有区别的。包厨制并不是解决厨房工作乃至餐饮经营的法宝,它存在着很多弊端,已被多数饭店摒弃,但有些饭店未能认识其危害。要加强厨房管理,必须遏制"大厨"承包方式的抬头。

一、注意要点

要点一:包厨制重生产,轻管理

包厨制厨师的职责仅是负责菜点生产加工,他们对生产管理缺乏必备的专业知识和技能。在厨房工作中强调的是菜点的内在质量,而忽略了生产管理对菜点质量的影响和控制,生产中缺乏详细的计划和严密的组织,对出现的问题不能及时、周全地加以解决,这是一种轻管理的体现。

要点二:包厨制以人情管理代替制度管理

包厨制中一定有一个承包人,这就是所谓"提口袋"的人。投资者将厨房的工作承包给他,由他全权负责厨师班子的组成以及厨房的其他一切事务。承包人在厨房中有至高无上的地位,厨师班子成员的工作安排、报酬、菜品以及菜品质量都由承包人说了算。这就容易出现所有厨师围着承包人转,与承包人关系好就容易得到重视,获得理想的报酬,迟到、早退也不会过问,请假也比较随便等问题。员工的工作规范、行为规范根本不是靠制度去约束,而是靠关系是否到位。说你对,你就对;关系不好,你就是对的,也会变成错的。这就极大地制约了员工工作积极性和主动性的发挥。

要点三:包厨制承包人没有长远的规划

包厨期长的有2年~3年,短的有1个月。承包期的变化有投资人的原因,也有承包人的原因。承包人包厨的目的,比较典型的就是在短时期内,利用雇用的厨师赚钱,他不可能从长计议。

要点四:包厨制承包人左右着投资人

投资人将厨房承包给承包人,承包人成为厨房老大,厨房内厨师班子是由他亲自组织、搭建的,承包人具有相当强的号召力。一旦承包人与投资人关系搞僵,投资人将面临承包人带领厨房员工整体撤出,直接关门的危险;这是包厨制的最大弊端。

二、基本对策

步骤一:认真分析"包厨制"管理现象的产生和发展

20世纪80年代后期,在餐饮业高度发展的历史时期,我国在厨房生产管理方面出现了一种由开放大潮催生、与传统思路背离的方式,即由某个人或公司承包餐饮后场——厨房,这种新鲜事物一出现,便得到了广大业内同行的认可,以后,厨师便纷纷加入这个行列。90年代,"包厨房"之风已在全国蔓延并风靡。这是改革开放不断发展之风影响的结果,是餐饮企业体制改革的结果,是许多企业经营艰难的结果,是餐馆业主追求变化更新的结果。总之,它是改革之风催生而来的产物。

"包厨",实际上是一种厨房工资总承包。它是指餐饮企业、业主或投资者将厨房承包给一个厨师群体的负责人,由承包人招聘厨房工作人员(厨师),安排厨房工作,负责厨房管理,并根据工作内容、工作需要和双方议定的其他项目,拟定承包合同,确定厨房工资总额和取酬方式,由承包人统一发放和支配的方法。

"包厨",有点类似于国外的"委托经营",只是负责后场,而不管前台的接待经营。这对于许多不懂行的投资者来说,有一定的道理,他们对餐饮业的运作及其规律比较难把握,索性就将厨房承包给厨师,由承包人全权负责厨房的生产与管理,投资者对厨房事务一点不过问,或很少过问,对于厨房出现和发生的问题,主要是找承包人。

步骤二:改变以"大厨为中心"的传统思想

中国传统的餐饮经营一般是以"大厨为中心",过去许多餐饮企业的厨师长就是主任、经理。长期以来,厨师长自然就成为一个中心人物。厨房与餐厅往往都得听从厨师长的意见,菜单由厨师长制定,顾客是照菜单点菜,服务员通常是看厨师长的脸色行事,而忽略了顾客的意见。在厨房生产中由于厨师长是技术骨干,饭店餐饮部将其作为一个中轴运转。客观地说,这种经营思路在当时无可厚非,但前提是厨师长必须一切面对顾客、围绕顾客而运转。但是,传统观念使我们把"大厨"的意识扩大化,一些"大厨"把自己凌驾于顾客之上,不从企业的经营角度出发行事,这显然不符合现代餐饮经营的要求。过去的这种经营思路,忽视了顾客的意愿,一切以餐饮企业自身为中心,更谈不上满足顾客的要求了,也与现代市场经营相悖。现代餐饮企业经营应讲求"从顾客的角度审视经营",厨房的责任是及时为顾客提供优质菜点,而菜点质量的权威评判者是就餐客人。客人的意见和建议要靠餐厅部门收集,并转达给厨房,以改进生产菜品的质量,使菜品更加适销对路。所以,厨师要时常了解、检查、分析菜单,哪些是客人喜欢的,哪些是客人不喜欢的,要列出每个月中餐厅销售最好的菜和最差的菜,并将最差的菜肴及时更换,以杜绝把不受欢迎的菜品充斥在有限菜单上的现象,其实,这才是餐饮经营中最基本的东西。

步骤三:在"包厨制"暂时无法解决的情况下,应趋利去弊

"包厨"的方式一般有工资承包和利润承包两种形式。对于业主来说,"包厨制"有其利也有其弊。

1. 利在省事:既"赚钱"又不"麻烦"

在"包厨制"运行的初期,由于厨师的技术实力,加上企业内外环境因素,餐饮企业的经营取得了一定效益,厨师们为投资者带来了利润。在这一时期,"包厨"最大的好处就是能为投资者分忧,分担了厨房生产、管理的重任,使投资者有精力去考虑别的投资项目和其他经营管理问题,而不会为厨房内鸡毛蒜皮的事情操心。

在"包厨"模式中,饭店或餐馆厨房以工资承包形式委托专业人员管理,既明确了责任,又省去了许多管理上的麻烦,如岗位设置、人员招聘、工资计算、菜品质量控制等,老板或业主可以把精力集中于经营管理的其他方面,从而达到优势互补、人才优化组合的作用;另一方面,企业在一定程度上将经营风险进行内部转移,并以此激励整个厨师班子的团队精神和工作积极性发挥,从而在提高企业的效益的同时增加厨房承包人的收入,使其在内部管理、新菜品开发上投入更大的精力,形成良性循环。在不少企业,承包人与业主由原先的雇佣关系成功地转变为共同利益的合作伙伴。

2. 弊在短期行为:既管理薄弱又难以默契

(1)承包人良莠不齐:近年来,"包厨"之风盛行,特别是一些酒楼都热衷于此法。在餐饮业,广大的年轻厨师也在想方设法地去寻找一个个业主、攻克一个个堡垒,成为承包人。但不是什么人都能去包厨房,假如没有一点管理知识,不懂得去迎合客人、开发菜品,又怎能把厨房管理好?特别是一些厨艺不精、从厨时间不长的厨师也纷纷加入这个行列,这些人员本身对厨艺和厨房知识及成本控制等都不甚了解,更谈不上管理经验了。如果厨师队伍配备再不精良,菜品质量难以保证,何谈赚钱呢?而且,这种鱼龙混杂的现象,也让许多企业老板在选择承包人时头痛不已。

(2)只求眼前效益:"包厨"往往时间较短,很难做长。许多承包人一年要换很

多地方,短则一周、半个月,长则一两年。时间短,对双方都是不利的,但"包厨"也只能如此,打一枪换一个地方。这也是无奈之举,因为时间一长,菜品变化较慢,业主自然不满意。为此,这就会促使有些"包厨者"将眼光聚焦在短期利益上,对急功近利的事情感兴趣,而对从设备保养到团队建设等关乎长期发展的问题不甚关心。"包厨"没有把厨师和企业的利益长期地、全面地"捆绑"在一起,主、顾双方只能以临时观念相维系。

在"包厨"的过程当中,许多承包人同时承包了几个厨房,加之厨师的去留方便、调换频率快,也造成了菜点质量的不稳定。有时,厨房的厨师班子会出现频繁更换的现象。承包人包厨的目的,比较典型的是利用雇用的厨师赚钱,不可能从长计议。

(3)人才流动频繁:在餐饮业飞快发展的背后,行业人员流动过于频繁,从业人员素质、服务质量参差不齐,这是目前存在于餐饮行业中的现象和问题,成为制约我国餐饮业做大做强、打造知名品牌的羁绊因素。"包厨制"是造成人员不必要流动的主要原因,企业管理者、老板甚至包括包厨人也难以控制人员流动。俗话说:"树挪死,人挪活。"厨师"跳槽"流动很多都是为了寻求更好的发展,但在这频繁变动的背后,也包含了一些被动和无奈的因素,显现出一些企业、餐馆在经营中追求短期效益,管理有待完善的状况。

人员流动的原因是多方面的,由于是"包厨制",造成一定程度上的薪资不公,普通厨师由于薪资不多,不高兴时,一走了之。另外,员工的工作规范、行为规范根本不是靠制度去约束,而是靠关系是否到位。这样,就很容易带来一些矛盾,造成不必要的人员流动。在老板与包厨者之间,也常常会出现一些矛盾。当双方开始合作时,还算比较好相处,但正式合作后就不像协商和试用期那样成功;或者开始时合作得很好,而包厨者居功,向投资者提出更高的薪资要求,要求达不到,菜品质量出现滑坡,相持一段时间后,双方不欢而散,最终给餐饮经营带来了许多弊端,这也是人员流动的主要原因。

(4)制度管理紊乱:管理较为混乱是一些"包厨"企业的主要根源,特别是一些不正规的散兵游勇,往往是几个人凑到一起,他们只重视菜品,而忽略了生产管理对菜品质量的影响和控制,生产中缺乏详细的计划和严密的组织,对出现的问题不能及时、周全地加以解决。在厨房管理中,没有一整套的规章制度和工作职责,生产流程、卫生管理也不到位,还有一些没有经过专门训练的厨师,对食品卫生、安全以及营养方面漠不关心,连他们的工作服也十分的脏,抹布更是不卫生,如此等等,使得厨房内部管理出现种种问题。

这些都反映出我国制度还不健全,厨师的制度观念还不强。所以,这些情况一旦发生,对投资者会造成相当大的经济损失,投资者对此应有足够的认识。

三、案例分析

调查发现,承包人"包厨"后有以下现象:对厨房工作未制定长远的规划和全面周到的规章制度;仅将主要的精力投入到当前的生产之中,以完成投资人在合同中拟定的利润指标;厨师的培训计划、设备的维修维护计划、拟定管理制度、建立管理模式、实现标准化管理计划等都未纳入正常的厨政管理之中。

分析:

在"包厨制"的厨房运作中,大多数承包人不会静下心来,也没有能力研究厨房管理问题。"包厨者"往往考虑的是局部利益,而不是企业的整体利益,这就是"包厨者"与企业其他部门负责人甚至投资人产生矛盾的根本原因。

四、提示

许多承包人对自己的人员和承包后的经营效果也没有十分的把握,投资人与承包人之间的诚信都是建立在冰山上,所以是暂时的。在经济环境好的情况下,经营效益往往掩盖着一切。随着餐饮行业竞争加剧,没有目标的管理,没有长远的规划,始终是跟在别人后面,效仿他人,最终会被淘汰出局。最根本的出路是遏制承包方式。

厨房管理中怎样做到责权对等?

责权对等的原则是厨房管理中重要原则。"责"是为了完成一定目标而履行的义务和承担的责任;"权"是指人们在承担某一责任时所拥有的相应指挥权和决策权。责权对等原则要求是:在设置组织结构时,必须在划清责任的同时,赋予对等的权力。权力意味着责任,如果一个人有权力去做某件事,那他就要对这件事的后果负责任。每个组织必须要有一个最高权威,同时从最高权威到组织中的每个人之间,要有一个明确的权力层次,这样可使每一位员工清楚自己应对谁负责,以及谁对自己负责。

厨房的最高权威是行政总厨师长,直接下属是部门厨师长或部门总厨师长,作为行政总厨师长,如果把厨房的生产管理责任交给了下属,那也就必须放手让下属去履行职权,而不应事事干涉,样样插手。同时也必须明白,虽然权力和责任已经委派给下属,但作为行政总厨师长最终应当对下属的行为负责,如果下属做出了错误的决定,行政总厨师长不能说自己对此毫无责任。责权对等就是要求在设置组织结构时,层次分明,划清责权范围,以便能有效地进行管理。但是责权不对等的状况在厨房管理中是比较普遍的,一是行政总厨大权独揽,小权不散,带来了总厨决定,各方不办的状况;二是组织结构责权的层次不分明,责权范围划得不清,出现抢权不负责的现象;三是责权不等,有责无权,无责有权。

一、注意要点

要点一：每个人都有职业权力

职业权力不是指在政治方面的强制力量,而是指在职责范围内的支配力量。任何人的工作都有自己的职责范围,在其范围内都有其按有关规定支配一定人、财、物的力量。因此,厨师长有调配厨房内员工休假、换岗,发放奖金等权力;厨师在制作菜点时,如果没有一定的规矩,他有决定先给谁做,后给谁做,是先做素菜,还是先做荤菜的权力;仓库保管员有进出原材料的权力,电工有到厨房进行安全用电,设备维护、维修的权力,等等。每个餐饮从业人员都有相应的职业权力,如何用自己手中的职业权力来为顾客服务,为社会做出应有的贡献,如何使用职业权力,才符合职业道德原则和职业道德规范的要求,是市场经济条件下,职业道德建设面临的一个重要课题。

要点二：行政总厨师长必须明确自己的责权范围

行政总厨师长以制度的方式明确自己的责权范围,以便能有效地进行管理。

大型厨房的组织结构可见图2-2和图2-3,从图中可以看出总厨师长和副厨师长的分工。

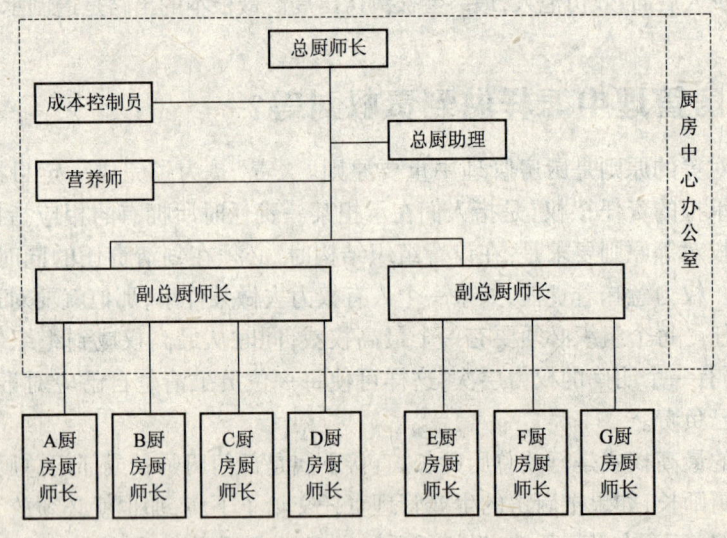

图2-2　大型厨房组织结构示意图

要点三：必须明确厨房各层次的责权范围

以制度的方式明确厨房各层次领导的责权范围,以便能调动骨干管理的主动性。以制度的方式明确厨房各层次的责权范围,以便能发挥各层次生产和管理的积极性。

要点四：必须推行"首问责任制"

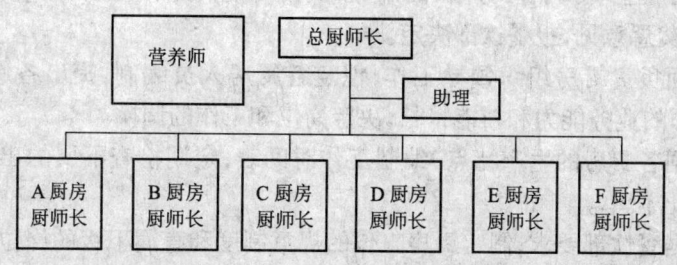

图2-3 大型厨房组织结构示意图

最近,在我国西南地区的一些饭店正在推行"到我为止"的服务理念,即顾客的任何问题都要由他在饭店所接触和问询的第一位员工解决,即使不是员工职责范围内的事也由员工向其他部门寻求解决,这对传统的饭店分工服务提出了挑战,但无疑会提高客人的满意度,为饭店赢得回头客。厨房员工也是酒店在岗工作的员工,第一个接受宾客咨询或要求的人,就是解决宾客咨询问题和提出要求的"首问责任者"。按照"首问责任制"的要求,应该做到以下几点:是属于本人职责范围内的问题,要立即给宾客的询问以圆满答复,给宾客的要求以妥善的解决;如果是属于本人职责范围之外的问题和要求,"首问责任者"不得推诿,要积极帮助宾客问清楚或帮助宾客联系有关部门给予解决。厨房是饭店的关键部门、敏感部门,可以说,客人的很多问题最终都会万水归源到厨房,归结到菜肴的质量,"首问责任制"的要求是必须做到环环相扣、手手相接,直到宾客的问题得到圆满的答复,要求得到了妥善的解决。另外,"首问责任制"不仅局限于对宾客面对面的服务,还要求做好超前服务以及宾客离店的延伸服务等。

要点五:必须适当地给员工授权

适当地给员工授权,使每一个员工感觉到自己的作用和地位。一般说,任何人都有权力欲,这实际上是马斯洛所说的人的发挥自己作用的需求。给员工授权,就是大权独揽,小权分散,一方决定,各方去办。具体说,要结合员工所在的岗位,把该岗位所应负的责任交给员工,使其有光荣感和责任感。并且和薪酬挂钩,使其付出有相应的回报。体现能者多劳的原则。

二、基本对策

步骤一:确定行政总厨师长的工作职责及权限

为了使行政总厨师长有权威性,应由上级授责授权。行政总厨师长主要进行厨房的行政管理工作:

(1)组织和指挥厨房的各项工作,按餐饮部规定的成本生产优质的菜点,满足宾客的需要。

(2)监督检查、协调各厨师长的工作,负责对他们进行考核和评估,并根据工作实绩提出奖惩意见,报餐饮部决定。

(3)全面负责厨房组织领导工作,拟定各厨房人员编制,提出各厨房领班人选,根据厨师的业务能力和技能特长,决定岗位和工作的调换。

(4)根据各厨房的生产特点,编制工作时间表,定期检查下属的出勤情况,审核加班费和告假单。

(5)根据餐饮部要求,制定厨房工作的规章制度和直属下级的岗位职责,制定程序各项工作的控制指标和检查指标。

(6)加强多方协作,搞好厨房与饭店各部门之间的关系,主要是厨房与采购部、厨房与工程部、厨房与宴会预订、厨房与餐厅等部门之间的协作。

步骤二:设置真正能起到生产与管理纽带作用的厨房组织结构

由于饭店的规模和管理模式的差异,厨房的组织结构也有各种形式,在设置本厨房组织结构时,应根据本企业厨房的实际情况(规模、经营目标、设施、人员、厨房的布局等)设置厨房组织结构,真正起到生产与管理的纽带作用。

1.最常见中餐厨房各组织厨师的责权

加工作业区:

(1)负责各厨房所需的家禽、家畜、野味、水产品等的宰杀、煺毛、洗涤等加工。负责所有蔬菜的削、刮、剥、摘、刨等加工,负责各种原料的切割和整理。

(2)根据各厨房生产所需要的正常供应量和预订量,来决定原料加工的品种和数量,并保证及时地按质、按量交付给各厨房使用。

(3)正确掌握和使用各种加工设备,并负责其清洁和保养。

(4)严格按照加工标准和加工规程进行加工,做到物尽其用,注重下脚料的回收。加工后的原料要及时地保藏,以保证原料加工后的质量。

切配作业区:

(1)负责将加工后的原料进行各种刀工处理,并根据菜单要求和配份标准进行配制,使之成为一份完整的菜肴原料,及时送炉灶区烹制。

(2)控制菜肴的配制数量、质量,做好成本控制工作。

(3)对剩余的半成品原料和剩余的成品菜肴都要恰当地保藏,以防损耗。

(4)对切配作业区的冷藏设备及其他厨房设备要进行定期的清洁和保养。

炉灶区:

(1)负责将配制后的半成品烹制成菜肴,并及时提供给餐厅。

(2)按照菜肴的制作程序、口味标准、装盘式样等进行合理烹制,以保证菜肴质量的稳定性。

(3)负责冷菜间的凉菜烹制。

(4)负责本作业区内设备的清洁和保养。

冷菜作业区：
(1)主要负责各式冷菜的制作和供应。
(2)负责早餐菜肴的供给。
(3)负责水果艺术拼盘的制作(有些饭店还须冷菜作业区提供热菜盘饰的制作)。
(4)负责本作业区内设备的清洁和保养。

面点作业区：
(1)负责制作和提供各式中式点心。
(2)负责各厨房的主食制作(煮稀饭、蒸饭等)。
(3)负责各式甜品的制作。
(4)负责本作业区设备的清洁和保养。

烧烤蒸煮作业区：
(1)负责制作各厨房所需的烤制食品。
(2)负责烧制大批量制作的菜肴和需长时间加热蒸煮的菜肴。
(3)负责本作业区设备的清洁和保养。

2.西餐厨房各组织的职能

冻房：
(1)主要负责各式冷菜(各种色拉、烟熏、烧烤食品)和三明治等的制作。
(2)负责各式盒饭(客人预订并带出饭店进餐的食品)的制作。

咖啡厅厨房：
(1)负责咖啡厅所需菜肴的制作。
(2)负责咖啡厅各式点心和快餐(汉堡包、热狗等)的制作。

西餐烹调厨房：
(1)负责向西餐厅提供纯正的西餐。
(2)负责餐厅较复杂菜肴的客前烹制等。
(3)负责提供咖啡厅厨房各种汤和沙司等。

包饼房：
(1)负责各式面包、蛋糕、饼团的制作。
(2)负责各式甜品的制作。
(3)负责各式黄油雕塑和糖雕的制作等。

步骤三：发挥厨房烹饪大师、烹饪名师的作用

烹饪大师、烹饪名师是中国烹饪协会,省市烹饪协会考评后认定的高级厨师。名师和大师的要求是,德艺双馨,年富力强,工作年限长,学有专长,干有特长。

考评很严格,是从基层选起,自己报名,通过层层选拔,进入市、省、国家的考评。考前有检查,对原料、半成品、器皿都有专人检查；考的过程中有督查,厨师在制作过程中有专人监督每道菜点的制作,直到出成品。

评委规格高、资历深、名望大、有权威性,一般由国家级烹饪大师、特级烹饪大师、烹饪协会负责人担当。

考评有规定菜点和自选菜点,评委对每道菜点分头品尝,从菜肴的色、香、味、形以及器皿全面考核打分,写出鉴定,然后汇总,评出总分。

考评时有公证处公证员现场监督检查,以表示结果的公正性。

考评一般分热菜、冷拼、烧、烤、面点、清真菜几类,可单项、亦可全能,在实际操作后,还要进行论文答辩,全面合格后发给市、省、国家级相应的证书。全国通用,有权威性。

厨房中如果有名师、大师,不仅可以撑门面,更重要的由于他们的带动和示范作用,整体厨艺的水平一定会提高。而大师和名师不仅会操作,而且善于以技艺创造市场,以名师、大师挂牌或领衔的美食旅游、减肥旅游、药膳旅游、食疗旅游、营养旅游等已渐成时尚,提高饭店的社会效益和经济效益。为了提高餐饮企业的知名度,促进厨师厨艺的不断提高,同时也是为了和国际交流,他们理应受到厨房领导的重视。工作环境、条件、待遇等方面必须与级别、称号相应。

步骤四:充分发挥垂直指挥的作用

垂直指挥要求每位员工或管理人员原则上只接受一位上级的指挥,各级、各层次的管理者也只能按级按层次向本人所管辖的下属发号施令。总厨师长不应要求厨房所有员工同时受命于自己,一位员工只能听从他的直接管理者的指挥,向其汇报工作,并对其负责。上传下达都要按层次进行,不得越级。

步骤五:适当地给员工授权

授权,意味着管理者相信员工的判断力和处理问题的能力。董事长给总经理放权,总经理给部门经理放权,部门经理给行政总厨师长放权,行政总厨师长给主管领班放权,领班给员工放权,一级放一级,责权分明。虽然每一级的权力有大有小,但上级对下级的授权会提高下属工作积极性。

三、案例分析

凯悦饭店前任地区副总裁 Edward G. Sullivan 曾经说过:"饭店经理必须授权给员工,以便他们在处理顾客事件时能做到当场解决、判断准确、迅速有效、专业而礼貌。这样会提高服务质量和顾客满意度。"

曾获美国企业最高质量奖的希尔顿饭店就有这么一个规定:任何员工不管他采取什么办法,只要能就地解除顾客对饭店的不满,无须请示可动用2000元以下的金额来处理。希尔顿饭店正是把领班的决策权下放给一线员工,让员工根据当时的情况迅速做出反应,极大地提高了顾客的满意度,同时也激发了员工积极性。

分析:

两个事例都说明,授权意味着管理者相信员工的判断力和处理问题的能力

(授权给一线员工,一是让他们快速地处理顾客的要求和问题,从而增加顾客的满意度;二是管理者对员工的授权是一种很大的奖赏,员工因为得到授权而在工作中更加得心应手,能够为宾客提供更好的服务,赢得宾客满意)。

四、提示

责权的设置和安排涉及管理中的人治和法治的问题,两者正确处理就能既完成上级下达的经营目标,又可以上下同欲,构建厨房的和谐环境。

如何协调不同岗位员工之间的关系?

传统的厨房生产,由于厨师多为父传子、师带徒,往往存在着派别隔阂问题(在厨房炉、案、碟、点的不同岗位,一般是由许多厨师共同协作,在几位厨师技术彼此相同、思路各有差异的情况下,常常会出现不同岗位之间以及不同厨师之间的派别纷争与对抗局面。每个师傅带着自己的徒弟,师徒之间抱成一团,自然就形成了不同派别)。工作中的矛盾,慢慢形成了个人之间的恩怨,并逐渐形成了小团体,使得工作中沟通协作难以进行,最终带来工作上的不配合,这将给企业带来难以预料的损失。这种现象是厨房生产与管理中必须彻底杜绝的。

一、如何预防

防火墙一:厨师长要善于平衡各方面关系

作为一个厨房管理者,工作上要树立自己的威信,一切从企业的大局出发,从自身做起,善于团结厨房所有工作人员,摒弃派别的观念,把工作的重点放到生产与经营管理之中,并在饭店总体管理思路下,合理地控制成本,最大限度地满足客人的需求,为企业创造最大的经济效益和社会效益。餐饮部是由前台和后台共同组成的,具体说,厨房与宴会预订、餐厅、采购、财务等多个部门相联系。在经营中,应明确"厨房服从前台,餐厅服从客人"的运作程序,不必在工作中过度计较孰主孰次,作为厨师长一定要充分认识这一点,一切以顾客的需求为中心。不仅如此,厨房管理还必须做到随时满足客人对菜品的一切需求,及时提供优质适量的各类菜点,保持始终如一的菜品形象。

防火墙二:厨师长要有全局意识

作为一个厨房管理者,工作上要树立自己的威信,一切从企业的大局出发,从自身做起,正确处理厨房管理与宗派问题,善于团结厨房所有工作人员,摒弃宗派的观念,把工作的重点放到生产与经营管理之中,并在饭店总体管理思路下,合理地控制成本,最大限度地满足客人的需求,为企业创造最大的经济效益和社会效益。

二、基本对策

对策一：合理地配备厨房人员数量

做好厨房人数的确定工作,对于正确处理厨房人员与厨房工种之间以及厨房人员与厨房设备之间的关系,调整与改善厨房生产过程中的组织形式,合理组织各岗位之间的分工协作,加强岗位责任制,充分发挥每个员工的积极性,都有着积极的作用。同时也是提高劳动生产效率,降低人工成本的途径,是满足厨房生产的前提。

1. 确定厨房人员数量应考虑的几个因素

厨房每个岗位上所需的人数,通常是根据生产量来决定的,对于一家新建的饭店或改造过的饭店,厨房人员的数量就应根据企业规模、星级标准、餐位数、餐座率、菜单的难易、餐别、设备等因素来加以考虑,以确定最佳人数,既要做到不浪费人力,又要能满足生产要求。

(1)厨房经营规模的大小和岗位的设立。厨房的规模直接关系到设多少岗位,厨房规模大,生产要求高,相对各工种分工细,岗位设得多,所需的人数就多;反之则少。岗位的多少,关系到人数的确定。岗位班次的安排,更与人数有关。有的饭店厨房实行弹性工作制,厨房生产忙时,上班人数多;生产闲时,上班人数少。而有的厨房则实行两班制或多班制,这样分班,岗位上的基本人数就能满足厨房生产的运转,否则,就会影响生产。因此,岗位设置、岗位的排班都会影响到人数的确定。

(2)饭店的星级标准。饭店的星级高低决定着消费者的消费水平。饭店档次越高,消费水平相对也越高,菜肴的质量标准和生产制作也越讲究,厨房的具体分工也越细,因此,所需的人数也就相对要多一些。

(3)饭店的餐位和餐座率。厨房主要是为餐厅服务的,厨房生产出来的产品要依靠餐厅来进行推销和出售,餐厅的餐位数决定着厨房的生产量,决定着厨房人数的确定。如果餐位数多,餐座率高,厨房生产量就大,所需人员就多;反之则少。

(4)菜单内容的难易程度,品种数量的多少。菜单是厨房生产的依据,菜单的内容标志着厨房的生产水平和风格特色。如果菜单所订的菜名、规格、档次高,菜肴制作的难度大,厨房就需要有较多技术高超的厨师。菜单品种多,制作难度大,厨师就得多一些;如果菜单的品种少或适宜大批量制作的菜肴,厨房的人数也就可少一些。

(5)厨房设备的完善程度等。厨房人数的配备还须考虑到厨房设备的利用和完善程度。如果厨房配有一套先进的切丝、切片机,有去皮机、搅拌机等设备,在这种机械化程度高的厨房里,人数就可相对少一些;反之,人数就需要多一些。另外,厨房购进的烹饪原料,其加工程度也决定着厨房人数。

2. 厨房人员数量计算

(1)按岗位定人数:根据岗位生产的需要来确定人数。厨房中每一个岗位的工作量不是均等的,如炉灶上需要的人数就相对要比冷菜间所需的人数多一些,因为炉灶上要将厨房所提供的菜肴由生的烹制成熟的,而冷菜间一般只要负责冷菜的装盘,同时冷菜生产量较少,因此所需人数就少。从以下举例可以看出不同岗位中所需人数的确定。

某饭店中餐厅共有餐位200余座,其厨房提供的是江苏菜和广东菜,厨房共设置五个岗位,即炉灶、切配、加工、面点、冷菜。其中:

炉灶　7人(其中5名等级厨师,2名厨师助手)

切配　3人(其中2名等级厨师,1名厨师助手)

加工　3人(1名等级厨师,2名助手)

面点　4人(3名等级厨师,1名助手)

冷菜　2人(2名均为等级厨师)

厨房共有厨师13人,厨师助手6人,厨师长1人,共计20人,从该厨房的人数来看,是比较合理的。因为该厨房的生产量较大,平均餐座率达80%左右。因此,在以岗位定人数时,应考虑到岗位上的工作量、劳动效率、厨师的技术力量、班次和出勤率等因素。

(2)按比例定人数:按比例定人数就是按就餐者人数的多少来确定厨房生产人员的多少。这种计算方法一般适用于宴会、团队厨房及一些招待所厨房。这种按比例来计算厨房人数是比较简单的,但又需富有一定经验。具体人数的配备见表2-2(此表数据是根据多家饭店的厨房考察,综合得来的)。

表2-2　按比例配备人员

厨房供餐人数	厨房所需厨师人数	厨房供餐人数	厨房所需厨师人数
100人	9人~11人	300人	15人~20人
200人	12人~18人	400人	20人~26人

上述厨师人数不包括实习工、勤杂工、清洁工,也不包括脱产的厨师长及其他人员,而且由于该比例是按实际生产量所需的厨师人数而定的,其人数不包括长休假人员。因此,在确定人数时应考虑到这些因素,适当放宽厨房所需人数。

(3)参照同规模、同性质厨房的人数来确定本厨房的人数:这种方法比较实用、合理。但如果厨房生产功能不一样,厨房设备、菜点难易不一,就不能盲目去仿照,必须根据本厨房的特色,参考以上几种方法来确定人数。

对策二:合理地编排人员班次

厨房工作时间较长,劳累又辛劳。厨房人员的休息如果安排不当,一是会造成生产效率的降低,二是会导致员工满腹牢骚,消极怠工,更为严重的或许会引起员工在厨房生产的高峰时间不来上班,因而影响到厨房生产的正常进行。研究结果表明,一名员工长时间连续不断地工作之后,体力和脑力都会下降。

合理地编排厨房人员的班次,是厨师长的一大职责。厨师长应根据饭店系统的具体情况,在淡季多安排一些员工休假,在旺季少安排休息。除特殊原因之外,厨师长可根据全年的经营情况和每月、每周的营业情况编排全年的休息或休假计划表、每月排班计划表、每周排班计划表、每天排班计划表,通过以上计划表,帮助厨房管理者合理地安排人力,保证厨房生产高峰期有足够的人手满足生产需要,在厨房生产清淡期,让更多的人得到休息。

对策三:合理地进行薪酬和奖金的分配(见模块五中如何建立合理的厨房工资分配方案?)

三、案例分析

表2-3是某旅游系统饭店厨房职工年休假以及其他休假安排表。

表2-3 职工年休假以及其他休假安排表(按月排班)

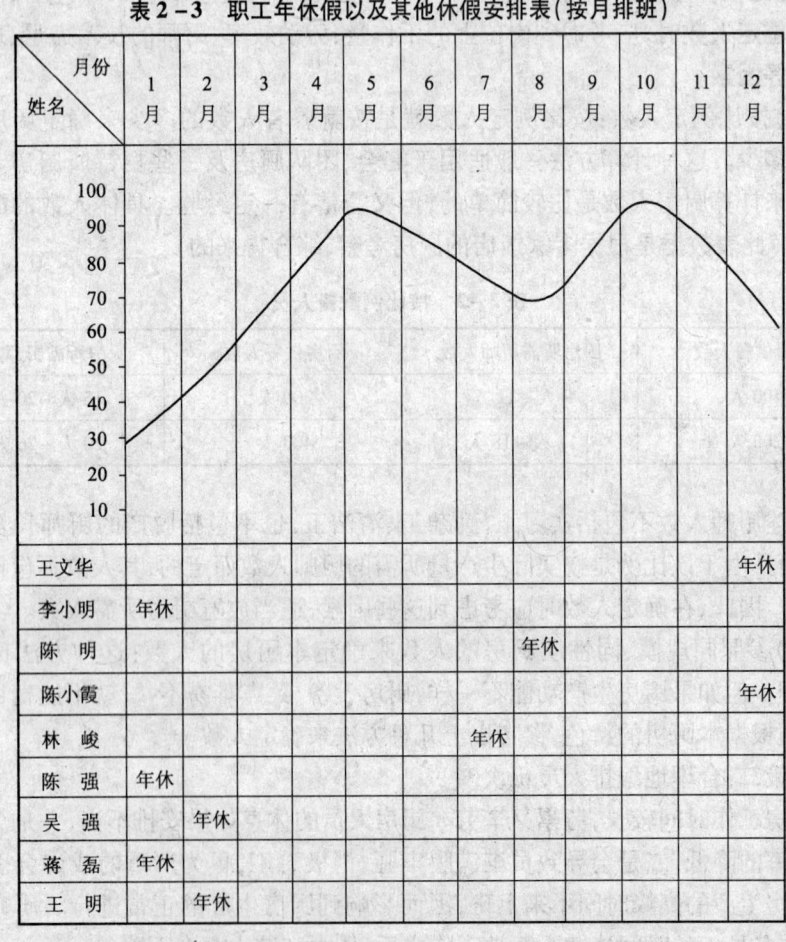

月份 姓名	1月	2月	3月	4月	5月	6月	7月	8月	9月	10月	11月	12月
王文华												年休
李小明	年休											
陈 明								年休				
陈小霞											年休	
林 峻							年休					
陈 强	年休											
吴 强				年休								
蒋 磊	年休											
王 明				年休								

表 2-4 是根据一周内的经营情况,安排职工调休或正休。

表 2-4 职工周休日安排表(按周排班)

姓名\星期	星期一	星期二	星期三	星期四	星期五	星期六	星期日
王文华	—						
李小明		—					
陈 明	—						
陈小霞	—						
林 峻							
陈 强			—				
吴 强						—	
蒋 磊							—
王 明							—

此表是根据一周中客情情况来安排员工休假的。上面的曲线表示饭店经营情况,周一、周二客情较差,周三开始回升,周四、周五最好,周六、周日略有下降,由此可见,周四、周五应少安排或不安排人员休假。

表 2-5 也是根据一周内的经营情况,安排职工调休或正休。

分析:

合理地编排厨房人员的班次,是厨师长的一大职责。既保证旅游旺季厨房生产高峰期有足够的人手满足生产需要,又在旅游淡季合理平衡不同岗位的人手休息,一视同仁,左右兼顾。

表 2-5 职工每天上班时间安排表

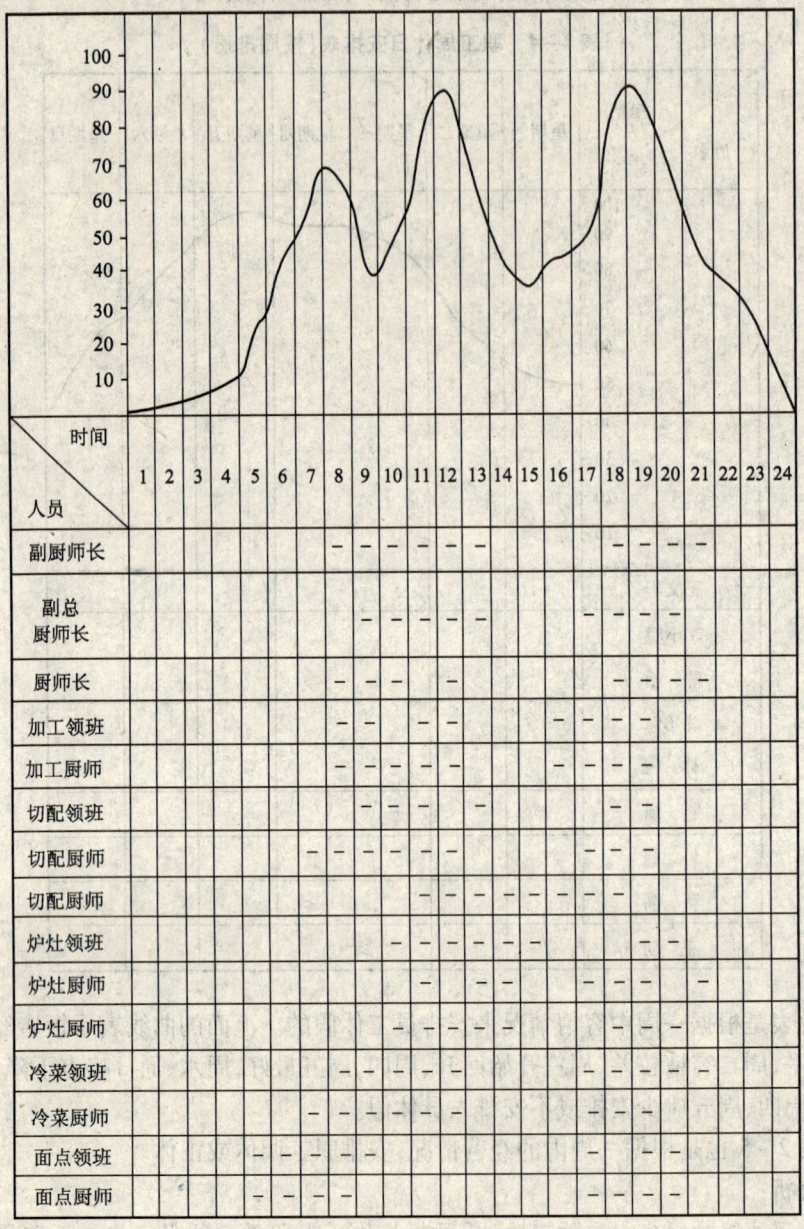

时间\人员	1	2	3	4	5	6	7	8	9	10	11	12	13	14	15	16	17	18	19	20	21	22	23	24
副厨师长								-	-	-	-	-						-	-	-				
副总厨师长										-	-	-						-	-	-				
厨师长								-	-		-	-	-					-	-					
加工领班								-	-		-	-					-	-		-				
加工厨师								-	-		-	-					-	-		-				
切配领班									-		-	-												
切配厨师							-				-						-							
切配厨师												-	-	-				-	-					
炉灶领班										-	-						-	-						
炉灶厨师											-						-				-			
炉灶厨师											-	-					-	-						
冷菜领班									-	-							-	-	-					
冷菜厨师								-			-	-					-	-	-					
面点领班					-	-	-																	
面点厨师					-	-	-	-																

四、提示

员工长时间连续不断地工作之后,体力和脑力都会下降。现在国家规定每周5天工作日,员工就有了较为充裕的时间来休息、调整,应该充分地维护员工的权利,尤其应该根据不同季节,不同工种,向一线高温、高强度的员工倾斜,同时向其他岗位的员工说清楚,得到他们的理解和支持。这样,可增强员工之间的凝聚力,有效地提高生产率。

如何实施制度化管理？

厨房管理制度是实现厨房的经济指标和目标管理的根本保证,是厨房生产与管理的依据。管理者要想在工作上卓有成效,就必须运用制度来约束员工的行为。科学的厨房管理是依靠一整套的规章制度来执行的。所以,制度应该成为厨房生产的全面依据,那种无法可依,有法不依,执法不严,违法不究的现象是不可能搞好厨房管理的。

一、注意要点

要点一:制度必须是切合实际的

饭店的管理制度主要是指饭店内部规章制度,一般分为基本制度、经济责任制度和工作制度。

管理者必须根据本企业的性质、等级、管理模式、生产特点和员工的基本素质等实际情况,具体制定本厨房的各项制度。制定制度的目的在于执行,如果制度本身不切合实际,照抄别人的那一套,这样即使制度定了一大堆,而员工却无法执行,那么,这些规章制度也只能是废纸一堆。

要点二:注意制度制定的方法

制度的制定和执行要有一定的群众基础,要鼓励全体员工积极参与。不仅是管理者,而且要让全体员工认识到制度的重要性和意义,要充分听取员工在这方面的意见,使他们有参与感,从而提高执行制度的自觉性。

要点三:要避免制度本身的不合理

规章制度既要严格,又要具体。制度一经制定实施,每位员工就要不折不扣地去执行。制度在制定时,要考虑到制度是否符合企业实际,制度如果定得过严,以致大部分员工都无法达到要求,那么这项制度可以说是不合理的。反之,制度定得过松,员工在工作时随心所欲,也不利于管理工作的顺利进行。所以,在制定制度时,一要注意制定方法,二要参阅有关饭店厨房的先进管理经验,使厨房的制度真正体现规范化、标准化、具体化。

要点四:要不断地完善、提高

制度要能符合企业发展的需要,符合厨房生产的需要,还要利于监督、利于执行,这就需要管理者对旧的规章制度进行重新修订,补充新内容,删去不合理的部分,不断完善和提高制度。

二、基本对策

步骤一：要完善各种制度

厨房的各项管理制度主要应包括以下几方面内容：

1. 厨房的经济责任制度

经济责任制度内容包括：责任指标、工作指标、协作要求和奖惩办法。

2. 厨房的工作制度

厨房的工作制度是每一位厨房工作人员在生产中必须遵守和执行的基本规则。它的主要内容有：厨房人员的工作时间、工作态度、工作纪律、仪表仪容、上下班签到，以及员工用餐等方面的规定。

3. 厨房的值班制度

厨房的值班人员必须遵守值班制度，如：准时到岗；准时离岗；认真填写值班记录；当遇到不能解决的问题要及时向值班经理汇报；应妥善处理各种突发问题。值班的日记应一班交一班，要明确值班职责，值班时间，值班地点等，并承担值班的责任等内容。

4. 厨房的卫生制度

厨房卫生是厨房生产的头等大事，卫生制度应依据国家颁发的《食品卫生法》和食品卫生等有关方面的条例，根据当地政府和饭店所规定的卫生要求，制定厨房的卫生制度。卫生制度的具体内容应包含如下几个方面：

(1) 卫生要求；

(2) 卫生标准：日常卫生标准、周期卫生标准等；

(3) 卫生内容：个人卫生、食品卫生、环境卫生、设备卫生等方面。

5. 更衣室管理制度

更衣室是提供给员工更换工作服的场所，更衣室的橱柜仅用来存放衣物和工具。因此，需要求员工在更衣室的橱柜中不得存放个人的贵重物品以及不属于个人所有的其他物品。

6. 安全制度

厨房安全制度应包括：

(1) 食品在生产制作过程中的安全；

(2) 设备在使用过程中的安全；

(3) 人员在工作中的安全；

(4) 厨房的环境安全；

(5) 厨房内食品仓库的安全；

(6) 厨房及仓库钥匙的安全管理等内容。

7.奖励制度

为了促进社会主义的物质文明和精神文明的建设,造就一支高素质的厨师队伍,肯定和鼓励先进,调动员工积极性,使厨房管理工作更有成效,奖励制度应明文规定奖励目的、奖励条件、奖励程序、奖励方法等内容。

8.纪律检查制度

纪律检查制度主要有两方面:一是纪律处分;二是工作检查(纪律处分的内容详见本模块中如何做到"奖不重亲,罚不避贵")。工作检查应包括:管理性质的检查、自身工作的检查以及相互监督检查等内容。

9.其他制度,如厨师长负责制度、民主管理制度、会议制度、原料进出制度等。

步骤二:简化工作程序,使制度为提高生产效率服务

推行组织结构扁平化,即拓宽管理跨度,减少管理层次,加快信息流通的速度,制度不仅是方便管理,更要方便工作,因此制度必须以简化工作程序,提高生产效率为前提。简化工作程序,实质上就是取消既不能增加产品价值又无利于生产的不必要的工作制度。也就是说,要减少无效劳动,从而达到提高生产效率的目的。

在厨房生产中,时常会出现重复劳动和无效劳动。比如,厨师为使用某一用具,因制度的限制,转弯抹角,东寻西找,以及要通过一些不必要的程序;还有的厨师开发一种新品,按制度需要得到多个人批准,甚至要会议研究,结果等到批准,新品已经不新了。

简化工作程序,并不意味着简单、马虎地工作,随意地简化工作程序,而是在讲究产品质量,保证生产正常进行的前提下,减轻员工的疲劳,改善工作环境,提高生产效率。厨房实施工作简化,要对厨房的整个工作过程和每一步骤进行具体而又仔细的研究,详细记录整个工作的程序,分辨哪种制度对实际生产真正有用,哪种制度对实际工作是徒劳的,这样就可以为重新制定工作制度提供依据,以取消无效的劳动。

目前,有许多大中型饭店对简化工作程序越来越重视,并已取得了明显的成效。厨房生产的标准化、规格化、程序化就是典型的例子。有些厨房在菜肴烹制上,将常用的复合味型调味汁在正式烹调前事先兑制好。这样做的结果,不仅减少了厨师在烹调时的重复调味动作,更重要的是稳定了菜肴质量,加快了烹调速度。另外烹饪原料的集中加工也是简化工作程序,提高生产效率的典型例子。

步骤三:以管理创新提升制度管理的档次

市场经济时代的竞争说到底是人力资源的竞争。厨房人力资源创新须建立科学的管理与激励机制,即建立能上能下、能进能出的人力资源管理模式。通过组织分析、工作分析和人才分析,使厨房的发展规划和员工职业开发计划相统一,在动态中求得平衡发展。

三、案例分析

厦门悦华大酒店人力资源部在各部门包括厨房设立见习管理人员岗位,如见习领班、见习主管、见习经理等,这些员工只参与管理,不享受有关待遇,见习期为3个月,工作业绩突出者可提拔到相应岗位。这样一方面有利于发现人才,另一方面见习管理人员与在位管理人员形成竞争态势,极大地增强了在职管理人员工作责任感。除此之外还实行厨房员工的外语工资制度,定期的外语考试成绩决定其工资的级别,极大地调动了员工学习外语的积极性;采用自助餐式的福利政策,即由饭店给予员工一定的福利点数,员工可在点数范围内随意挑选自己喜欢的福利项目,满足员工需求多元化,使福利的效用最大化。

分析:

饭店的管理者既要做到令顾客满意,更要做到令员工满意,实行以人为本的管理,即情感管理、民主管理、自主管理、人才管理和文化管理等,从而充分发挥人在饭店管理中的作用。传统的薪资制度比较重视薪资的保健因素以及职务因素,而这两者只能消除员工的不满意,却不能达到激励员工的目的。因此,薪资要与工作绩效挂钩,即管理人员工资与实际完成指标和工作量挂钩、普通员工工资与实际完成工作量和工作质量挂钩、二线员工工资与成本控制和厨房的收入挂钩;薪资也应作为激励员工学习的手段,鼓励员工学习更多、更广、更深入的知识和技能。以上几例都是实行激励导向式的薪资制度。

四、提示

管理理念创新才能从根本上提升制度管理的档次。管理理念是指导管理行为和构建管理模式的思想基础,从某种意义上说,其决定着厨房的产品质量和服务质量。传统的观念认为,人是开展活动不可缺少的要素,而现代管理理念认为,人是重要资源,传统的管理重视人的使用,现代管理不仅注重人的使用,更注重人的开发,所以制度不是为了约束人、限制人,而是为了使员工有归属感、受尊重感、成就感。

模块三
成本控制

加工过程中发现原料不合格怎么办？

厨房所领原料的验收是食品成本和质量控制流程中的重要一环。尽管我们花了时间和精力制定了完整的采购规格，尽管采购人员有足够的专业知识并且严格地遵照各项规定，按质按量并以合理的价格订购了原料物品，但如果仓库验收得马虎，厨房缺少相应的进货验收控制，那么先前所做的各种努力都会前功尽弃。忽视原料进货验收的信息一旦被供货商知晓，会使供货商供货马虎从事，有意或无意地缺斤短两，原料的质量也有可能不符合厨房的要求，或许会超过或低于采购规格标准，而原料的价格也可能会与原先的报价大有出入。我们应从整体性的要求看待这一问题。

一、预防要点

防火墙一：建立厨房验收制度

验收人员要全面细致地验收进入厨房的原料，以保证其质量。对标准采购规格书中有规定的原料，要严格依据标准采购规格书规定的标准进行核验，如果发现其不符合要求，如所领原料质价不符，票价不符，以次充好的，应该拒绝接收，立即将货退回；对标准采购规格书中没有规定的原料，或新上市的品种，其质量把握较难的，应请有关专业厨师认真检查，保证验收质量。

防火墙二：验收的主要任务

验收工作主要是核对，其内容有：

（1）根据采购规格，检验各种原料的质量、体积和数量；

（2）核对原料的价格与既定的价格或原定价是否一致；

（3）在验收日报表上正确记录已收到的各种原料，给易变质原料加上标签，注明验收日期；

（4）验收员应及时地把各种原料送到贮藏室或厨房，以防变质和损失。

防火墙三：要有专门的管理者验收

各企业因经营性质和管理模式、管理要求的不同，验收的方法也各不相同。有些饭店将食品原料验收的职权全部交给厨师长负责，由他来验收；也有的饭店将直接进入厨房的原料交厨房管理者验收，而需进入仓库保藏的原料则交厨房的专职验收人员验收。不管采取何种形式，都必须指定专人负责验收工作，不能谁有空谁来验收。无论交给谁验收，验收者都必须大公无私，都必须根据验收的程序和要求来进行。

二、基本对策

步骤一：按供货发票验收

验收人员根据供货发票和采购订单核对原料的项目、数量和价格，这种方法较方便快捷，是一种较普遍的验收方法。但要注意的是验收人员往往直接拿着发票对照货物，而不去对照订购单，有时还可能图方便，不去逐一过秤原料重量和仔细检查原料的质量。因此，采用这种验收方法，应加强监督职能。

步骤二：填单验收

填单验收是厨房控制验收的一种方式。厨房有自制验收空白凭单，验收人员在验收时，按厨房要求的物品的名称、重量、数量、价格等逐一填入凭单中，然后再与供货发票相对照。这种方法可减少差错，但较费工夫。

步骤三：一旦发现原料有质量问题，应督促验收人员退货。凡有下列情况的，应给予退货：

（1）冷冻食品。检查在纸箱内有无融化、液体或冻水的迹象，冷冻食品是否结有大的冰块。

（2）冻鱼、海产品。如发现鱼已化开或化开后又重新冻结的。如果是重新冻结的鱼，肉质松软，有酸味，颜色不正，包装纸是潮的，发黏而褪色，纸箱底部有冰块。

（3）家禽肉如发黏、颜色不正、有异味。如不新鲜的鸡鸭翅尖上发暗色、颈脖周围发绿或全身发绿。

（4）乳制品过有效期。盛装黄油、奶酪的包装纸残破或肮脏、颜色不符合标准。

（5）罐装食品。凡有锈斑、凹鼓的或有小孔的都是受到污染的迹象，有些罐头打开后有异味、颜色不正。

（6）干货。颜色不正或有异味，包装有破的，有洞口或有裂口。

（7）对于一些蔬菜、水果、禽类等，也应注重新鲜，具有固有的颜色、质感和气味。如质量好的牛肉，切开时颜色鲜红，不新鲜的牛肉呈暗色。对鲜活的家禽、水产品等原料凡发现有灌水、灌沙、灌其他物料的。

步骤四：严格关注检查不安全食品

厨房必须寻求安全食品，应力求使用无公害食品、绿色食品和有机食品。根据餐饮经营的需求，在保障食品安全的前提下，食物资源向安全、优质、营养过度。厨房频频遇到食品安全问题，从"疯牛病"到"口蹄疫"，从"瘦肉精风波"到"苏丹红事件"，从"非典事件"到"禽流感蔓延"，从"豆制品里加吊白块"到"啤酒中加甲醛"，农业生产中过量使用农药和化肥，工业生产中的"三废"对环境的污染，生态环境中的水土流失造成环境恶化导致生态遭到破坏，食品加工过程中大量使用添加剂以及不符合卫生标准的包装物等，都对食品的安全性产生了较大的危害，因而厨房对食品安全的问题理应愈来愈敏感。不仅在特殊情况发生时要十分敏感，即使不是在此期间贮存的类似食品也不能掉以轻心，一旦发现可疑迹象，立即停用退货。

步骤五：对假冒的、劣质的原料坚决停用

不仅含有有害物质的原料不能用作烹饪之用，就是假冒的、劣质的原料也不能降格迁就用于烹饪。如：添加"吊白块"的粉丝固然不能作为烹饪原料使用，对人体无害的假冒伪劣"龙口"粉丝也同样不能作为烹饪原料使用。通过鉴别发现，真"龙口"粉丝的丝条匀细、纯净、光亮、洁白晶莹，整齐柔韧，烹调时入水即软，清亮透明有弹性，耐煮不糊，食之清嫩、爽滑、耐嚼；而假"龙口"粉丝多以蚕豆、豌豆为原料，丝条粗，色泽暗黄，透明度差，加工粗糙，韧性差，煮后泛白，久煮黏糊锅。用假粉丝代替真"龙口"粉丝，直接的影响就是菜肴的质量无法保证，间接的影响是企业的信誉和消费者的权益受到损害，更重要的是假冒伪劣原料严重扰乱市场秩序，如果使用无异助纣为虐。

三、案例分析

百年老店南京"冠生园"因为查出月饼用料问题而导致经营状况每况愈下、难以为继，申请破产；浙江"金华火腿事件"一度让全国上下无人敢问津任何品种的火腿，杭州各大超市的金华火腿销量几乎为零，甚至连相关的饮食行业都受到牵连。据报道，杭州一家以"老鸭煲"闻名的酒店里，已很少有人再点这道菜，因为金华火腿是制作"老鸭煲"的必备佐料。其他诸如毒大米、火锅底料、毒香肠、毒面粉等无不是引发了牵一发而动全身"多米诺骨牌"式的整体效应。

分析：

全球化带来了全球社会关系的复杂联结，饮食消费对象也紧密联系成一体。身处异地的两人会在同时食用第三地生产的食品。这种整体性为商家和消费者各自带来益处的同时，也滋生了一种日益突出的危险性。从生产厂家来说，危险的整体性表现为一损俱损或一夜破产的当代新神话。就消费者而言，因为一旦闻说某地某物发生质量问题,不由对个体手中某物陷入深深的焦虑之境:产生出"我可能也食用了出问题的食品"、"我买的是不是也有质量问题呢"等诸如此类的问题,从而进一步限制或影响消费个体的饮食消费行为。消费个体的行为波动又自然影响食品销售方的经营,从而导致同样或同系列食品的滞销、经营利润下滑等。在全球化的"近距作用"下,上述三方在今天已紧紧结为一个不可分开的整体,在饮食消费的湍流里共浮沉。恰如某些学者所言:全球化背景下,饮食消费对象的"脱域""把人们的焦虑感和不确定性也引入了崭新的领域",整体性像一把双刃剑,在获得服务利润的同时也让经营者领教痛苦欲绝的苦涩滋味。

四、提示

全球化背景下,饮食消费对象的"脱域"造成了丰盛性以及整体性,整体性从侧面又体现了丰盛性;又因为丰盛性所以提出求新、追时尚的冲动,不止的求新性又不可避免地会加入丰盛性。显而易见,二者之中,空前的丰盛性扮演着基础核心的角色,其他两者都可以在此基础上进一步生发形成。

怎样在竞争投价中选择供应商?

餐饮产品的生产,从总体上看可以分为三大环节。第一是原料的进货环节;第二是厨房生产的环节;第三是销售环节。三个环节有着紧密的联系。厨房要生产优质的餐饮产品,就必须获得新鲜质优的原料;销售要获得合理的利润,就需要控制进货的价格。所以原料的进货环节是第一位的。选择供应商又是进货环节中第一位的,采购人员应选择供货信誉好的、质量过硬的、价格适中的供货商送货。

一、注意要点

要点一:选择供应商必须提高采购员的素质

食品原料的采购是一项比较复杂的业务活动。采购员的素质是采购供应的首要环节。采购不同于一般的购买,它需要采购人员以合理的价格,在适当的时间,采购安全可靠的、符合规格标准的和预定数量的食品原料,以保证餐饮经营的顺利进行。此外还应具备专业英语的阅读能力,能阅读进口食品原料的说明书。

要点二:进行各项采购指标的控制,引导供应商按制度、规矩办事

目前,有一些大型饭店在食品原料采购时,进行定点购买,即选定一个或几个供货商来购买所需要的食品原料,以保证一些市场上紧缺商品能及时供给。可见选择供货商很重要,这些供货商应具备提供满足你所需原料的品种、数量、质量和价格的能力。另外值得注意的是,这种采购不能完全依赖于某一供货商,否则,供货商就会降低供货质量,抬高供货的价格,使采购陷入被动状态。只有对采购各项指标的控制,主要是对食品原料的价格、数量、质量等的有效控制,才能引导供应商按照要求,接受控制,保证竞争投价中选择符合要求的供应商。

1. 食品原料采购价格的控制

采购价格的控制是采购工作的重要任务之一,成功的采购就是要获得理想的采购价格。食品原料的价格受诸因素的影响,因而价格的波动较大,影响食品原料价格的主要因素有:市场货源的供求情况,采购数量的多少,原料的上市季节,供货渠道,饮食市场的需求程度,供货商之间的竞争以及气候、交通、节假日等。面对这些价格因素,对采购价格实行控制是必要的。控制采购价格的途径有以下几个方面:

(1)限价采购:限价采购就是对所需购买的原料规定或限定进货价格,这种方法一般适用于鲜活原料。当然,所限定的价格不能单凭管理者的想象,而是要委派专人进行市场调查,获得市场的物价行情进行综合分析提出参考价。

(2)竞争报价:竞争报价是由采购部向多家供货商索取供货价格表,或者是将本饭店所需的常用原料写明规格与质量要求请供货商在报价单上填上近期或长期供货的价格,采购部根据所提供的报价单,进行分析,确定向谁定购。在确定供货商时,不仅仅要考虑到供货商供货的价格,还要考虑到供货商的供货信誉,如原料的质量、送货的距离以及供货商的设施、财务状况等因素。

2. 食品原料采购数量的控制

采购数量的多少关系到采购价格的高低,关系到资金周转的快慢,关系到仓储条件和存货费用等。加强采购数量的控制,可有效地降低各种开支,减少浪费和损耗。所选供应商必须能够满足饭店原料的不同数量需求。

(1)能满足最高限量:是食品原料在采购周期内所需的数量加上从原料订购到货被送至仓库这段时间内所需使用的数量。有些食品原料的供应受季节影响较大,对可能发生短缺的原料能满足供应,尤其是节假日等因素需求激增时也能满足。

(2)能不嫌弃最低存量:就是自食品原料提出订购到货送至仓库每天所需的使用量,这又称紧急订货量,因数量少,利润低,一些供货商态度不积极或不给优惠价格。

(3)能应付变化的情况:因天气变化、举办大型食品节或大型宴会、自助餐时,厨房就必须增加采购量,采购数量常进行适时调整,供货商应可随之进行调整。

3. 食品原料采购质量的控制

采购不能单纯看价格,关键还在质量。竞争报价这种方法,在市场货源紧缺时就失去作用了。食品原料的质量通常是指原料的新鲜度、成熟度、纯度、清洁卫生、固有的质地等。原料的质量要求既包括食品的品质要求,同时还包括使用要求。为了使采购的食品原料能够达到厨房生产预期的使用要求,就必须对所需原料制定一个明确的规格标准,作为订货、购买与供应单位之间沟通的依据。为了避免口头叙述产生的理解误差,提高采购的有效性,通常采用书面形式加以说明,这就是习惯所称的采购规格书。

二、基本对策

由于在竞争投价中选择供应商直接关系到饭店的经营成败,处理不好直接影响饭店的生存和发展。因此必须有切实可行的措施。

步骤一:规定供货单位和供货渠道

为了有效地控制采购价格,保证原料质量,饭店管理层可指定采购人员在指定的供货商处采购,以稳定供货渠道。这种定向采购一般在价格合理和保证质量的前提下进行。在定向采购时,供需双方要预先签订合约,以保障供货价格的稳定。

步骤二:控制大宗和贵重食品原料的购货权

贵重食品原料和大宗食品原料价格是影响餐饮成本的主体。因此有些饭店对此规定:由餐饮部门提供使用情况的报告,采购部门提供各供货商的价格报告,具体向谁购买必须由饭店管理层来决定。

步骤三:提高购货量和改变购货包装规格

根据需求情况,大批量采购可降低原料的价格,这也是控制采购价格的一种策略。另外,当某些食品原料的包装规格有大有小时,购买适用的大规格,也可降低单位价格。

步骤四:根据市场行情适时采购

当食品原料在市场上供过于求时,供应商的价格十分低廉,如果厨房日常用量又较大时,只要质量符合要求,可趁机购进贮存,以备价格回升时使用。当应时原料刚上市时,预计价格可能会下跌,采购量应尽可能少一些,只要满足需要就行,等价格稳定时再添购。

步骤五:制定食品原料采购规格标准

采购规格标准是根据饭店的特殊需要,对所要采购的各种原料做出详细具体的规定,如原料产地、等级、性能、大小、个数、色泽、包装要求、肥瘦比例、切割情况、冷冻状态等。制定采购规格的标准应审慎小心,要仔细分析菜单、菜谱,要根据各种菜式制作的实际需要,也要考虑市场实际供应情况,一般要求厨师长和采购部人员一起研究决定,力求把规格标准制定得实用可行。食品原料采购规格标准的文字表达要科学、简练、准确,避免使用模棱两可的词语如"一般"、"较好"等,以免引起误解。

制定采购规格标准是饭店食品原料采购工作中至关重要的环节,它有助于饭店确保采购的原料都符合质量标准,适合各种菜式制作的特殊需要。采购规格标准一经制定,应该一式多份,除分送给货源单位使其按照饭店所要求的规格标准供应原料外,饭店内部一般应分送给餐饮部经理室、采购部办公室,以及食品原料验收人员,以作验收原料时的对照凭据。采购规格标准可以在饭店营业的任何一个阶段制定或修正重订,因为它不可能固定不变。实际上,饭店应该根据内部需要的变化及市场情况的改变,随时检查和修订采购规格标准。总的说来,饭店使用食品原料采购规格标准可有以下几点好处:

（1）迫使管理者通过仔细思考和研究,预先确定饭店所需各种食品原料的具体质量要求,以防止采购人员盲目地或不恰当地采购。

（2）把采购规格标准分发给有关货源单位,能使供货单位掌握饭店的质量要求,避免可能产生的误解或不必要的损失。

（3）使用采购规格标准,就不必要在每次订货时向供货单位重复解释原料的质量要求,从而可以节省时间,减少工作量。

（4）将一种原料的规格标准分发给供货单位,有利于供货单位之间公平竞争,使饭店有机会选择最优价格。

（5）食品原料采购规格标准是原料验收的重要依据之一,它对控制原料质量有着极其重要的作用。

以上几条价格控制措施,需要经营管理者和有关人员共同努力才能实施。

三、案例分析

表3-1是某饭店水产类采购规格书样本,作为该饭店的原料招标、检验、采购依据。水产类食品包括各种鱼类、虾类、贝类等。水产品的质量最重要的是新鲜度。因为水产品含水量多,组织细嫩,自身酶和外界细菌的侵蚀极易使其变质而产生腥臭味,即使在冷藏温度下亦是如此,因此,新鲜度应作为水产品制定规格的重点。水产品的上市形态有多种:鲜品、冷冻、罐装、干货。因此,制定规格书时应明确规定其品种,新鲜品的特点,上市状态,大小重量等。

表3-1 水产品采购规格书样本

品名	规格	质量要求	备注
鲫鱼	300g~350g/条	鲜活（草鲫）	带水送货
青鱼	1.5kg~2kg/条	新鲜、鳞片完整,腹不鼓胀,无异味	送货时低温冷冻
螃蟹	200g~250g/只	鲜活,阳澄湖大闸蟹,肉质坚实,壳硬,背青腹白	
甲鱼	500g~550g/只	鲜活,爬行利落,肥壮,腹部无红印、无针孔,禁止注射水	
黑鱼	1kg~1.5kg/条	鲜活	

分析:

第一,比之食品原料采购价格的控制、数量的控制,食品原料采购质量的控制是最难的,前两者是变数,而质量却是稳定的,原料质量的稳定决定了饭店产品质量的稳定,所以抓住了原料质量就抓住了采购供应的关键。

第二,采购规格书必须具体详细,否则就失去了制定的意义。

四、提示

饭店不可能也没有必要对所用原料都制定采购标准,但对占食品成本将近一半的肉类、禽类、水产类原料及某些重要的蔬菜、水果、乳品类原料都要制定采购规格标准,一是因为上述原料质量对餐饮成品质量有决定性作用,二是因为这些原料成本相当可观,所以必须严格控制,应填写采购规格书,以使所选供应商的工作有规可依。

如何控制贵重原料的采购权?

食品原料是食品生产的物质要素。食品原料的采购就是根据生产需要和实施计划购货,并以最低的价格购得保证质量的原料。食品原料采购具有采购面广、品种规格复杂、品质易变、生产季节性强、价格涨落快等特点。因此,加强食品原料尤其是贵重食品原料采购的管理是非常重要的一环。因贵重食品原料价格昂贵,采购中一旦出了问题将造成饭店的巨大损失。

一、注意要点

要点一:加强统一领导,确保协同动作

贵重原料采购成本控制工作涉及酒店企业经营和管理的方方面面,可谓牵一发而动全身,如果没有组织上、机制上的保障,就不能做到常抓不懈,难免半途而废。为了确保采购成本控制落到实处,应成立由总经理任组长、采购部门经理任副组长、各相关职能部门经理任组员的采购成本控制领导小组,并以"统一领导,统一筹划,统一行动,统一步调"为主旨,建立和健全分工负责制,定期召开协调会议,严格落实工作进度,发动员工献计献策,使采购成本控制的理念和措施贯穿到各项经营和管理活动之中。

要点二:再造采购工作流程,转变采购部门职能

按供应链管理(SCM,Supply Chain Management)原理再造贵重原料的采购流程、建立采购管理信息系统,使采购成本控制工作规范化、制度化。一是精简品种,对每种物料按需用频度规定优选原则,以精简采购品种,保持经济批量;二是周密计划,坚持按需采购,同时尽量减少因突发性采购而额外增加采购费用;三是设置模拟采购成本,根据市场可接受价格和预期利润率确定每个年度的模拟采购成本,作为采购成本控制的基准限额;四是控制采购权限,设置每个采购人员的采购范围

和权限,同时规定超过权限的审批程序;五是控制库存量,在采购管理信息系统中,规定每种物料的最大贮存量和最长贮存期,一旦超过最高值即采取纠正措施;六是供应商认证,所有供应商都必须经过认证,不得向未经认证的供应商采购。据一些典型案例的经验,贵重原料采购工作流程按供应链管理原理改造以后,采购成本可以降低8%～10%,相当于1991～1998年国内旅游涉外饭店利润率高峰时期的水平。此外,实现采购成本控制工作规范化、制度化,将使以往在采购作业中大量存在的行贿受贿、收受回扣、以次充好、损公肥私等加剧酒店企业经营亏损的阴暗行为难以施展。

要点三:加大科技投入,实现电子采购

美国戴尔电脑公司利用互联网实行电子采购并大获成功的例子可以给酒店企业以有益的启示。戴尔公司每两个小时都要通过网络与其90%的供应商沟通一次信息,全透明的在线沟通、高效率的电子采购刺激了其供应商之间的竞争,进而也大幅度降低了戴尔公司的采购及库存成本。

要点四:转变物流观念,适度引进外援

1. 加盟采购联盟

即以采购会员的身份加盟有品牌和实力的酒店管理公司。酒店管理公司一般都有规范的采购流程、严格的采购标准、稳定的采购渠道、可靠的采购质量。如广州东方驿站酒店管理有限公司的经营管理模式被归纳为"345模式",所有权、经营权、管理权——"三权独立",品牌、品质、营运、IT技术——"四大支柱",品牌、质量、规范、销售、采购——"五类标准统一"。选择与这样的酒店管理公司建立牢固的采购联盟,可以和其他加盟酒店共享优势资源,从整体上降低采购、库存及运输成本,降低经营风险。

2. 采购外包

采购外包是物流外包的一个重要组成部分。物流外包也可称为"第三方供应链管理"、"第三方物流"。企业将物流业务作为非核心业务外包给专业公司,其原因主要有:改善其物流能力,以获得和保持竞争优势;建立低成本的物流系统,以增加其产品或服务的利润;与物流外包公司建立有效、持久的战略联盟,以使自身成为其主要顾客并长期保持这种有利地位。专家预测,未来第三方物流的发展方向之一是出现更为专业的物流服务,例如酒店物流、医院物流等。酒店企业实行采购外包,应从订单管理、仓储与分拨、运输与交付、退货管理、客户服务、数据管理与分析六个方面作综合评估,择优遴选适宜的外包公司。

3. 建立酒店物料配送中心

酒店企业至少可以从两个方面受益:其一,将自身的采购需求与配送客户的采购需求整合在一起,通过发挥集成采购的规模优势直接降低采购成本;其二,经营好配送中心,获得稳定、可观的收益。酒店企业建立酒店物料配送中心,有自建、改建、联建这三种方式可供选择。自建所需投资总额较大、建设周期偏高,在目前条件下不宜普遍采用;改建挖掘了原有企业资源存量的潜力、可缩短建设周期、有后发优势;联建汇集了联建各方资源增量的合力、可分摊投资金额、有整合优势,因而值得提倡。酒店物料配送中心承担着类似于供应链中分销商的角色,应从行业特点和自身条件出发,闯出一条有特色、可持续的发展道路,一是实行稳健的、阶段性的经营战略,初期应着重发挥流通型配送中心的功能,主要以暂存或随进随出的方式配货、送货,低库存或微库存运作,在客户基本稳定、实力逐步增强之后,再考虑向贮存型甚至加工型配送中心发展;二是实行积极的、多样化的营销战略,对酒店集团须确保供应,对单体酒店应重点拓展,对酒店行业以外的零售企业、个体户、消费者宜适当兼顾,注重发掘优质客户,不断提高客户的忠诚度。

总之,酒店企业的最高管理层应从企业整体利益出发,务实地制定贵重原料采购成本控制战略并坚定地推动其实施,同时每年都要向采购部门、相关职能部门分别下达贵重原料采购成本控制目标,对实现目标的部门须给予应有的奖励。

二、基本对策

步骤一:多渠道寻找货源

为了寻找一些能长期、稳定地提供某些市场不多见的原料的供货商,有些饭店甚至不惜巨资进行开发性投资,兴建水产养殖场、特种蔬菜种植园等企业,以求得稳定的货源。还有些饭店直接与种植者、养殖者、生产者、食品厂家等单位挂钩,签订供货合同,也是为了求得长期稳定的货源,同时还能获得较满意的价格。

一些罐头食品、干货原料、调味品等原料,可寻找一些国有大企业来供货,因为大商场的价格比较稳定,进货渠道也较通畅,货源充足,只要质量有保证,即可进行定点购买,以保证持续不断的供货。

此外,随着饭店管理集团的出现,连锁饭店、连号集团饭店的出现,采购也出现了新的形式,即集中采购、联合采购、合作采购等。这些采购形式的最终目的是想通过大批量的采购,来降低贵重食品原料采购的价格,从而降低整个企业的成本,获得理想的经营利润。各饭店可根据本饭店的实际情况,合理的选择以上所述几种采购方法。

步骤二:掌握信息反馈

信息反馈包含两个方面:一是将市场的供货行情反馈给厨房、采购部门;二是将厨房使用原料后的意见反馈给采购部门再反馈给供货商。通过信息反馈,厨师长们就能及时掌握市场的货源情况和价格行情,便于在工作中进行有效地成本控制和新产品的开发。

步骤三:控制大宗和贵重食品原料的购货权

贵重食品的原料和大宗食品原料其价格是影响餐饮成本的主体。因此有些饭店对此规定:由餐饮部门提供使用情况的报告,采购部门提供各供货商的价格报告,具体向谁购买必须由饭店管理层集体决定。

步骤四:电子采购将成为国际酒店业今后发展的一大趋势

从事酒店咨询服务的安达信公司(Arthur Anderson&Co)曾对全球 300 家饭店进行了专题调查,随后发表的《2001 年国际酒店住宿业科技研究报告》显示:在今后 12 个月内,酒店管理公司计划采用库存管理软件和采购/补货管理软件,特许连锁酒店也计划采用库存管理软件和采购订单管理软件。国内一些以酒店业为主攻对象的 IT 企业也已经引进或开发了按供应链管理原理设计的采购系统集成专业软件,可提供实时、在线的电子采购解决方案。

因此,酒店企业宜顺应大势、迎难而上,加大对现有酒店网页和网站的资金投入和技术改造,逐步实现电子销售和电子采购一体化的在线供应链管理。一方面推行并不断改进"为订单而采购"的经营模式,最大限度地缩减销售物流与采购物流之间的中转环节——库存物流,按需求定供应,以信息换库存;另一方面再造销售模式和采购模式,逐步实现在线、实时的电子销售和在线、实时的电子采购并不断提高其份额,向科技要效率,从市场争效益。

三、案例分析

苏州某宾馆本着从内部挖潜,降本节资,争取让竞争因素化解在成本控制上,让顾客成为最终的得益者。把好采供关,是控制成本最直接的体现。他们成立了成本控制中心,对物品采购行使市场调研、督察和管理职能,专门设立了市场调研组,聘请工作经验丰富、责任心强的同志负责调研摸价,两人以上共同参加,及时制定出一周指导价,部门请购物员先填写"部门申请购物单",采供部一律凭该购物单采购,采购部本着"以店为家"的精神,货比三家,所有采购物品,均须由仓库当场验收数量、使用部门当场验收质量,厨房所用原材料,由厨师长亲自验收。整箱货物开箱逐件验,水发食品滤水后称重量验。对不合格的物品,使用部门有权拒收,并追究当事人的责任,财务专人负责成本核算,并复核各项手续是否齐全。

分析:

内部挖潜,成立成本控制中心。按照这套工作程序,有关人员的工作量明显增加,责任更重,但事实证明,通过这种运作方法,营业费用比去年同期明显下降。

四、提示

采购成本高昂与酒店企业微利经营是酒店的普遍性,酒店行业是一个高采购成本、低资本回报的传统行业。从美国的情况来看,1994~1999 年美国酒店业采购费用年均增长 3.6%,超过了国内通货膨胀率 2.3% 的年均增长率,而同期营业额的年均增长率仅为 6.8%,资本回报率之低已不言而喻。我国的情况有过之而无不及,1991~1998 年国内旅游涉外饭店的利润率呈"倒 U 字"形走势:前四年为上升期,从1991年的5.03%攀升到1994年的9.82%;后四年为下降期,从1994年的峰顶下跌到1998年的谷底,利润率为-5.8%,出现了全行业大亏损的局面;经过随后两年的休养生息,2000年利润率回升到0.30%,处于微利经营状态。究其原因之一是采购成本高昂。业内人士认为,目前国内一家中型酒店一年的采购费一般都不低于200万元。可见采购成本控制不仅应该,而且必须成为酒店企业经营和管理中的一项核心内容。

如何对厨房所领原料进行检查?

建立对原料质量和数量的监控制度是厨房管理的重要内容。原料的数量和质量监控可通过采购、验收、保管三个环节连环制约。对厨房所领原料采取定期和不定期检查是对原料质量和数量监控的重要组成部分,厨房的管理者不仅要把住领料关,还要把住复核关。当原料从仓库领回后,管理者要善于观察,不定时地对领回厨房的原料数量、质量进行抽查,对各分厨房内部的原料调配进行抽查,对菜肴的配量标准进行抽查。厨师无论是占饭店的便宜,还是克扣顾客都是不允许的,发现问题,立即追究责任,坚决堵塞原料漏洞。

一、注意要点

要点一:坚持制度化检查

严格按标准采购规格书和原料采购清单来检查所领的各类食品原料。标准采购规格书是对所需采购原料的规格标准、质量要求、产地、发货时间以及运送方式做出全面、准确、具体的规定。原料采购清单是对所需原料的数量标准和价格进行控制的一种表格。将标准采购规格书和原料采购清单联用,一方面能使采购数量、质量和价格趋向标准化,在一定程度上限制供应商和采购员相互勾结的舞弊行为。另一方面,又可对设有制定标准采购规格书的原料,请相关人员或常设的小组现场检查其规格分量是否适当质量是否上乘、是否是乱购的残次品。过后,对经常需要而又缺乏标准采购规格书的食品原料补充制定标准采购规格书,以完善制度。

要点二:安排专人验收

行政总厨要安排专人依据标准采购规格书规定的标准全面细致地验收,以保证所领的各类食品原料数量和质量。验收工作主要是核对食品原料的数量、质量和价格是否符合采购要求。验收人员要严格。

二、基本对策

步骤一:进行期间耗用原材料成本的科学核算

单凭肉眼很难检查出原料的质量、数量的问题,进行期间耗用原材料成本的科学核算是最好的检查手段。绝大部分厨房以一个月为一个计算期间,核算全部耗用原材料成本。厨房工作人员的任务,主要是配合财务和管理部门统计出本期间各种原材料耗用的实际数量。因为厨房的规模不一样,所以部门的设置也不一致,大型厨房的原材料专设存贮环节,由专人负责,凡是加工制作所需要的原材料都要经过一定的领料手续领用,小型厨房一般不设专门的存贮环节,进货后直接送到厨房使用,无专人负责,进货情况仅记录于《进货记录》。这样厨房的期间耗用原材料核算方法就有两种。

1. 有存贮环节的期间耗用原材料成本核算

本期期间耗用原材料成本 = 厨房上期期间结存额 + 本期期间领用额 − 厨房本期期末盘存额(元)

2. 无存贮环节的期间耗用原材料成本核算

本期期间耗用原材料成本 = 厨房上期期间结存额 + 本期期间购进额 − 厨房本期期末盘存额(元)

以上两式的不同之处仅在于式中第二项,有存贮环节的依据是领料单,无存贮环节的依据是根据发货票登记的进货记录(因发货票要及时交到财会部门)。

有存贮环节的厨房,期末只盘点厨房的剩料,而无存贮环节的厨房则需对厨房进行全面盘点。有存贮环节,采用领料制的管理方法,核算出的成本真实可靠,有利于控制原材料的消耗,准确核算盈亏差异,凡是有条件的厨房都应采取这种办法;无存贮环节,采用进货混用的管理方法,缺点、漏洞较多,原材料损耗大,不适应提高企业经营管理水平的要求,应尽量避免采用这种方法。

步骤二:以科学方法进行品质鉴定

可采取感官鉴定——用眼、耳、鼻、舌、手等各种感官了解原料的外部特征、气味等。从而确定原料品质的优劣。这是最实用、最简便而又最有效的检验法;理化鉴定——对原料有怀疑时,可以仪器、机械或化学药剂进行鉴定,以确定原料品质的好坏,它比感官鉴定精确可靠,尤其是发现高档原料可能被掉包时,当以此法检验。

步骤三:以领料单控制分厨房当天原料成本

领料单是一种控制的工具,它可反映出是何部门对何种物品的需求,用量多少。为了便于控制,大饭店有多个厨房,为了杜绝内部的浑水摸鱼,必须以领料单控制。每个厨房的领料单用不同的颜色来加以区分,仓库或成本会计只要将不同颜色的领料单加以归类,便可迅速计算出各厨房原料成本。另外,有些原料如果是 A 厨房向 B 厨房领用的,为了能准确得出每个厨房的当日成本,A 厨房应向 B 厨房递交一份原料内部调拨单,通过调拨单,成本会计就会从 B 厨房食品成本中减去调拨的金额,而在 A 厨房中加上调拨金额。这样,每个厨房的管理者都能较准地了解到当日或隔日的经营生产情况。原料内部调拨单样表详见表3-2。

表3-2　原料内部调拨单

调入部门_____　　　　　　　　　　　　　　　　　　　No.001
调出部门_____　　　　　　　　　　　　　　　　年____月____日

品名	规格	单位	数量		金额		备注
			请拨量	实拨量	单价	小计	

调出经手人_____　　　　调入经手人_____　　　　核算员_____
主管_____　　　　　　　主管_____

注:此单一式三联,一份留调出部门,一份留调入部门,一份交财务部或成本会计。

步骤四:检查菜肴的配量标准

1. 菜肴的配量标准是在标准菜谱的基础上进一步量化而来的

它将各种菜肴的主料、配料进行了细致的标量,并且根据菜单的标准成本及标准成本率,具体规定的各种盛器规格所配数量。配菜厨师需经常检查菜肴配置的数量是否执行了配份标准,是否使用各种计量工具。因为即使有经验的熟练配菜厨师,也不能保证所配置的菜肴分量精确合格,只有借助各种计量工具,不断校验,才能保证其符合配量标准。

2. 严肃配菜制度,凭单配菜

配菜厨师必须凭餐厅客人用餐的订单、宴会通知单以及饭店用餐的正式通知书进行配菜,保证配制的每份菜肴都有依据。

3. 杜绝菜肴配置中的失误

如漏配、重复配、错配等,尽量把失误降到最低限度。配菜厨师要对顾客负责,尤其不允许有意无意以少配、低配、偷梁换柱等手段将贵重原材料化为私有。以鱼翅为例,配菜中多一点少一点客人是看不出来的,但如果不严格要求,不仅对不起客人,影响饭店声誉,而且滋长了"仓中硕鼠"胡作非为。

三、案例分析

某厨房在2月关于原材料的数据如下:

上月原材料结存额:25 150.00元;

本月原材料领用额：18 379.50 元；
本月末原材料盘存额：16 526.70 元；
按公式 A 计算，得：
期间耗用原材料成本 = 25 150.00 + 18 379.50 - 16 526.70 = 27 002.80(元)

分析：

虽然计算方法简单，但需注意，必须按有关管理规定正确划分各期间的原材料成本界限，不能提前盘点，绝对不允许估算，还要避免漏算。统计完毕后应复核一次，杜绝差错。在盘点环节上，管理较好的厨房都使用统一的盘存表，以提高效率和准确度。

四、提示

酒店行业是一个高采购成本、低资本回报的传统行业，某五星级酒店 2006 年的营业总收入为 7 000 多万元，而采购总费用却超过了 4 000 万元，即有一大半的营业收入要用来抵补采购成本。所以，采购成本控制不仅应该、而且必须成为酒店企业经营和管理中的一项核心内容，厨房生产过程的制度检查正是从源头上控制成本，堵塞漏洞。

怎样进行原料的综合利用？

食品原料成本，包括主料成本、配料成本和调料成本。成本率弹性很大，常在 28%～45% 以上，成本率的多少来自于餐厅规格和经营策略。餐厅的级别越高，人工成本和经营费用越高，食品成本率愈低的餐厅在市场上竞争力愈差。食品原料的成本是餐饮的主要成本控制，主要是对原料的购买、验收和贮存，以及领发等环节进行控制。控制的目的是力求降低原料购买的价格，减少购买过程中的各项费用，提高原料质量，保证厨房生产的正常供给，防止食品原料在进出过程中的各种浪费及损耗。进行原料的综合利用，可以最大限度地减少浪费，实现一料多用，保证高档次原料的优质使用，次级原料正确使用，下脚料的巧妙使用，使食品原料最大限度地发挥效用。综合利用原料辅料，还可为餐厅制造新菜，增加花色品种，增加菜单的吸引力。但是进行原料综合利用的重要性，不少餐厅、厨房未能引起足够的重视。

一、注意要点

要点一：划分原料的档次，尽可能一料多用，提高原料中净料的比例，降低净料的成本

比如大宗原料肉鱼禽类，原料经过加工切配后，必须分成若干档次，比如做鱼

丸,只有鱼的背部、尾部无大刺的肉才能用,其他如肚档、脊骨和头等部分不能利用,只能扔掉或另作处理,而成为次级原料或下脚料,这样净料成本就会增加,其公式是:

$$净产成本 = \frac{毛料总价值 - 其他档次价值总和}{净料重量}$$

例如某餐馆购进一级猪肉50斤,每斤价格为7元,其中皮占3斤,处理价为每斤1元,肥膘为10斤,处理价为每斤1.5元,小排骨为12斤,作次级原料,折合每斤5.5元,剩下的净瘦肉成本价为每斤10.64元,但如果将小排骨作次主级原料使用,12斤,折合每斤7元,剩下的净瘦肉成本价为每斤9.92元,主料的成本每斤下降0.72元,下降6.7%。

要点二:重视控制下脚料的回收利用率

有些饭店对下脚料的回收极不重视,因此下脚料的利用率也极低。事实上,下脚料的回收,能有效地降低原料的成本,提高毛利率。检查人员一定要注重原料的利用率,一旦发现有未被利用的原料丢弃时,要追究责任,并引起有关加工人员的高度重视。

要点三:同一原料中,高等级原料要优质优价

比如猪肉是重要的烹饪原料,在菜点制作中既可做主料,又可做配料,还可做馅心料,适应除生食外的任何烹饪方法,适宜于各种调味,可以制成多种菜肴、小吃、糕点和主食。除了猪肉可作烹饪主料外,猪的内脏、血液及头尾等低等级的原料都可用来制作特色菜肴,但是要注意优质优价,比如上述的净瘦肉炒精片的价格就应该高,满足高档次顾客的消费;而连着肥膘的炒肉片、炒肉丝价格就应该低,以刺激一般顾客的消费。

二、基本对策

步骤一:贵重的原料要精细使用

比如鳄鱼的肉、骨及内脏含有丰富的优质蛋白质和人体必需的氨基酸、不饱和脂肪酸和多种微量元素。20世纪80年代以来,泰国、美国和澳大利亚等国都大力养殖鳄鱼,以满足人们的需要,近年来,我国也大力养殖鳄鱼,为人们的餐桌又增添了一种不可多得的肉类原料。鳄鱼肉口感细腻,味道鲜美,其肌肉纤维很细,并含有丰富的胶质。在营养配比及口感方面,鳄鱼肉都达到理想的要求。鳄鱼肉质类似于小牛肉,但少筋膜,无异味,适用多种烹饪方式和味型。红烧鳄鱼肉、酱爆鳄鱼肉、锦绣鳄鱼丝、蛋黄鳄鱼肉、鳄鱼排、橙汁鳄鱼羹等菜品深受人们的喜爱。而鳄鱼的血凝固后,配以豆腐,味道极其鲜美,但售价很低,可成为大众菜,满足普通顾客的需求。

步骤二:下脚料要充分利用

一般来说,畜类、禽类的主料是净肉,即使是不同部位的肉,其外形、色泽、口感

区别不大，而且从古到今反复实践，做法已基本定型，每家餐厅的做法也大同小异；而辅料多为头、颈、尾、爪、内脏，外形、色泽、口感千差万别，为原料的综合利用，菜肴的创新提供了广阔的天地。又如牛的肉除用于烹饪制作菜肴外，牛的副产品如头尾、内脏等均可做菜，并且能做出名菜。再比如江南是鱼米之乡，在鱼的制作上，厨师创造了许多经验。体型较小的鱼多整用，体型较大的鱼进行多种刀工处理；有些种类整鱼出骨，制作特色工艺菜；有些种类的鱼，如草鱼，肉质厚实，加工成块、丁、片、条、丝等成菜；有些种类的鱼，肌肉色泽洁白且蛋白质含量高、持水性好，制成鱼蓉后可制作鱼丸、鱼饼、鱼糕、鱼馅等。下脚中的鱼肉、鱼骨略带一点鱼肉，可做成熏鱼，鱼皮又可制成凉拌鱼皮。乌鱼的肉质厚实，加工成片后是芙蓉鱼片的上好材料，剩下的鱼头、鱼脊骨、鱼尾，不要断开，可做成一道"将军过桥"的汤菜。近年来，在充分利用下脚料上，很多餐馆频出高招，比如大胡子骨头汤，由于骨骼本身食用价值很低，故畜肉中骨骼组织含量越多，则该畜肉的食用价值就越低，但是大胡子骨头汤就是通过高温高压的方法，将猪筒子骨中的营养成分融化在汤中，配以其他菜蔬，因而成为特色餐饮。

步骤三：特殊原料更要重烹调

比如马肉的烹饪，比牛肉、猪肉难，不宜生炒生爆，宜用长时间加热的炖、煮、卤、酱等方法，也可重味红烧或先白煮后再烧、烩、炒、拌等。马肉菜肴的调味宜浓口重味，多用香料以矫正异味，可用腌、腊、熏等方法加工成肉制品，加工不当就会有酸味，影响口感。烹调得当也会成为名菜，如传统名菜有桂林马肉米粉、呼和浩特车架刀片五香马肉、哈萨克族的马肉腊肠等。

步骤四：将不同档次的原料配合使用

如全鸭煲，就是将整鸭，包括视为下脚料的头、颈、爪、内脏甚至包括鸭血一起煨炖；"肥肠鱼"就是将猪大肠和鲢鱼一起煨炖；"毛血旺"也是把牛的百叶、肚、猪血、豆芽一起烧煮，相互入味而成名菜。

步骤五：鼓励下脚料菜肴的创新

可以通过专题比赛的方法让厨师施展才艺，比如一餐馆举行鱼子原料的烹饪大赛，其中一厨师将鱼子和芡粉混合，制成鱼形，下油锅定型，正当春日，玫瑰盛开，以玫瑰花瓣洒落其上，让鱼沾上花瓣的香气，鱼的黄和玫瑰的红配置和谐，令人垂涎。起名"玫瑰千条鱼"，意即鱼子中蕴藏有千条鱼。

步骤六：利用名人效应，提升下脚料菜肴的档次

扬州的朱自清三丁包，就是用炖高汤的下脚料鸡脯。由于长时间的煨炖，鸡肉已无甚滋味，而将它削成丁，配以猪肉丁、竹笋丁，形成三丁，味兼鸡、猪、笋的鲜味，与扬州的另两种点心翡翠烧卖、千层油糕并称三绝。由于朱自清散文中多次提及，所以凡到扬州的游人无不以一品为乐。同样安徽合肥李鸿章"宰相合家欢"，其实就是江南的全家福、大杂烩，其中的肉肚就是下脚料肉皮，晒干后经油爆后水发，另

有猪下水肚、心、肝,但凡去该市,无不津津乐道。

三、案例分析

淮扬名宴,首尾呼应。

淮扬菜中的"三头宴",扒烧整猪头、拆烩鲢鱼头、蟹粉狮子头,前两种其实都是下脚料,但由于烹饪大师的精心处理,不断总结,厨下物变为席上珍,终于使三头宴闻名遐迩,令人垂涎。

最近淮扬菜又创作出"三尾宴",其主菜由香糯胶甘的"三元及第焖牛尾"、鲜酥肥腴的"春风得意青鱼尾"、爽滑细嫩的"游龙戏凤明虾尾"三种特色原料精制而成。两菜已入选《中国名菜大典》,分别在传统菜、创新菜的大赛中多次获大奖。

分析:

淮扬名宴,首尾呼应,原料均是利用的畜类和水产类的头尾,相对于主料都是低档辅料,其中"三头宴"的原料到处可见,属于家常菜,满足大众的需求。"三尾宴"则是高档菜,迎合高端客人的需求。三头和三尾经精细加工后,其价格已远远超过自身原料的价值。

原料虽低档,但加工不可不精细,其中善于组合,进行畜类与鱼类的搭配,利用两类原料的口感差异,发挥其综合效益是其成功的重要原因。

四、提示

综合利用下脚料,不要把下脚料作为负担,低档原料精细加工需要更多的创意,应积极鼓励员工精益求精,锐意创新,而且要常抓不懈,就可使厨下物成为一道道上品菜肴原料。更可成为餐厅新菜,增加花色品种,增加餐饮的吸引力。

如何合理控制菜肴的综合毛利率?

餐饮的管理者应该考虑适合自己的价格策略,以保证最小化的经营成本和最大化的销售利润。但是不能合理地控制菜肴综合毛利率的现象,在许多餐馆已熟视无睹。多是偏高甚至离谱,即使不高,或是为竞争而偏低,都缺乏科学性。菜点是厨房生产活动的产品,其价格是厨房生产成本控制的依据和指南。厨房生产的品种范围,菜点销售的价格都为了提高菜肴的综合毛利率。因此,对菜点的价格进行控制,是厨房生产成本控制的第一步。

一、注意要点

要点一:必须认识菜点的定价原则

价格是否合理,关系到消费者的利益,调节顾客的购买行为;关系到厨房的获利能力,调节餐厅的赢利行为;还关系到企业在饮食市场上的竞争地位和能力。

要点二:合理制定菜点价格

定价是综合毛利率控制的关键,因此,菜点在定价时必须遵循以下原则:

1. 价格应反映其价值

菜单上的价格是以菜点的价值为主要依据的。菜点的价值主要包括三个部分:一是食品原材料的消耗价值,生产设备、服务设施和财产折旧的价值;二是以工资、奖金等形式支付给劳动者的报酬;三是以税金和利润的形式向企业和国家缴纳的款项。

2. 价格必须适应市场的需求

菜点的定价,要能反映菜点的价值,还应反映其供求关系。因为有些菜点在供求关系的影响下,可较大地偏离其价值,获取较高利润。比如:

(1)市口好的餐厅比市口差的餐厅菜点价格可高一些;

(2)名店、名厨制作的菜点,价格可高一些;

(3)档次高的餐厅比档次低的餐厅菜点价格可高一些;

(4)旅游旺季比旅游淡季、平时的价格可高一些;

(5)风味特色菜比一般菜肴的价格略高一些。价格的制定必须适应市场需求的变化。价格不合理,菜点价格过高,超过了消费者的承受能力,或"价非所值"必然会引起客人的不满意,降低消费水平,减少销售量。

3. 价格既要适时变化,又要相对稳定

菜点的定价应根据市场的需求变化而适时进行调整,用优惠价、时令价、浮动价等吸引消费者,提高经济效益。但是,菜点的价格过于频繁变动,会给潜在的消费者带来心理上的压力和不稳定的感觉,甚至会挫伤消费者的购买积极性和影响回头客。因此,菜点的定价要做到相对稳定,即使需要调整菜肴价格,也必须在更换菜单时进行。菜点价格的调整幅度不宜过大,一般来说,最好不超过原价的10%。

4. 价格要服从国家物价政策,接受物价部门的督导

随着国家一系列反暴利法规的出台,饮食业的菜肴价格应在规定的毛利率范围内变动。坚持按质论价、分等论价、时菜时价的原则,以合理成本、费用和税金加合理利润的原则来制定本企业的菜点价格。并接受物价部门的督导。

二、基本对策

实行科学的菜点定价的方法。菜点的定价方法常见的有多种,这些方法目前普遍被餐饮业采用。在实际应用中,也可根据具体情况而定,亦可将这些方法糅合,灵活掌握,并加以创新。其方法主要有:

方法一：仿效定价法

这是一种最简单的方法，即仿效。将具有竞争力同行菜单上的价格，作为自己菜单上各项菜点价格的参考。这种方法在实际工作中经常使用。使用仿效定价法要注意以成功的菜单为依据，避免把别人不成功的定价搬为己有。

方法二：系数定价法

系数定价也就是利用企业所规定的销售成本率算出计价系数，然后用产品的成本乘以计价系数，即可得出产品的售价。在原料的进货单价发生变化时，利用此系数便于直接算出净料的新成本额。

公式为：

$$产品销售价格 = 成本 \times 计价系数$$

例如：已知一份猪排的成本是 4 元，所定的销售成本率是 40%。

计价系数等于销售成本率的分母(100)除以分子(40)，

其公式是

$$\frac{100}{40} = 2.5$$

$$猪排的售价 = 4 \times 2.5 = 10(元)$$

该份猪排的售价为 10 元。

如果成本扩大为 6 元，则猪排的售价为 15 元。

方法三：毛利率法

毛利率法的公式为：

$$食品销售价格 = \frac{食品成本}{1 - 内扣毛利率}$$

或

$$食品销售价格 = 食品成本 \times (1 + 外加毛利率)$$

所谓内扣毛利率，就是毛利占销售价的百分比（亦称销售毛利率）；外加毛利率，是毛利占食品成本的百分比（又称成本毛利率）。

内扣毛利率与外加毛利率的换算公式为：

$$内扣毛利率 = \frac{外加毛利率}{1 + 外加毛利率}$$

这里的食品成本是指制作菜点的主料、配料、调料的成本之和。毛利率的计价方法是：

以一份糖醋鱼为例，所用鱼的成本为 10 元，调料、配料为 1 元，规定内扣毛利率为 40%，规定外加毛利为 65%，则其价格为：

1. 用内扣毛利法计算

$$售价 = \frac{10 + 1}{1 - 40\%} = 18.33(元)$$

2. 用外加毛利法计算

$$售价 = (10+1) \times (1+65\%) = 18.15(元)$$

上述两种方法计算的价格结果不同,这是由于两种方法中所用的比率不同,如果将外加毛利率换算成内扣毛利率的话,其得出的价格就有可能是一样。

方法四:主要成本法

所谓主要成本,就是指制作一道菜点所耗用食品原料的主要成本(主料、配料、调料等)加上生产该产品的直接劳动。

公式为:

$$主要成本 \times 计价系数 = 售价$$

例如:从财务账表中已知某项产品的原材料成本为5.4元,而直接劳动成本为0.9元。

又如,原材料成本占售价的37%,而全部劳动成本约占售价的27%,一般直接劳动成本约为全部劳动成本的1/3,故可算出直接劳动成本为9%。

算出计价系数。用 $100\% - (37\% + 9\%) = 54\%$,再用100除以54,约得1.85。

由上可知:主要成本为 $5.4 + 0.9 = 6.3$ 元,计价系数为1.85。

代入公式:$6.3 元 \times 1.85 \approx 11.66 元$

该产品的价格为11.66元。这种计价方法虽看上去较复杂,但只要掌握了计价系数,计算起来还是比较方便的。这种定价方法是考虑到餐饮生产的人工成本较高,采用此法,可获得较稳定的利润。如果能适当地降低人工成本,则定价可更趋于合理。

方法五:综合定价法

综合定价法是根据菜点的成本,销售量和赢利等情况,经综合分析而求出产品的价格。我们不妨用一菜单来分析,把菜单上所列的菜点品种,根据其畅销程度及其所耗用的成本进行分类,可得出下列四种类型:高销售量、高成本;高销售量、低成本;低销售量、高成本;低销售量、低成本。

虽然第二类菜点(销售量高、成本低)是最容易使企业获利的,但在实际中一般的菜单都包含着上述四种类型。而对于这些类型其毛利率(或成本率)的要求也应有所不同。第一类和第四类的菜肴毛利应适中,而把第三类菜肴的毛利降低一些,把第二类菜肴的毛利加高一些,这样,可以避免企业某些菜点因利润过低而畅销,最终导致总利润额下降。

菜单的价格还取决于饮食市场的均衡价格。如果要想吸引更多的客人,除菜点的质量好以外,菜点的价格还应略低于市场价格。但并不是亏本经营,而是以适当调整某些菜的毛利形式,来达到竞争取胜的效果。菜肴毛利的高低并不是固定不变的,可在经营中随机适当调整。

综上所述,菜单的定价控制,既要使厨房生产能完成目标利润,又要能为消费者提供合理的价格。

三、案例分析

据《扬子晚报》转载:"西安某饭店为12名客人精心准备了一桌36.6万元的满汉全席,创下西安宴席之最。"一时间各大媒体、报刊竞相报道,西安的这家饭店成为焦点。但3天后的报道却出乎人们的意料,《扬子晚报》以《一桌饭36万出恶名——饭店营业额跌到最低》为标题进行了后续报道,文章中分析了生意下滑的原因:"由于消费者误认为该饭店属于那种'没有数万元甭想进'的饭店,那些想花几百元吃饭的顾客根本不敢进门,饭店的营业额直线下滑,跌到了最低点。老板因架不住海外媒体的采访要求而藏身他处,而税务部门也特别留意1月6日那天的36.6万元营业款,要等饭店申报纳税之日仔细核查。"

分析:

目前在国内,餐饮企业如果不合时宜地制定天价,往往会带来更多的负面影响。因为多数天价产品在人们咋舌的"爆料"后,会带来更多的指责,从以上案例可知其中的缘由。一种定价的策略,却出现了不应有的结果,其主要原因还是离谱的定价导致了适得其反的效果。

四、提示

一是定价必须与饭店的定位相应,因为不同档次的饭店只能有与之相应的价位,这样才会有相应的顾客;二是定价必须合理地控制菜肴的综合毛利率,偏高甚至离谱,即使不高,或是为竞争而偏低,缺乏科学性,都将失去客源或造成饭店难以为继;三是定价必须有一致性,可以有淡旺季之别,但不能大起大落,如果一个餐馆老让人捉摸不定,必然是门可罗雀。

如何控制饭店餐具的破损?

餐具是人们进餐时的必要用具,也是体现饭店餐厅接待档次、水准的重要标志。由于餐具器皿是易损易耗品,管理制度不严格,就会出现大量的损耗,我们在有些饭店就餐时常常发现,许多盛装菜点的餐具破损,不仅与饭店经营的档次不符,而且也容易划伤客人发生危险。

饭店餐具牵涉的使用部门较多,管理起来比较困难,而餐具的破损在经营过程随时都有可能发生,那么作为饭店的管理者,如何将饭店的餐具破损率控制在国家行业规定的每月0.4%的范围内,或者更小,是每个厨房管理者迫切需要解决的问题。

针对饭店餐具容易破损,使用部门多,环节复杂的特点,以及考虑到追究责任时往往会在员工之间造成矛盾,可采取以预防为主的积极策略,并将其贯彻落实到日常管理工作之中。

一、注意要点

要点一：加强培训教育，养成良好的使用习惯

餐具属于易损物品，如使用不当很容易破损，为了降低损耗率，减少费用，增加饭店的经济效益，厨房管理者有必要对员工加强餐具使用知识的培训工作，培养员工的良好习惯，轻取轻拿，勤取勤拿，不仅要小心洗涤，而且要掌握方法，比如瓷器上粘有纸、草等杂物时，应将其泡在水中，使杂物自动脱落，并用手将上面的污迹洗掉。喜来登集团所属的一家饭店，针对器皿损耗严重的情况，餐饮部搞了个"损耗是饭店大敌"的活动，以实物、图片、文字展览，教育员工为餐饮部的集体利益和荣誉，要热爱饭店公物，活动收到了预期效果，开创了新的风气。

要点二：互相配合，及时跟踪

许多综合性饭店，为了提高服务水准都有房内用膳服务。如果饭店不加管理，客人房内用膳部分餐具很容易造成破损或者流失。因此，加强房内用膳餐具的跟踪回收管理尤其重要，这就要求厨房管理者与餐厅负责人及客房部密切配合，派专人送膳到房间并将所用的餐具及时登记，待客人用膳后由客房部及时通知餐厅，并派专人回收，检查后及时到管理者处注销登记，可防止房内用膳餐具的破损及流失现象。

要点三：加强贵重餐具的管理

有些经营档次高的饭店，常常使用一些金、银餐具和进口餐具，这些餐具虽然数量不多，但往往价值较高，因此有必要重点加强管理，对于这种类型的餐具管理，往往由专人负责，使用时由专人借出，用后洗净擦干后如数归还。另外，金、银器这类餐具容易氧化变色，因此管理者还要定期请专业人员保养，以延长其使用寿命。

要点四：建立赔偿制度，加强监督

饭店经营管理，既强调人性化管理，更追求利润的最大化，即所谓的管理效益化，企业和员工都要有利可图。员工的利益是建立在企业经济效益基础上的，如果饭店经营管理不善，员工的利益就无法保障，因此饭店在管理过程中，有必要发挥经济杠杆的作用来约束每位员工的行为。以国家行业规定为依据，建立餐具赔偿制度，制定适合自身的正常的自然损坏比例，小于此比例则奖励，超过此比例则赔偿。加强监督，使破损餐具能责任到人，同时加强每位员工的责任心，就能杜绝各种人为破损现象和偷盗事件的发生。监督胜于信任，厨房的管理工作在厨房管理者和全体员工的共同监督下，各种不良的歪风邪气就没有了市场。

要点五：分类存放，登记造册，定期盘点

厨房餐具在订购时，其规格、型号、数量一般都是根据饭店的经营档次及经营的品种确定，尤其是餐具的数量，一般在订购时都要计入一定数目的破损率及周转

量,因此其数量往往大于实际使用量,餐具到货后厨房应根据各岗位的实际用量领用,并根据规格、型号登记造册。多余的餐具集中存放在仓库中,仓库通风要好,因潮湿虽不会使瓷器霉烂,但它的包装材料如稻草纸等怕潮,会因潮湿失去包装作用。此外金银边和粉彩等瓷器的包装物受潮或水湿后,稻草中的碱性物质浸到瓷器表面,会使金银边变得灰暗无光,粉彩变色或产生裂纹,减低瓷器质量。建立厨房现有餐具每月盘点制度,有利于厨房餐具的管理。

要点六:洗碗间建立专人值班发放餐具的制度

无论是厨房盛装菜点的餐具,还是前台供摆台用的餐具或客人用餐后的餐具,其集散中心都在洗碗间,加强洗碗间的管理,建立专人值班发放餐具制度,有利于查找破损餐具的源头,杜绝破损餐具的外流。具体操作步骤如下:

1. 洗碗间不发放破损餐具,领用部门拒收破损餐具

洗碗间在每餐开餐前派专人值班发放干净的餐具,各领用餐具部门具体领用人,在领用餐具时如发现餐具破损则拒绝,其餐具破损责任由洗碗间承担。

2. 层层把关,拒收破损餐具

一般中餐经营,餐具在各部门的流动程序如下图所示。

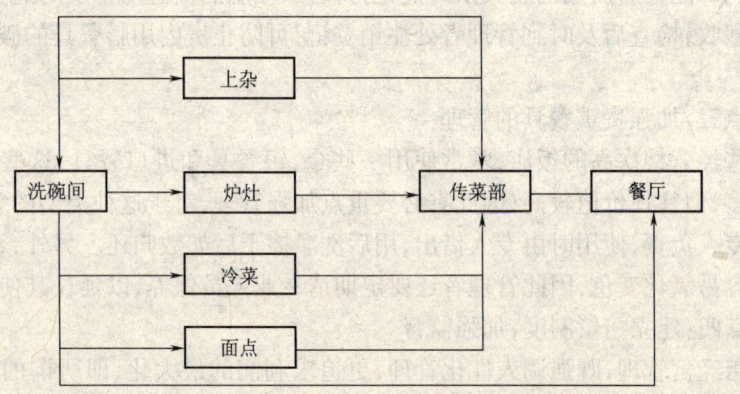

上图中的流动程序为相互间的,前面已经提到各部门首先将本部门需要的干净餐具集中到洗碗间领用后,在使用过程中要层层把关,拒收上一个工作流程中传递过来的破损餐具,否则责任自负。

3. 及时汇报,并做好破损餐具记录工作

餐具管理工作是一项长期而艰巨的任务,洗碗间在接受各使用部门撤回的脏餐具时,心要细,要仔细观察,如发现某个部门送回的脏餐具有破损时要及时向厨房管理者汇报并做好记录,分清责任让其确认,切不可将破损的餐具清洗后再汇报,这样就很难说清是清洗过程中破损的,还是别的部门送还时破损的,不利于查找责任人,给管理带来不便。

二、基本对策

一旦发生餐具破损，管理人员必须根据事实情况及时给予相应的处理，切记不能拖延，并将处理结果反馈给当事人，否则容易产生矛盾。

步骤一：了解事实真相

查找责任人或责任部门并及时给予处理。

步骤二：分清责任性质

如果是工作繁忙而又是意外摔倒损坏，则酌情处理，如果是工作情绪故意损坏，情节恶劣，则重罚。

步骤三：人性化管理

从人性化管理角度出发，员工损坏餐具自觉申报的，则从轻处理。并按一定的折扣进行赔偿，但如果打破后自己不上报而被同事举报的则重罚。尽管有些饭店有如此规定，事先也向员工说明了，但仍有员工打碎餐具不自觉申报，或发现者不举报的现象。对于这种现象，有的酒店采用"犯法连坐"之法，建立餐具月底盘点后，对于缺损或破损部分找不到责任人，则将该部门全体工作人员按其工资标准的一定比例，实行由全体员工共同赔偿制度。当然这种餐具管理制度的建立有些不近人情，可往往有时牵涉到自己的利益时，就会有人举报，发挥人人监督的作用，其效果就会非常明显。但是这种类似古代"犯法连坐"的现象，是对员工的不信任，易造成同事间的相互猜疑，相互抱怨，影响相互间的关系。

步骤四：制度化处理

本着灵活处理的原则，无论是何种原因损坏餐具，都要根据饭店的有关规定给予处理，做到"奖不重亲，罚不避贵"。制度面前人人平等，树立管理者的公平，公正的形象。

步骤五：总结完善各项管理

弄清餐具破损的真正原因，及时总结完善各项管理，加强全员培训将餐具管理工作落实到实处。国内大部分星级酒店设立专门的管事部对餐具进行跟踪管理，也有部分饭店直接纳入厨房由厨师长负责管理，无论由哪个部门管理其目的是严格控制餐具的破损。

三、案例分析

某日，某大型饭店接待50桌的婚宴，由于工作繁忙，饭店领导临时动员后勤部门的员工前来餐厅协助工作，这些员工在上菜过程中用推车拉，收台时有用箩筐抬的，有用餐车推的，有到洗碗间帮忙清洗的，个个忙得不亦乐乎，结果待餐具清洗完毕，发现有大量的餐具破损。

分析：

首先，饭店管理者让没有受过专业训练的后勤人员来餐饮部协同工作，这是管理者所犯的第一个错误；而且由于后勤人员是临时帮忙的，因此他们工作责任心不强，只求早点结束，根本就不会考虑到餐具破损。

其次，后勤人员没有接受过专业培训，他们不懂得餐具收台的方法及餐具清洗的程序，收台时不管餐具的大小规格、形状统统摞在一起，再加上使用餐车拉，动作快、震动大，使得餐具互相撞击发生破损。

最后，餐饮部管理者没有现场指挥督导后勤部门人员的工作。

四、提示

（1）餐饮部请其他部门工作人员协作时，应事先做好安排，确定好帮助人员的名单，让其提前来部门熟悉有关工作的性质，掌握工作的程序。

（2）餐饮部要派专业人员现场督导工作，及时纠正错误的操作，起到防范作用。

（3）领导要有全局意识，不仅要完成工作，更重要的是做好工作。

如何控制厨房生产费用？

厨房的生产管理是饭店的生命线，厨房生产费用是厨房生产管理的重要组成部分。厨房生产的成本控制，就是厨房管理者试图调整成本，防止生产成本过高的活动过程。厨房生产成本可分为两个部分：一是可控成本，如人工成本和厨房生产过程中的各种费用等；二是不可控成本，如租金、财产折旧、贷款利息等。事实上，行政总厨对厨房生产的费用控制主要是对前者的控制，即对菜点的定价、食品原材料的成本、菜点生产过程中的成本以及成品销售等环节进行控制，以便使厨房生产能够在保证菜点质量的前提下，降低成本，降低各种不必要的费用开支，达到上级所下达的各项生产目标。厨房生产的成本控制是相当艰巨的，无论是生产的过程，还是涉及的方方面面，一刻也不能懈怠。

一、注意要点

要点一：严格控制人工成本

人工成本指参与厨房生产与管理的所有员工工资和费用，包括厨师长的工资、厨房主管、领班、营养师、厨师、采购人员、后勤人员和辅助人员的工资、餐费，所有福利支出，必须严格控制。

要点二：控制可控成本

餐饮生产的成本大部分如食品原料成本、燃料和能源成本、临时工作人员成本,均属于可控成本,即员工在短期内可以改变或控制的那些成本,占成本的绝大部分,可以加强对食品采购、保管、生产和经营的管理控制,降低成本。

要点三:掌握成本控制的多种方法

1. 预算控制法。以预算指标作为控制成本费用支出的依据,通过分析对比,找出差异,采取相应的改进措施以保证成本费用预算的顺利实现。

2. 制度控制法,利用国家及饭店内部各项成本费用管理制度来控制成本费用开支。

3. 主要消耗指标控制法,对成本费用有决定性影响的各种消耗指标。

要点四:进行餐饮生产计划控制

从源头上控制生产费用。餐饮生产的计划控制依据是成品销售控制,应认真做好销售记录,这是书面记载菜单上菜肴销售的份数,有些餐厅甚至具体到每种菜的销售量,大型企业都有专门的统计员,用电脑作信息处理,编制销售记录。

计划是以预测为依据的,预测是利用可得的过去和现在的相关数据预计未来,这是对未来的一种有根据的推测,只有对未来的销售量作较精确的预测,才能较适当地做好餐饮生产和采购计划,能够每日正确地安排各种菜品的生产份数,避免盲目生产和采购,降低食品、饮料变质和丢失的几率,减少浪费。

二、基本对策

生产过程的成本控制是节省生产费用的主要环节。厨房生产过程,主要包括原料的加工、配份和烹调及成品销售这四个过程,每一过程都必须严格控制。

步骤一:烹饪原料的加工控制

就是要求做到标准化、规范化,合理地加工原料,努力提高净料率,减少加工过程中的各种浪费,使加工半成品的成本得到有效的控制。

加工成品的控制,是加工控制的最后一个环节。在原料的加工过程中,除了要求按质按量地加工外,还需要对加工后的成品进行控制,这样才能真正达到控制的目的。

1. 及时保藏

加工后的成品应及时保藏,凡需冷藏的原料,应用洁净的盛器将加工后的原料装好,并用保鲜膜封口,再将其放入冷藏箱。对于一些加工好的水产品,需快速冻结的,应带水进行速冻,以保证原料的质量。对于新鲜的蔬菜,加工后也需用洁净的篓、筐盛放,并用湿纱布盖上,以防止空气干燥而导致原料干瘪或变色、污染等。

2. 凭单领用

凭单领用,从生产的角度来讲,是为了防止厨房生产的无计划性;从成本控制的角度来讲,就是为了使各厨房的生产成本有效地得到控制。加工后的成品,各烹调厨房需用料时,应填写领用单,须经专人签字后,来加工厨房领料。加工厨房应设专人付货,领用单应妥善保管。每天工作结束后,将这些领用单交给食品成本控制员或成本会计,以计算各厨房食品的成本率。表3-3是一份厨房内部转账领用单。

表3-3 厨房内部转账领用单

年 月 日   No.001

品名及摘要	单位	数量	单位价格		转账成本金额
			成本价	销售价	

要货部门_____   发货部门_____
主管签字_____   主管签字_____

本单一式四份,由要货部门填写,白联自存,红、黄两联交财务部、蓝联交发货部门存。

3. 填表登记

准确控制加工成品成本详见表3-4。

表3-4 烹饪原料加工半成品测算成本表

年 月 日   No.001

原料名称	重量	采购单价	总值	加工半成品				成本系数
				品名	数量	单价	金额	

专职加工员签字_____   成本控制员签字_____

加工厨房的填表登记这项工作从食品成本控制的角度来说,是为了便于计量、确定配份和定价。因为有些原料经加工后，不仅净料与毛料有很大区别，而且在等级上、价格上的差异也很大。比如，一条青鱼经加工后，可分为净鱼片、青鱼甩水、青鱼肚档、脊骨和头等部分。这些部分质地、部位不同，其成本价格又不可能按重量来平分，因此，采用填表登记法，可迅速计算出每一项的成本价。

从表中可以看出，表的最后一项是成本系数。所谓"成本系数"，就是指加工后半成品的单位成本价格与加工前原料单位价格的比率。它不是金额而仅是一个计算系数。例如原料的价格有变动，无论涨价或降价，只要用系数乘上新价格就可得出新加工后原料的成本额。

此表可由厨师长任命专人负责填写或厨师长本人亲自填写。成本系数应经常抽查复试，发现系数不准确时，应及时调整。

步骤二：配菜和烹调过程中的控制

配菜和烹调工作是厨房成本控制的关键，尤其是配菜工作，它决定着菜肴成本的高低。在配菜过程中，如果菜肴数量配置不稳定，就不仅会增高菜肴的成本，而且还会影响到客人对餐饮产品的满意程度。因此，在配菜和烹调过程中，厨房管理者应着重以下几方面工作：

1. 制定配量标准、控制配份成本

菜肴的配量标准是在标准菜谱的基础上进一步量化而来的。它将各种菜肴的主料、配料进行了细致的标量，并且根据菜单的标准成本及标准成本率，具体规定各种盛器规格所配数量。

2. 制定投料标准，控制调味成本

投料标准也是在标准菜谱的基础上制定的，主要包括各种味型的投料标准和原料上浆投料标准。有了这些标准，能有效地规范菜肴的质量，稳定菜肴烹制的味型，节约调味成本。

投料标准在制定过程中，需请有经验的厨师反复试验，反复称量，得出一个标准数据，并让其他生产人员遵照执行。

在烹调过程中还应注意控制调料成本，调味料虽然在每份菜肴中所占成本比例很小，但一天营业结束，调味料的用量也是很可观的。值得重点控制的有：食用油脂、一些名贵的调味料（如鸡精、牛肉汁、进口海鲜酱）、高级清汤等。调味料在使用时，除准确按比例标准投料外，还应注意兑合调味汁的量，如果保藏条件不够，不要一次兑制得太多，以防调味汁变质变味，造成浪费。

3. 制定装盘标准，保证菜肴成本的稳定性

制定装盘标准，主要是明确规定盛装菜肴器皿的尺寸大小（是 8 英寸盘、10 英寸盘，还是 12 英寸盘）和具体形状（是长盘，还是圆盘；是平盘，还是汤盘）。同时规定装盘式样（是馒头形还是呈放射形）以及盘饰的摆放等一系列菜肴美化的标准。许多饭店采用菜肴照片的形式，再辅以适当的文字说明，放置玻璃框

内并挂在生产厨房的墙上,这样既可供生产者对照执行,又便于管理者的督促和指导。

在装盘过程中,要做到以下几点:①要对菜肴盛器的尺寸大小进行控制,要按规格要求装盘。②要将菜肴分装均匀。③要对菜肴的数量进行控制。只有层层控制、环环紧扣,才能真正把成本降下来。

步骤三:成品销售控制

通过厨房各道生产工序出来的菜肴成品,必须进入餐厅销售,才能获取利润。如果成品在销售上失去控制,那么在此之前所做的一切控制成本的努力就会被抵消。因此,必须加强对成品销售的控制。

成品销售控制是厨房生产成本控制的继续,它要求厨房与餐厅密切协作、配合,严格开票、取菜、收款等各项制度,防止产生差错及工作人员的舞弊行为。

三、案例分析

这是某饭店对于原料加工半成品测算成本示例。

例如:购进甲鱼21.5kg,每kg 180元,价款计3 870元,加工去内脏、壳得净肉11.25kg,其成本系数的计算方法如下:

(1)加工后甲鱼肉的成本价 = $\dfrac{3\,870 \text{元}}{11.25\text{kg}}$ = 344 元/kg

(2)甲鱼原进价为每kg 180元,经加工测算出净肉每kg的价格为344元,甲鱼肉的成本系数为:

$$\text{甲鱼肉的成本系数} = \dfrac{344}{180} = 1.9$$

如果一星期后同样购进甲鱼5kg,每kg进价为196元,仍加工成甲鱼肉,那么就可以运用已经测定的成本系数来确定经过加工后甲鱼肉的单位成本了。

即第二次加工后的甲鱼肉单位成本是

$$196 \text{元} \times 1.9 = 372 \text{元/kg}$$

分析:

同一加工品种成本系数的大小与购进原料质量的好坏及加工技术水平的高低成反比。购进的原料质量好,加工技术高,成本系数小;反之,加工半成品的成本系数则大,其半成品价格就高。每一项成本系数的确定,都应经过多次反复的测试才能得出。采用成本系数法确定加工半成品的成本价格是一种计算简便,且较为准确的方法。了解和掌握这一方法,可以及时地帮助厨房管理者较准确地制定标准菜谱、标准菜点成本,以及菜点配份标准等。这样,就有利于厨房的成本控制,有利于菜点价格的控制。

四、提示

厨房的生产费用控制就是对餐饮产品的生产成本、产品质量、制作规范进行检查指导,避免一切生产性误差,保证产品始终如一的质量标准和优良形象,达到预期的成本要求。大而化之不行,必须从小处着手,点点滴滴地到位。

模块四 质量控制

 **如何建立菜肴质量跟踪评估体系？**

餐饮产品的质量在厨房各项工作中占有极其重要的地位。优质的餐饮产品是最好的广告，它能吸引众多的客人前来就餐。餐饮产品的质量，不能只靠检查来提高，关键是建立质量跟踪评估体系，即要树立质量意识，把餐饮产品的质量视为企业的生命，把使宾客满意作为宗旨，切切实实把质量做出来，才能创出有特色的餐饮风格。

一、注意要点

要点一：确定质量管理理念

影响厨房质量管理水平的因素很多，但建立质量跟踪评估体系的关键是确定质量管理理念。在现代化的质量观中，管理人员站在顾客和社会的角度，强调以消费者为中心。餐饮质量观的发展，有以下几方面的新理念：从追求狭隘的质量到追求完整的质量，即餐饮环境、制作设施、菜肴酒水、餐饮服务、价格品牌等完整的质量观；从追求高指标到追求高使用价值，以满足顾客实际需求的质量是最好的质量，以目标市场需求为中心，确定产品质量水平、技术标准及营销策略；从强调产品质量到完善保证能力，在准确定位产品质量水平的基础上完善保证能力，对各种因素进行系统的和有效的控制；从对顾客负责到对全社会负责，不仅服务好顾客，而且要对社会创造物质财富，解决就业问题，对社区生活和社会公益事业支持，确保在经营过程中不对环境造成危害，不造成资源浪费；从追究员工责任到追求管理者责任，从产品检验到提倡零缺陷服务，从岗位管理到企业会员和全过程管理，从企业质量管理到全社会质量控制；以人为经营思想，永无止境地改进质量。

要点二：在厨房管理中推行全面质量管理

全面质量管理已成为主要的质量管理理论，成为现代科学管理的一个重要组成部分。厨房要建立质量跟踪评估体系,提高质量管理水平,应当积极引进和应用这一理论。全面质量管理是指企业的各个部门、全体员工以宾客为导向,同心协力,综合应用管理理论、专业技术和科学方法,通过对生产与服务全过程的管理,追求卓越业绩,在质量方面持续改进,全面满足宾客需求的管理活动。其基本点是:以宾客的物质需求和精神需求为依据,以宾客的满足程度为标准,以服务的专业技术和各种适用的科学方法为手段,以全员参与、持续改进为保证,以取得最大的社会效益和经济效益为目的,以服务的实际效果为最终评价。

要点三:发挥 QC 小组的作用

QC 小组,即英文"Quality Cireles"的缩写,即质量控制小组,形式有两种,一种是饭店某一项目的质量管理,专门组织人员成立的小组;一种是自愿基础上由工作性质相同或相近的基层员工组成,自主开展质量管理活动的组织,是一种群众性的管理活动,是饭店全面质量管理的重要形式。建立质量跟踪评估体系,必须发挥 QC 小组的作用。

QC 小组活动需要饭店管理者的支持,应用企业组织力量推进 QC 小组的活动,组织 QC 小组,培训有关人员,搞好试点,再行推广。QC 小组活动时应先确定选题,把握问题的现状,设定目标,确定活动计划,调查问题的成因,确定并实施对策,评价效果总结交流成果。QC 小组的活动提升了员工的问题意识与质量改善意识,提高了员工参与管理的积极性,改善了人际关系与工作环境,同时员工个人也得到了发展,使员工的创造性潜力得到发挥,知识、技术、能力得到提升。

二、基本对策

方法一:质量检查法

建立质量跟踪评估体系必须采用质量检查法测定餐饮产品的质量,并用规定的质量标准作比较,做出合格或不合格的判断。在厨房生产中,可以实行专职人员检查与生产人员自检、互检相结合的检查制度。自检即生产人员按质量标准对自己加工生产的产品进行检查,不合格的不能投入下一道工序。互检是严格执行各工序之间的相互检查。从原料的采购、加工、切配至烹调,按质量标准,层层把关,保证不使用不合格的原料;不合格的制品不允许转入下一道工序;不合格的成品不允许进入餐厅销售。因此,采购人员必须按所制菜点的质量要求购买原料,不符合质量标准的,坚决不进货;验收人员拒绝接受不合格原料;加工人员也必须根据所制菜点的质量要求,按标准加工;配菜人员应检查加工后的制品是否符合菜肴质量标准,如不符合就不予配菜;炉灶人员应对配制的质量进行检查、看是否符合所制菜肴的切配质量要求;烹制成熟的菜肴由厨师长检查或由专职人员检查是否符合质量标准,否则不予发出。厨房在生产过程中,各班组长应对本岗位的工作、各工序的工作进行质量负责,厨师长对菜肴质量全面负责。

方法二:记录分析法

建立质量跟踪评估体系必须注重记录分析法,记录分析法是将厨房在生产过程中或成品销售过程中发生的质量问题一一进行记录,分析原因,制定解决的措施,并检查措施执行后的效果。

记录的内容一般包括问题发生的时间、地点、当事人姓名、客人姓名、发生问题的经过、原因、处理问题的方法以及客人对处理结果的反应,并记录今后采取的预防措施、检查实施的结果,以及该项质量监督人的姓名。生产质量记录分析的内容如表4-1所示:

表4-1 厨房生产质量记录分析

时间	经过	预防措施
地点	原因	实施情况
当事人	处理情况	检查结果
客人	反应	监督人

对厨房的各部门、各环节的工作质量均可使用该表进行记录,定时进行规律性的分析,制定具体措施,以便预防和减少发生生产质量和产品质量等问题。

方法三:消费者监督法

建立质量跟踪评估体系,除了在厨房内部成立质量检查小组、设立专职质量控制员以外,还应注意来自餐厅和消费者对菜点质量的信息反馈,正确处理客人的意见投诉书。现代餐饮企业经营应讲求"从顾客的角度审视经营",厨房的责任是及时为顾客提供优质菜点,而菜点质量的权威评判者是就餐客人。客人的意见和建议要靠餐厅部门收集相关信息并转达给厨房,以改进生产菜品的质量,使菜品更加适销对路。所以,厨师要时常了解、检查、分析菜单,哪些是客人喜欢的,哪些是客人不喜欢的,要列出每个月中餐厅销售最好的菜和最差的菜,并将最差的菜肴及时更换,以杜绝把不受欢迎的菜品充斥在有限菜单上的现象。

对客人投诉要进行仔细分析,如果发现是由于厨师的技术而造成菜肴的质量问题,就应该将其调离岗位或进行培训等。另外,厨房管理者还应不定期地主动地向消费者征求意见,向餐厅服务人员了解客人对菜点质量的反应,对反馈的信息要进行及时处理,以便能在较短的时间内提高产品的质量。

三、案例分析

浙江省的创建"绿色饭店"活动在全国饭店业产生了巨大的影响。江苏、安徽、山东、云南、北京、上海、湖南、广东、新疆等全国许多省、市、自治区都开展了

"绿色饭店——时代特色的质量等级"创建活动,浙江省的经验得到了推广。中国旅游饭店协会和中国饭店协会分别制定了《绿色饭店》标准,在全国饭店业全面推广"绿色饭店"的创建和评定。浙江省政府非常重视"绿色饭店"的创建工作,并且作为建设"生态浙江"一项重要内容写入了"省长责任状"。要求到2007年浙江省建设240家"绿色饭店",这将大大地推动浙江省饭店业绿色管理工作的进一步开展。

根据2001年9月发布的浙江省地方标准《绿色饭店》(DB33/T326—2001)的定义,绿色饭店是以可持续发展为理念,坚持清洁生产,倡导绿色消费,保护生态环境和合理使用资源的饭店。在"绿色饭店"的创建过程中,饭店的厨房普遍落实了环境保护、节约能源、绿色服务、绿色营销等绿色管理措施,充分体现了厨房的责任感,因此得到了宾客和员工的理解和支持。在浙江省的饭店,投入必要资金进行节能和环保改造,发动员工为饭店的"创绿"献计献策,通过营造饭店绿色氛围得到宾客的积极配合,都已经成为共识,成为饭店完善管理和建设企业文化的一致做法。

许多饭店还在"创绿"过程中通过了ISO 9000、ISO 1400认证,建立了质量和环境管理体系,通过标准化把饭店的管理推向了较高的水平。绿色事业和环境保护是全社会的事,"绿色饭店"也需要全社会的支持。

分析:

餐饮产品的质量评估体系正在由传统意义上的菜肴质量管理发展为现代意义的全面质量管理,浙江省推进"绿色饭店"正是从时代的高度认识厨房的全面质量管理,当是有前瞻性的认识。

四、提示

浙江省在推进"绿色饭店"的过程中,得到了节能、环保专家的大力支持,一些院校也提供了许多技术性的指导和支持,欧盟等国际组织对中国的"绿色饭店"活动表示关注,主动派遣专家到中国为饭店的节能和环境保护开讲座。"绿色饭店"活动是政府有关部门倡导的结果,也是饭店经营者和管理者生态环境意识提高以后一种自觉自愿的活动。"绿色饭店"需要鼓励,要深入开展"绿色饭店"活动,需要政府给予更多必要的政策性支持,以提高饭店开展这一活动的积极性。

 **怎样制作标准食谱卡?**

配菜和烹调工作是厨房成本控制的关键,尤其是配菜工作,它决定着菜肴成本的高低。在配菜过程中,如果菜肴数量配置不稳定,不仅会增加菜肴的成本,影响菜肴的质量,而且还会影响到客人对餐饮产品的满意程度。因此,在配菜和烹调

过程中，厨房管理者工作之一就是制作和使用标准食谱卡。

制定标准食谱最主要的目的是为了规范生产过程，标准食谱卡是食品生产控制的重要工具。使用它可节省生产时间和精力，避免食品的浪费，并有利于成本的控制。使用标准食谱卡重要的一条是"一贯性"。对于客人来说，菜点质量、数量售价的一贯性，就代表着质价始终如一；对生产者来说，无论是谁来制作，都能较好地保持着菜肴色、香、味、形、器的一致。因此，制定标准食谱卡，对厨房生产与管理都有着决定性的意义。事实证明，进行标准控制无论是对企业赢利，对宾客消费，还是对生产者制作都是有益的，应始终坚持使用。

但是，一般的宾馆和社会餐馆都未能严格地制定标准食谱，或仅流于形式，主观随意性很大，表面上看，似乎是"萝卜快了不洗泥"，但是这是小作坊的做派，不符合现代管理的要求，每个厨房管理者必须与时俱进，认真重视。

一、注意要点

要点一：用量要标记明确

不同餐饮企业的标准食谱各不相同，但编写食谱卡时，都要求一定要按操作顺序进行，主料、配料、调料的用量要标记明确，尽量避免使用"适量、少许"等词语。

要点二：标量要细致

在标准食谱的基础上进一步量化，编写菜肴的配量标准卡。它将各种菜肴的主料、配料进行了细致的标量，并且根据菜单的标准成本及标准成本率，具体规定各种盛器规格所配数量。

要点三：食谱卡真正达到标准

编写过程中，应请有关富有经验的厨师共同参与，对食谱卡的内容，如制作程序、用量、制作要求等方面进行试验、分析、记录，使食谱卡真正达到标准。

要点四：认真掌握标准食谱卡

当标准食谱卡制定好以后，管理者必须组织厨房的生产人员，进行标准生产的培训，使他们懂得使用标准食谱卡的优点。无论是有经验的老厨师，还是年轻厨师都要认真掌握。

要点五：对老厨师提出要求

也许有些厨师，尤其是老厨师不习惯于受约束，习惯于老经验，对使用标准食谱卡有反感，他们会认为这样做是多此一举；还有人会认为，这是在扼杀他们的创造性和主动性。因此，必须对他们提出要求，克服他们长期形成的随意性。

要点六：在配菜过程中，还必须注意到如下几点：

1. 强化每一位配菜厨师熟记配菜标准的能力，考核不及格者，不能上岗工作。

2. 经常检查菜肴配置的数量，是否执行了配份标准，是否使用各种计量工具。因为即使有经验的熟练配菜厨师，也不能保证所配置的菜肴分量精确合格。只有借助各种计量工具,不断校验,才能保证其符合配量标准。另外,在此基础上,管理者可在日常的工作中,开展"一抓准"技术练兵活动,用竞赛的手段来促进配菜厨师掌握配量技能,提高配菜的熟练程度。

3. 严肃配菜制度,凭单配菜。配菜厨师必须凭餐厅客人用餐的订单(又称客账单)、宴会通知单以及饭店用餐的正式通知书进行配菜,保证配制的每份菜肴都有依据。

4. 杜绝菜肴配置中的失误。如漏配、重复配、错配等。尽量把失误降到最低限度。

5. 坚决制止无凭据配菜和带私情配菜。

6. 配菜工作结束后,要认真做好原料及剩余食品的收藏工作。

二、基本对策

制定标准食谱卡的具体步骤:

步骤一:确定食谱卡的式样

比如,卡片尺寸大小,纸张质量,版面设计等。

步骤二:确定食谱卡的内容、项目

食谱卡的制定不是一次能完成的,需逐步完善。对常用的生产量较大的,成本较难控制的菜点可先制成卡。食谱卡的内容有:菜点名称、主料、配料、调料的名称、数量、制作方法、制作要求、菜肴特点、用途、总成本、成本率、售价、盛器规格、菜点标准照片等。有些内容各饭店可根据需要进行增删。比如,有的饭店在标准菜谱卡上还标明菜系、烹调方法、味型、菜点类别、适用季节,可供用餐人数等内容。

步骤三:确定食谱卡中菜品的成本

食谱卡中的菜品成本应做到相对精确,对有些原料要进行反复测试(如涨发率、出料率、加热损耗等),以求出较准确的标准成本。有时原料成本还会因原料的进价高低有所波动。因此,在确定成本时,最好是依据原料的常年价来计算。

步骤四:拍摄标准菜点的照片

照片是最直观、最易掌握,也较易保管的控制工具。标准菜点的照片是用于控制装盘规格及盘饰要求的。

步骤五:制定配量标准卡

在制定标准食谱卡的基础上制定菜肴的配量标准卡。每餐都应制定标准食谱。

三、案例分析

表4-2是一份标准菜谱样本,表4-3为某饭店生产厨房配量标准一览表,表4-4是每餐的标准食谱。如下所示。

表4-2　标准菜谱样本

菜名	白玉虾圆	用于宴会或零点	总成本56元	成本率35%
		规格10英寸圆盘	售价92.4元	
		制作程序		备注
主料	新鲜河虾仁500g	1. 虾仁洗净沥水，斩成蓉，肥膘和马蹄也同样斩成蓉		马蹄可斩粗一些
配料	熟肥膘100g 新鲜马蹄100g 蛋料100g	2. 虾蓉放入盛器内，加入调味料拌上劲，再分别放入蛋清、干淀粉、肥膘、马蹄拌匀		肥膘和马蹄要最后放入。
调料	精盐2.5g 味精1g 生粉15g 沙司25g	3. 沙锅上火，放入清油，待油升温2～3成热时，挤入虾圆，待虾圆成熟后捞出，装盘，带沙司调味碟上桌		油温不可太高，否则虾圆表面易结壳
	质量要求	色泽洁白，光润饱满，大小均匀，形似核桃，质地脆嫩		

表4-3　某饭店生产厨房配量标准一览表

菜名	配置标准						备注
	小(6英寸盘)		中(8英寸盘)		大(10英寸盘)		
	主料	配料	主料	配料	主料	配料	
黑椒鳗鱼	鳗鱼片150g	青椒片50g 黑椒6g 蒜片15g	鳗鱼片250g	青椒片80g 黑椒8g 蒜片15g	鳗鱼片1400g	青椒片100g 黑椒10g 蒜片20g	
香菇滑鸡	鸡块150g	香菇40g 葱、姜各5g	鸡块250g	香菇40g 葱、姜各5g	鸡块450g	香菇40g 葱、姜各5g	

表4-4　每餐的标准食谱

品名		生产份额	每客分量	制作日期	加工时间	温度火力	味型	盛器	装饰
用料	单位	数量	单价	金额	用料	单位	数量	单价	金额
成本金额合计									
烹制加工程序					加工要求特点				

分析：

第一，表4-2，编写的食谱卡，是按操作顺序进行的。其中主料、配料、调料的用量都标记明确，未使用"适量、少许"等词语；制作方法、制作要求、菜肴特点都十分具体，有可操作性。

第二，表4-3，编写的配量标准一览表，是将各种菜肴的主料、配料进行了细致的标量，并且根据菜单的标准成本及标准成本率，具体规定各种盛器规格所配数量。

第三，表4-4，烹制加工程序说明用手还是用机器，如果用机器，还要说明时间和速度，大小和类型；加工要求特点必须标明确切的温度、火力、烹调时间和必要的控制条件。

四、提示

使用标准食谱卡重要的一条是"一贯性"。对于客人来说，菜点质量、数量售价的一贯性，就代表着质价始终如一；对于生产者来说，有了标准，无论是谁来制作，都能较好地保持着菜肴色、香、味、形、器的一致。

怎样建立菜肴销售龙虎榜档案？

建立菜肴销售龙虎榜档案是十分必要的，一个酒店的龙虎榜是指在餐饮市场竞争的环境中具有杰出表现，得到相关顾客公认的，能产生巨大效益的企业菜品。优质菜肴是在市场竞争中产生的，并具有杰出和超群的表现和区别于一般菜肴的特征，这些特征构成名牌内涵的核心内容，也是名牌产品应有效应的源泉和基础，是企业创名牌的目标和依据，也是名牌价值评价和名牌认定、评价体系设置的依据。同时创作好的菜肴也是判断厨房员工的实绩标准。创新可以激发员工的创造性，提高企业内部的活力，增强员工对企业的归属感，给企业带来更大的发展空间。

一、如何预防

防火墙一：龙虎榜菜肴的类型应多样

类型多而不分散，易于操作。

防火墙二：龙虎榜菜肴的比例要合适

一般比例为冷菜：热菜：面点：汤 = 5:15:4:3。

防火墙三：龙虎榜菜肴高、中、低档搭配要合理

质好的高档菜肴，占25%~40%；中档的菜肴，占45%~50%；低档的菜肴，占20%~25%。尤其要注意大众菜肴，如巴湘泼辣鱼火锅是以里下河一带野生大黑鱼和大草鱼为原料，利用特殊工艺开发出来的一种火锅新品。按照人们的不同口

味要求,分为微辣型、中辣型和重辣型,味道特别鲜美,吃在嘴里,细嫩、滑腻、爽口,凝而不散,鲜而不腻,尝过一次,终生难忘。更令人叫绝的是,巴湘泼辣鱼火锅可以"一锅两吃",即吃完鱼之后,可以加汤变为火锅涮菜,既美味可口,又经济实惠。自然成为龙虎榜中的前列菜。

防火墙四:龙虎榜菜肴要有文化含量

饮食传统中的一些优秀文化精华一定要弘扬,不能有厚古薄今或厚今薄古的观念。

防火墙五:龙虎榜菜肴要演示培训

使厨房员工人人知晓基本方法和特点。稳定的菜品质量是引客、留客的关键。然而菜品的生命更在于创新。只有不断的创新菜品才能吸引顾客,达到留住老顾客、吸引新顾客的目的。

二、基本对策

步骤一:建立由等顾客选择为迎合顾客需求的菜肴销售龙虎榜档案

饭店经多年积累已形成自家的品牌菜,即看家菜,这是饭店经大浪淘沙而形成的龙虎榜档案。这一菜单中所选的菜品依饭店的规模大小可以有多有少,但最少不能少于50种,并且这些品种能保证长期供应。很多顾客正是冲着这些品牌菜而来,而有些顾客可能并不清楚,厨房应主动向客人介绍品牌菜,引导他们消费,使菜肴销售龙虎榜的名声越来越大,这样就可以形成由等顾客选择为迎合顾客需求的菜肴销售龙虎榜档案。

步骤二:建立相对稳定和相对变化的菜肴销售龙虎榜档案

以零点菜单为例,零点菜单的种类从表现形式上看一般有两种,一种是大菜单(大菜牌),另一种是小菜单(小菜牌)。大菜单比较正规,是按照一定的规格设立的,反映了饭店和酒店的经营方针与风味。其菜肴的数量较多,主要方便客人挑选。通常大菜单上的菜肴不会轻易改变,原因有二,一是大菜单上的菜肴是饭店和酒店的主打菜肴,是经营特色的反映,应该一年四季都有;二是大菜单的制作费用比较高,随意更换将意味着成本费用的增加。小菜单的制作成本不高,一般比较灵活,菜肴可多可少,主要是弥补大菜牌的菜肴不足,这样既给顾客一种常吃常新的感觉,又能不断地鼓励厨师翻新菜肴。

通常大菜单的制作是分几种类型的。第一种是常用型,主要设冷盘类、海鲜及鱼虾类、肉类、家禽类、蔬菜类、主食类、汤类、甜品类和饮料类;第二种是粤菜型,由于粤菜风靡全国,其分类方法自然自成一派,主要是卤水烧味类、鲍、参、翅、肚类、海鲜类、畜肉类、家禽类、煲子类、蔬菜类、汤羹类(老火例汤)、点心类、粥、粉、面、饭类和饮料类;第三种是改良型,这是近年流行的一种菜单制作,分类的方法比较随意,除了将冷菜、热菜、点心、汤羹、饮料分开外,热菜基本没有定式,将选菜的权力交给顾客,如海鲜类、蔬菜类都采用选料点烹调方法。

步骤三:建立四季菜肴销售龙虎榜档案

应有以四季不同制作的春、夏、秋、冬四时令菜单,突出季节原料,突出一贯传统。以淮扬菜为例,春季的刀鱼、夏季的鳝鱼、秋季的螃蟹、冬季的鲫鱼都能体现季节特点。

步骤四:建立不同菜系的菜肴销售龙虎榜档案

应有以风味不同制作的潮州、淮扬、客家、湘味的风味菜,突出各地选料、加工、调味的特色。比如堡德莉大酒店开业三年,就隆重推出了第五版新菜谱,鲍汁扒羊腿、上汤鱼蓉蛋等都吸取了不同菜系的菜肴特长,获大奖的"泰式咖喱蟹"是一道风味独特的招牌菜,用泰国咖喱加十几种进口调料烹制而成,极具异域风味,且使蟹的营养更利于被人体吸收。

步骤五:建立不同节气的菜肴销售龙虎榜档案

应有以不同节气制作的元宵、端午、中秋的节令菜,突出不同节日的风俗习惯。

步骤六:建立不同层次菜肴销售龙虎榜档案

应有以主题不同制作婚宴、寿宴的特色菜,突出这类菜肴的独特一面。

步骤七:建立销售方式不同的菜肴销售龙虎榜档案

应有以销售方式不同制作的外卖、堂食、特选的菜肴,突出便利服务的一面。

步骤八:建立不同形式的时尚菜肴销售龙虎榜档案

应有以盛器为主的煲、锅子、铁板系列菜,以调味方法为主的避风塘、金沙、辣子、剁椒系列菜,以加工方法为主的桑拿、盐焗、锡纸包系列菜。除菜肴外,靓汤、粥饭也可以成为制作系列。

三、案例分析

这是某餐饮店的改良型菜肴销售龙虎榜中的河、海鲜类:

鳜鱼(清蒸、西卤、刺身)

美国加州鲈鱼(广式清蒸、刺身、干烧)　　文蛤(白灼、上汤、姜葱、炖蛋)

大草虾(白灼、椒盐、蒜蓉开片蒸、桑拿、金沙)　蛤蜊(白灼、姜葱、上汤、葱油)

河鳗(蒜子煲、红烧、豉汁蒸、香炸)　　鲜带子(清蒸、豉汁蒸)

活梭子蟹(清蒸、姜葱、避风塘、芙蓉蛋蒸、花雕蒸)　扇贝(蒜蓉蒸、豉汁蒸)

花蟹(清蒸、姜葱炒、咸蛋黄、避风塘、牛油焗)　竹蛏(白灼、姜葱、豉汁蒸)

肉蟹(清蒸、姜葱炒、咸蛋黄、避风塘)　　青口贝(豉汁蒸、葱油)

毛蟹(油酱、清蒸、姜葱炒、年糕炒)　　银雪鱼(雪菜蒸、香煎、红烧)

清水大闸蟹(清蒸)　　黄鳝(蒜子烧、焖)

大龙虾(生吃、黄油芝士焗、上汤、椒盐)　　鲳鱼(白汁、红烧、浓汁蒸、清蒸)

三文鱼(刺身、剁椒蒸、酸菜锅子煮)　　甲鱼(清蒸、荷叶蒸、生炒、红烧)

分析：

此种设计,将所有的烹饪方法都标注在菜名后,方便了客人的选用。这是近年流行的一种菜肴销售龙虎榜,分类的方法比较随意,除了将冷菜、热菜、点心、汤羹、饮料分开外,热菜基本没有定式,将选菜的权力交给顾客,特别是海鲜类、蔬菜类都采用选料点烹调方法。

四、提示

如何使用小菜单主要是看顾客的需要与店家可能来定。近年来有些菜馆还推出每日特供或菜肴超市(限点的成本菜),将小菜牌的形式与大菜牌结合,形成一种新颖的菜肴销售龙虎榜。

 **如何理解"零库存"?**

近年来,餐饮界提出了"零库存"的概念,认为零库存是指"库存沉淀为零",库存的概念不是为了攒起来,而是为了卖出去。"零库存"并非真的是零,而是指沉淀为零,否则就不存在仓库了。

"零库存"管理法的概念是从国外制造业引进的,在日本丰田汽车公司,可以让人看到川流不息的流水线,却难以寻觅丰田公司的仓库,因为企业的仓储量为零。在我国企业界,特别是某些大中型企业,"零库存"的营销管理正在加紧推行之中,并已取得令人瞩目的成效。把库存量控制到最佳数量,尽量少用人力、物力、财力把库存管理好,获取最大的供给保障,是很多企业追求的目标,甚至影响到企业在竞争中的地位。

"零库存"的提出可以解决库存管理中的部分浪费现象,"零库存"是一种特殊的库存概念,其对工业企业和商业企业来讲是个重要分类概念。"零库存"的含义是以仓库贮存形式的某种或某些种物品的贮存数量为"零",即不保持库存。不以库存形式存在就可以免去仓库存货的一系列问题,如仓库建设、管理费用、存货维护、保管、装卸、搬运等费用、存货占用流动资金及库存物的老化、损失、变质等问题。库存管理是企业管理系统四大流中的物流部分,库存管理对物料进、存、出进行台账管理,也就是管理各物料供应和需求的关系,达到供需间的平衡,又要尽量压低物料的库存量,因为它会占用(积压)企业宝贵的流动资金。"零库存"是对某个具体企业、具体商店、车间而言,是在有充分社会储备保障前提下的一种特殊形式。

有人认为"零库存"管理法在饭店的厨房是比较难以实行的,这一观念源于传统思维,过去因计划经济年代,商品奇缺,尤其是紧俏的原材料,能够囤积居奇就使饭店有了竞争力;现今因地域差价,搬有运无仍可产生丰厚的利润。而厨房大量使用的是鲜货,加之季节对原料保存的困难,因而"零库存"管理法在餐饮业暂时还没有市场。

一、注意要点

要点一:必须转变观念,"零库存"是综合管理实力的体现

在物流方面要求有充分的时空观念,以严密的计划、科学的采购,达到生产资料的最佳衔接;要求资金高效率运转,原材料、生产成本在标准时间内发挥较好的作用与效益,达到库存最少的目的。要做到"零库存",就得重视市场,把市场需求摸得滚瓜烂熟。要以销定产、以产定购,做到产得出、销得掉,销售及时。任何企业都须明白"市场是产品的最后归宿",仓库不过是产品的休息室,只有产品投向市场的快捷反应,才会顺利跨越生产至销售的惊人一跳,达到"零库存"的目标。

要点二:"零库存"是综合效益

这种特殊的库存概念是以仓库贮存形式的某种或某些种物品的贮存数量很低的一个概念,甚至可以为"零",即不保持库存。不以库存形式存在就可以免去仓库存货的一系列问题,如仓库建设、管理费用,存货维护、保管、装卸、搬运等费用,存货占用流动资金及库存物的老化、损失、变质等问题。

要点三:"零库存"要有社会环境的基础

这不是仅对某个具体饭店,具体厨房而言,是在有充分社会储备保障前提下的一种特殊形式。"零库存"不是广义的概念而是一个具体的概念。虽然现代科学技术和管理技术可以把"零库存"的控制区域,从一个厨房延伸到一个饭店,再延伸到相关的社会流通系统,但是在整个社会再生产的全过程中,"零库存"只能是一种理想,而不可能成为现实。没有社会储备的保障,没有供大于求的经济环境,微观经济领域的"零库存"也是很难实现的。

二、基本对策

如何创造一个小环境,局部进行"零库存"管理的试验是可行的,实际上不少厨房已有意无意地进行了这方面的尝试。

步骤一:库存转移方式

由受托方代存代管所有权属于用户的物资,从而使用户不再保有库存,甚至可不再保有保险储备库存,从而实现零库存。受托方收取一定数量的代管费用。这种零库存形式优势在于:受委托方利用其专业的优势,可以实现较高水平和较低费用的库存管理,用户不再设仓库、同时减去了仓库及库存管理的大量事务,集中力量于生产经营。但是,这种零库存方式主要是靠库存转移实现的,并未能使库存总量降低。

步骤二:协作分包方式

即美国的"sub-com"方式和日本的"下请"方式。主要是制造企业的一种产业结构形式,这种结构形式可以以若干分包企业的柔性生产准时供应,使主企业的供应库存为零;同时主企业的集中销售库存使若干分包劳务及销售企业的销售库存为零。如果实现了厨房半成品的社会供应,可通过配额、随时供给等形式使厨房的半成品实现零库存。此法是可试行的。

步骤三:轮动方式

轮动方式也称同步方式,是在对系统进行周密设计前提下,使各个环节速率完全协调,从而根本取消甚至是工位之间暂时停滞的一种"零库存"、零储备形式。这种方式是在传送带式生产基础上,进行更大规模延伸形成的一种使生产与材料供应同步进行,通过传送系统供应从而实现零库存的形式,这只能在餐饮连锁店试行。

步骤四:准时供应系统

在生产工位之间或在供应与生产之间完全做到轮动,这不仅是一件难度很大的系统工程,而且,需要很大的投资,同时,有一些产业也不适合采用轮动方式。因而,广泛采用此轮动方式有更多灵活性、较容易实现的准时方式。准时方式不是采用类似传送带的轮动系统,而是依靠有效的衔接和计划达到工位之间、供应与生产之间的协调,从而实现"零库存"。如果说轮动方式主要靠"硬件"的话,那么准时供应系统则在很大程度上依靠"软件",厨房与供应商之间必须信守承诺,配合默契。

步骤五:看板方式

是准时方式中一种简单有效的方式,也称"传票卡制度"或"卡片"制度,是日本丰田公司首先采用的。在企业的各工序之间,或在企业之间,或在生产企业与供应者之间,采用固定格式的卡片为凭证,由某一环节根据自己的节奏,逆生产流程方向,向上一环节指定供应,从而协调关系,做到准时同步。采用看板方式,有可能使供应库存实现"零库存"。这也只能在餐饮连锁店试行。

步骤六:水龙头方式

是一种像拧开自来水管的水龙头就可以取水而无须自己保有库存的零库存形式。这是日本索尼公司首先采用的。这种方式经过一定时间的演进,已发展成即时供应制度,用户可以随时提出购入要求,采取需要多少就购入多少的方式,供货者以自己的库存和有效供应系统承担即时供应的责任,从而使用户实现"零库存"。适于这种供应形式实现"零库存"的物资,主要是工具及标准件。对于大量需要鲜活原料的厨房当然是一种理想的方式,但是供货者是不愿为无计划埋单的。

步骤七:无库存储备

国家战略储备的物资,往往是重要物资,战略储备在关键时刻可以发挥巨大作用,所以几乎所有国家都要有各种名义的战略储备。由于战略储备的重要,一般这种储备都保存在条件良好的仓库中,以防止其损失,延长其保存年限。因而,实现零库存几乎是不可想象的事。无库存的储备,是仍然保持储备,但不采取库存形式,以此达到零库存。有些国家将不易损失的铝这种战略物资做成隔音墙、路障等储备起来,以备万一。在仓库中不再保有库存就是一例。但在厨房管理中似乎是行不通的。

步骤八:配送方式

这是综合运用上述若干方式,制定采取配送制度保证供应,从而实现零库存。

三、案例分析

在国内,一些所谓的专家已经将"零库存"概念"神化"了。他们认为厨房的"零库存"能够降低库存成本,能回避市场变化所引起的产品积压风险等。为了实现所谓的"零库存",他们甚至鼓吹企业采取一些压榨式的"库存转移"(或称为库存转嫁)策略——依赖自身的权力强行把库存管理的财务负担转嫁给上游的供应商,要求食品原料供应商随叫随到,旺季多要,淡季少要,否则就断绝联系,结果上游的供应商选择了断绝联系。

分析:

"零库存"的优势在于,如果企业能够在不同的环节实施"零库存"管理的话,其效益是显而易见的,例如:库存占用资金的减少;优化应收和应付账款,加快资金周转;库存管理成本的降低;规避市场变化和产品升级换代而产生的降价、滞销的风险,等等。那"零库存"劣势又在哪里?企业零库存的实现,在取得以上效益和竞争优势的同时,亦存在实施上的难点和管理上的成本,否则为什么至今还有那么多人喜欢问零库存是什么?"零库存"是不是只是一种神话,可望而不可即?

四、提示

从企业的经营环境分析,"零库存"只适用于相对较稳定的市场环境,而餐饮企业并不符合实施零库存的要求,那样的做法只是牺牲市场反应时间来满足库存的需要,并不符合产品进一步推广的需要。面对现在多变的市场环境,小批量多批次的订单趋势、个性化需求、突发事件等因素都将引起需求的波动。此时,"零库存"虽然降低了库存成本,但却无法满足多变的市场需求,所丧失的潜在利润比"零库存"所带来的成本节约要多得多。目前作为"零库存"概念在汽车制造业谈得最多,但却没有任何一家企业真正实现过(或者说只是在局部或某个环节中实现过),毕竟这种库存策略的风险实在太大,更何况在餐饮企业。

怎样实施菜肴口味标准化管理?

中国餐饮业要增强自己的竞争力,要走向世界,就必须进行产品的标准化管理,按国际质量体系标准操作。千百年来中餐都是以手工操作为主,厨师凭经验操作,师傅靠口传身授,工艺操作无具体标准,这就使餐饮产品质量不稳定。国外的麦当劳、肯德基虽然只是做快餐的，但他们连一块鸡翅在油锅中炸几分钟都有规定，因此我国餐饮业应尽快实行ISO9001·2000，以便更有效地控制整个产品的生产及信息反馈过程。

正因为餐饮业是一个劳动密集型、手工操作强的行业，它的产品质量不可避免地在色、香、味、形、质等多方面产生波动性。究其原因，一是手工操作的随意性强，生产量小，满足不了现代化厨房操作的要求；二是手工操作差异性较大，厨师的手法和经验不同，容易造成产品质量的差别；三是劳动强度大，厨房员工的劳动效率低；四是原料的多样性——地域性、季节性，顾客口味的多样性——性别、地域、年龄、层次，餐饮的层次性——贵贱、高低，等等，决定了中式餐饮还不能以不变应万变。

一、注意要点

要点一：标准化管理必须从源头抓起

标准化管理应从原材料的采购、贮藏开始。由于中餐菜品丰富、味型多、烹制方法广，而产品不定型、无统一标准，所以在贯彻标准化的过程中，要注意导入"中餐快餐化"的概念，从目前酒店上千个菜品中提炼出近百个适应性强、操作方便、品味独特的菜品，通过反复实验操作，形成标准菜谱。

要点二：新菜品的制作过程标准化

在菜品的开发、制作方面，新开发的菜品先经过筛选和修改，然后由专门的人员进行试制、品评。标准菜品由技术骨干制作，集团派出专门的摄像小组，将全部菜品的制作过程进行全程拍摄，制作成光碟，供大家观摩学习，同时设立专门的督导员对菜品标准化工作进行督导。

要点三：使用科学的管理方法

如岗位职责控制法，利用岗位分工，强化岗位职能。在实施岗位职责控制法过程中将所有工作落到实处。厨房所有工作明确划分，合理安排、分配至各加工和生产岗位，这样生产各环节的任务才能落实到人，检查和改进工作也才有可能。岗位职责应有主次之分。在充分发挥厨师实际潜能的同时，进一步明确责任，可以有效减少和防止质量事故的发生，同时将每道菜的烹制厨师或工号留注订单，以备检查，这样可以将责任落实到人，实现有效质量控制。

二、基本对策

步骤一：科学配餐

科学配餐具体化为食谱编制。完整的营养食谱应包括一日三餐饭菜的名称、使用原料的种类、数量、烹调方法、膳食制度等。

食谱编制有计算法、食谱交换份法、计算机食谱编制法。

1. 计算法

根据就餐者的营养素需要情况,分别计算并确定出主食、副食和各种调味品的数量,结合这些原料营养素的分布特点,合理烹饪,并将其分布到一日三餐中。

食谱应为两种形式出现,一是作为食物制作者的制作依据,包括食物的名称、食物原料的种类、数量、烹调方法;二是给就餐者,应包括各餐次中食物名称及主要营养素及热能的数量,使之了解自己的膳食和营养状况。

用此方法进行科学配餐和食谱编制比较精确,但计算的工作量比较大,只适合于小范围食谱编制工作。

2. 食谱交换份法

在一些大的餐饮集团,每天有大量的就餐者,在医院病房,不仅就餐者多,而且每一例病人的营养和食谱需要都有一定差异,可以用此种方法。

该方法是将日常常用食物所含营养素的特点,进行分类,按照各类食物的习惯食用量,确定一份适当的食物质量,计算出每份食物中三大营养素蛋白质、脂类、碳水化合物和热能的食量,列表对照,供交换使用,然后根据不同热能需要量,按三大营养素供给量标准比例,计算出各类食物的交换份数,每个人根据年龄、性别、工作性质、劳动强度、所需要的热能,依对照表所列的份数选配食物,就基本满足了平均膳食的需要。配餐时只要对日常食物进行分类,计算营养素的含量,计算每交换份不同食物的质量,各类食物分配数量,就可以将食物原料合理膳食的原则分配到三餐中,制定出一日食谱。其中给厨师的一份要标明食物的名称、原料的种类、质量和烹调方法,而给就餐者的则需要标明食物名称、三大营养素和热能含量。

3. 计算机食谱编制法

以计算机进行营养素含量的计算、膳食营养结构分析、食谱编制等工作,现在高等院校、医院、科研部门已相继开发出厨房管理的软件,如营养软件,其中有食物成分数据库,其中包括食物营养素种类和含量的全国代表值、全国分省值、氨基酸、饱和脂肪酸、不饱和脂肪酸数据库,营养素供给量标准数据库。中国营养学会1988年修订的RDA标准包括有70多种不同年龄、性别、生理状况、劳动强度人群的营养素和热能每日供应量。热能需要系数数据库,将成年、健康、轻体力劳动者男性的热能需要系数定为1,计算不同年龄、性别、生理状况、劳动强度等条件下混合人群热能需求系数。代码数据库,包括营养代码数据库,氨基酸代码数据库。医院营养科室适用程序数据库,如糖尿病人食品交换单位数据库,不同癌症病人食品交换单位数据库等,这些软件为营养素的分析、食谱的编制、食物营养素及有关资料的查询,营养与膳食调查数据的统计管理提供了方便和准确的依据。

步骤二:烹调过程控制化

菜品的生产流程主要包括加工、配份和烹调三个程序。管理就是对生产质量、产品成本、制作规范三个流程加以检查、督导,制定生产控制标准,以控制生产中的折损,保证员工按制作规范操作,形成最佳的生产程序和流程,以保证菜品达到较高的质量标准。如国外肯德基、麦当劳都是过程控制、全球连锁、原料统一、烹制方法统一,取得了惊人的效益。我国有混合控制,如面包糕点的配料已广泛进行,配菜系统也已尝试自动配菜,菜谱配料通过微机的终端键盘输入。美国FORB—ORO公司专门生产了混合控制器,只要输入总流量和各组分的比例,控制器就能正确地控制配比,实现混合自动控制。温度顺序控制,即温度周期性地随时间而变化,升温、保温、冷却,以自动控制可以轻松地处理重复性大、操作步骤明确的生产过程。能量控制,在蒸煮和焙烤等工艺过程中,用此技术,可以提高能量的利用率。

1. 加工切配环节要定岗

俗言:"原料是前提,切配是基础,烹调是关键。"有必要对厨房切配加工流程中按照操作程序,根据不同的加工特点分成若干岗位。厨师应按不同的熟练程度、知识水平、技术等级各自担负和发挥不同岗位的职能。譬如:粗加工由熟练工操作;丁、丝、片、块一般原料加工由初级师操作;整料出骨、剞花等高难度的精加工应由中级师操作;上浆、挂糊等变化多技术强的工作必须指定专门人员操作。配菜更是至关重要,它不仅是控制价格和数量关系的砝码,更关系到整桌菜的配菜效果。所以好的配菜师表现为能把握一桌菜在色彩、形态、风味、营养、上菜程序等方面的节奏与韵律。

2. 炉灶上的烹调做到定位

中国菜,烹调方法多种多样,一般有炸、熘、爆、炒、烧、蒸、烤等20多种,每个厨师,尤其是青年厨师不可能对所有烹调方法都精通,所以对炉灶的烹调师应根据其资历、等级和不同特点实行定位,并按每只炉灶的功能担负各自不同的烹调种类与方法,承担起不同规格、不同层次的烹调内容。炉灶的功能一般可分为大灶、蒸灶、烧烤灶、油锅灶、炒灶、汤灶、头灶和一灶等。这样可使炉灶组分流烹调,避免目前有些厨房出现的技术性强的活年轻工人抢着做,一般工作师傅做,不会做的争着做,会做的不肯做的现象。

步骤三:重要的生产环节应定人控制

菜品的制作除了切配与烹调两大主要环节外,还存在着若干个与菜品质量有密切关系的重要环节,如销售核算、宴会菜单的设计、上浆挂糊、装盆与围边等。在整个菜肴制作过程中,技术性强、变化大、要求高的环节应做到定人,由专人负责某项环节的工作。如上浆、挂糊这一环节,在菜肴的烹调过程中,它处于切配与烹调之间,往往被厨师所忽视。但上浆、挂糊工序在烹调中十分重要,中国菜中有相当多的菜肴要经过上浆或挂糊,因此,上浆、挂糊的好坏已成为大多菜肴成功的关键。

1. 着色的标准化

菜品色泽是构成菜品特色的主要方面,可起到先声夺人的作用,美好的色彩给人以赏心悦目之感,能引起一种美的享受,同时还能引起心理上的条件反射,促进人体内消化液的分泌,从而增进食欲、提高对菜肴的消化吸收率。菜肴呈现的各种色泽主要来源于原料中固有的天然色素以及调料、人工色素,除了一些色泽鲜艳的果蔬原料在烹调时要保持原有色彩外,许多原料在成菜过程中都要利用调料来改善或调节其色彩,调味着色已是形成菜品色泽的主要手法。这有规律可循,也可以形成程式标准。

2. 调味的标准化

调味对原料的特殊成形还起到调节甚至决定作用,例如:动物性的蓉泥原料,未经调味之前蓉泥颗粒呈松散状,没有黏性,受热后无法成形,但经加盐调味搅拌后,蓉泥就制成了黏性很强的蓉胶,其特点是可塑性强,可以加工成片形、圆球形、饼形、丝形,等等,而且成品形态饱满、富有弹性。有些水分较多、肉质较嫩的动物性原料,通过调味品上浆或腌渍,可以使肉质收紧,增加黏合力,使原料在加热过程中不易松散变形,如熏鱼,如果不经腌渍直接下入热油中炸制,由于水分过多,遇到高温水分快速溢出,很容易出现松散、破裂现象。炒鱼片也是一样,但经过上浆或腌渍后,就容易保持成形的完整。

步骤四:提高厨房生产中菜肴制作的机械化程度

尽管目前大多数饭店的设备都较现代化,但就整个生产流程来言,无论是国内还是国外饭店,厨房烹饪的手工操作还是占主导地位,机械设备只是帮助厨师完成了整个烹饪程序的某一部分,虽然提高了厨师的劳动效率,但还未改变厨房手工生产的性质。在中国的餐饮界,厨房生产的手工性依然占主导地位。针对菜肴难以标准化的问题,应加快提高厨房生产中菜肴制作的机械化程度,改进手工操作的弊病,努力提高劳动效率。为此,首先应该选用机械化程度较高的机械设备及操作工具,缩短产品的加工时间,降低员工的劳动强度;其次设立合理的菜肴烹调标准,统一规格和成菜要求,更多地使用计量工具,保证原料的数量和比例的合理性,减少手工操作带来的随意性,比如对菜品原料数量控制时使用秤,菜肴烹调调味时使用有计量的调羹,量化调味汁,等等;再次合理设置岗位,细化岗位分工,使每位员工成为某一操作的专家,形成专职员工,比如烧烤人员、干货涨发人员、打荷人员,等等。只有这样,在每个环节上设立严格的标准,再利用现代化的手段进行烹饪操作,减少手工操作的随意性,才能保证菜肴质量的稳定性,实现烹饪的科学化、标准化。

步骤五:引进数字管理控制

西方有人发明了由电脑控制整个加热过程的烹调机,只要将准备好的原料生胚放入,调节程序即可烹制出菜肴,方便又实用,但其在选料上还有局限性,进入饭店的厨房有一定的难度,目前只停留在为家庭服务上。当然,目前生意红火的洋快餐,其厨房生产中达到了半机械化加工,但其在可供选择的菜肴范围和菜肴风味上与饭店、酒楼厨房生产的产品不可相提并论,为此它不可能代表整个餐饮,但是它们电子配餐、电子烹调、微波烹调的可贵尝试代表餐饮的发展方向。

三、案例分析

扬州蛋炒饭遍布世界各国的中餐馆,深受各国人民的喜爱,而蛋炒饭的标准却各不相同,所幸的是,这已引起其发源地扬州烹饪界的重视,现已制定了扬州蛋炒饭的质量标准,这对规范扬州蛋炒饭的操作,维护扬州蛋炒饭的形象将会产生巨大的社会效应和经济效应。通过对扬州蛋炒饭的定格处理,也说明中餐的规范化还是可行的,只要强化这方面的意识,中餐中的规范化品种将会越来越多。

分析:

中国菜肴的品种非常之多,变化非常之大,不可能一一进行格式化处理,中餐在世界上享有盛誉,而且被越来越多的外国人喜爱,但中餐品种的变化太大,同一个品种因不同人的操作而不同,使不少外国人感到茫然,这对打响某一款菜肴是非常不利的。扬州蛋炒饭的质量标准的制定,说明了菜肴品种规范化的趋势。

四、提示

标准化似乎是西餐的代名词,西餐品种也很多,但格式化的有多少呢?法国牛排世界闻名,在选料上、形态上、成熟的工序上基本格式化,而在成熟度上还是因人而异的,众多的菜肴也是处在不断的发展变化之中,但西餐中的肯德基、麦当劳为什么能受到广泛的喜爱,靠的就是规范化和灵活的管理理念。

 ## 对原料加工规格如何严格把关?

烹饪原料的加工控制,就是要求做到标准化、规范化,合理地加工原料,努力提高净料率,减少加工过程中的各种浪费,使加工半成品和成品的质量得到提高,生产成本得到有效的控制。但是加工过程中的各种浪费,原料的显性浪费,技术不纯熟造成的隐性浪费,管理者和生产者不以为然、大而化之,粗放式管理和生产造成的人为浪费,都直接影响成品的质量和成本。

一、注意要点

制定加工控制标准,原料的加工是菜点生产的前提。如果原料加工无标准或不合格,菜点生产不但可能出次品,而且还不可避免地会增加成本,减少赢利。要使采购进来的原料发挥最大的作用,产生最高的效益,制定统一的加工规格标准是非常必要的。加工规格标准包括加工原料的名称、加工数量、加工时间、加工方法、加工质量指标等内容。

要点一：注明加工原料名称

在制定加工规格标准时，要注明加工原料名称。并且必须注明是干货还是鲜料、是毛料还是净料、是冻结的还是未冻结的、原料是小包装还是大包装等。

要点二：规定加工数量

应明确规定出加工数量（这里是指加工出料率），主要包括未经加工原料的数量和加工后的数量。例如：干品海参，每500g涨发加工后重量为3 000g。这一加工数量以本饭店正常的加工出净率或涨发率为依据。数量标准既不能定得过高，也不能定得过低。数量定得过高，加工人员达不到这一要求，会产生消极情绪；数量要求过低，则会产生浪费、盗窃等现象，从而增加食品的成本开支。

要点三：规定加工时间

烹饪原料的种类繁多，有些原料可即时加工，有些原料则需预先加工，比如，干货涨发，有的需提前4天~5天，有的则需1天~2天，还有些冻结的原料需解冻。因此，规定加工时间，可有效地保证原料的加工质量以及按时交与烹调厨房。

要点四：明确加工方法

这是保证原料加工质量的前提。加工方法需注明是油发、水发、半油发，还是摘拣洗净；是干煺毛，还是湿煺毛，是剥皮处理，还是需带皮处理；是生出骨，还是熟出骨，等等。

要点五：制定加工质量指标

这是加工标准化管理的重要指标。它必须十分明确、简洁地交代加工后原料的各项质量要求。主要包括原料的体积、形状、颜色、质地以至于口味等。比如，水发鱿鱼的质量标准是：柔软完整，色泽浅黄，无裂纹；油发蹄筋的质量标准是：色牙黄、支整齐、蓬松、孔密、泡洗后色乳白、有弹性、不散碎、无板结、无油腻、不腥臊；猪排成形的质量标准是每块100g、带1根4.5cm长的脊骨、肉部捶成0.8cm厚；榨菜丝的成形质量标准是：丝长为5cm、宽、厚为0.3cm，整齐均匀，等等。

二、基本对策

步骤一：采取有效的加工控制的方法

为了保证控制的有效性，除制定加工标准、规范操作程序外，还必须采取有效的控制方法。常见的控制方法有以下两种：

1.责任控制法

烹饪原料的加工是一项复杂的工作，通常原料的加工是按原料不同的性质进行的，一般分为：蔬菜加工、水产品加工、肉类加工、家禽类加工、野味加工、海鲜加工、干货涨发以及盘饰加工，等等。每一项加工都负有各自的责任，且内容不相同。加强责任控制，首先是明确每一位加工人员的工作职责，并要求每个人必须对自己的生产质量负责,谁出问题,谁承担,责任到人;其次是加工厨房的管理者必须对本厨房的生产质量进行监督和检查,并承担责任。

2. 重点控制法

加工厨房中应对干货涨发、海鲜品等价格昂贵、容易出现技术性误差的地方进行重点控制。当然,重点控制的关键是防范控制,并不是等出了问题以后再进行控制。重点控制就是要抓住生产过程中的薄弱环节,做到有针对性的管理。

步骤二:严格加工生产过程中控制要求

为了使制定的加工控制标准能有效地实施,还须在原料的加工过程中进行现场控制,即对原料的加工数量、加工质量、原料的出料率及回收进行严格的控制,以避免浪费,减少损耗,降低成本。为了使加工工作能够顺利地进行,管理者在加工生产过程中应注重以下几方面的工作:

1. 控制生产加工数量

厨房生产的加工量应以销售预测及日常需求为依据,满足生产需要为前提,留有适量的贮存周转量,避免因加工过量而造成质量问题。同时根据剩余量不断调整每次的加工量。

2. 控制生产加工质量

原料的加工质量是直接关系到菜肴色、香、味、形的关键,因此要严格控制原料的成形规格,原料的卫生安全程序,凡不符合要求的原料不能进入下一道生产工序。加工任务的分工要细,这一方面有利于检查,分清责任;另一方面可以提高厨师专项技术的熟练程度,能有效地保证质量。凡能用机械切割的原料应尽量利用机械,以保证成形规格的标准化。

3. 控制加工出料率

原料的出料率也就是原料的利用率,它是影响成本的关键。其中分为:

一是一料一用原料加工切配折损,如禽类、鱼类,原料在加工切配过程中折损量和毛料量的比率称为折损率,其公式是:

$$折损率 = 1 - \frac{净料重量}{毛料重量} \times 100\%$$

一般禽类的折损为30%,鱼类折损率为20%,冬笋折损率40%。

二是一料多用折损率,肉鱼禽类经过加工切配后,原料必须分成若干档次,比如做鱼圆,只有鱼的背部,尾部的无大刺的肉才能用,其他的鱼肉相连处、鱼肚不能利用,只能扔掉或另作处理,而成为次级原料或下脚料,这样净料成本就会增加。

4. 控制烹调折损率

这也是不可小看的,许多菜在烧煮后或烧烤后会损失重量,而菜肴的份额量是根据烧煮或烧烤后的量计算的,菜品成本和价格也是根据烹调后的原料计算的,如烤牛肉、烤鸭、盐水鸭、酱牛肉、白斩鸡等都必须计算烹调后的成本。对许多菜必须确定原料的标准烹调折算率,折算率大未必菜品的质量就会好,我们常说"正到火候",即有些菜品如果加工时间过长,比如肉、禽,反而吃起来不筋道,嚼后没味道,没营养,而折损率又高,势必影响成本,影响质量。

在控制过程中,除利用已制定的各种净料率指标为标准外,还应进行跟踪式的记录随时抽查,查看是否能达到规定的指标。未能达到指标的应查明原因,如果是因技术问题而造成的,要采取有效的改正措施。如果是原料问题,可以帮助确定哪家供应商的原料质量最佳,重新选择供应商。

5. 控制下脚料的回收利用率

有些饭店对下脚料的回收极不重视,因此下脚料的利用率也极低。事实上,下脚料的回收,能有效地降低原料的成本,提高毛利率。综合利用下脚料,由低档原料经精细加工,可使之成为一道上品菜肴原料。

检查人员一定要注重原料的利用率,一旦发现有未被利用的原料丢弃时,要追究责任,并引起有关加工人员的高度重视。

三、案例分析

烫鳝鱼的操作程序如下:

(1)用大火将锅中水烧沸,再加入适量的盐和醋;
(2)投入鳝鱼,加盖,至鳝鱼死亡之后用手勺搅拌,以助腥膜脱落;
(3)用小火焖至鳝鱼嘴巴张开后,即可捞出;
(4)用水冲去腥膜,捞出;
(5)划成鳝鱼丝,去掉血汤,洗净即成。

表4-5是某一饭店对于原料加工的要求,表4-6是加工厨房蔬菜择净标准一览表。

表4-5 加工厨房涨发加工标准一览表

原料名称	加工方法	加工规格标准	涨发率	备注
干蹄筋	油发水泡	油发后,色泽微黄、支整齐、蓬松、孔密,水泡洗后,有弹性不散碎,无油腻	350%~450%	
干鱿鱼	碱水发	鱿鱼柔软完整、色乳黄、无裂纹	300%~400%	干鱿鱼需提前三天涨发
干贝	蒸发	干贝蒸至手指能捻成丝状为好,去老筋	200%~250%	

表4-6 加工厨房蔬菜择净标准一览表

原料名称	加工规格标准	净料率	备注
茭白	去壳,去老皮,洗涤干净。	45%~50%	
春笋	去壳,去老根,削去老皮,洗净。	20%~30%	刚上市的春笋出料率为20%左右,时令春笋为30%左右
春椒	去蒂柄,去子,洗净。	70%~75%	
豌豆苗	拣择嫩头(三叶)洗净。	30%~40%	
……	……	……	……

分析:

首先,制定加工标准,原料的加工是菜点生产的前提。如果原料加工无标准或不合格,菜点生产不但可能出次品,而且还不可避免地会增加成本,减少赢利。要使采购进来的原料发挥最大的作用,产生最高的效益,制定统一的加工规格标准是非常必要的。此处的涨发加工标准和蔬菜择净标准,虽言简却意明。其次,明确加工规格标准,包括加工原料的名称、加工数量、加工时间、加工方法、加工质量指标等内容,使工作者有要求,检查者有依据。

制定了加工标准,还需要进一步规范加工程序,以便督促和指导加工人员的工作。加工程序是否规范、正确,直接关系到生产成本。从以上操作程序上可以看出,烫鳝鱼应先用大火烧沸,再用小火焖至鳝鱼嘴巴张开,如果在烫鳝鱼时火候掌握不好,或烫制时间过长,一是容易造成鳝鱼表皮破裂,二是容易造成鳝鱼出料率下降。

四、提示

烹饪原料的加工控制,就是要求克服生产中的随意化,做到标准化、规范化,即以制度规范引导管理者和生产者的行为,合理地加工原料,减少加工过程中的各种浪费。

如何发挥菜肴研发中心在厨房生产管理中的作用?

菜肴研发中心具有菜品研发职能,厨政管理者依照餐饮企业的战略开发规划,根据餐厅菜点经营状况和市场客户调查,让菜肴研发中心行使新菜品研究开发的职能。开发菜点新品种已经成为厨房管理工作的一个不可忽视的内容,特别是当今餐饮业的激烈竞争,企业"不创新,便死亡",创新意识已经逐渐深入到企业内部。菜品的生命在于创新。只有不断地创新菜品才能吸引顾客,达到留住老顾客、吸引新顾客的目的;同时创新可以激发员工的创造性,提高企业内部的活力,增强员工对企业的归属感,给企业带来更大的发展空间。

一、注意要点

要点一:必须破除因循守旧的思想,不断开发新菜品

人对美食美味的追求是永无止境的,菜点只有不断创新,餐饮企业才有生命力,餐厅对顾客才有吸引力。厨房的菜肴研发中心要努力研究、开发和推出新菜点,根据餐饮企业的战略规划,定期完成菜点开发责任指标,不断地改进并提升产品形象,给顾客新颖、新鲜和美味的享受。使餐饮企业的产品由传统的单模式向多元化、系列化发展,以适应不同的消费需要。

要点二:必须培养和造就一批专门人才

要使餐饮名牌产品发挥出应有的经济和社会价值,使企业在激烈的市场竞争中,占领制高点,增强企业发展后劲,菜肴研发中心必须培养和造就一批掌握现代科技和管理方法、具有开拓竞争意识的受过良好教育的专门人才,开展有关产品生产工艺、投料标准、产品质量等的研究。创新以广博知识为源泉,广博知识又是以厨师自身的文化修养和烹饪技艺为基础的。

许多饭店在菜品开发方面制定了一些制度,有条件的饭店组织厨房骨干人员成立"菜肴研究小组",如南京丁山香格里拉酒店组织厨房骨干人员定期研制新菜;有些饭店制定了"末位淘汰制",每年淘汰最后两名厨房人员,如上海江苏饭店、无锡烤鸭馆、扬州新世纪大酒店等;还有些饭店根据厨房岗位、津贴的不同制定了创新菜计划指标,如南京某酒店规定,各岗位人员除了完成日常工作以外,要主动创出新品,要求头炉每个月出两个新菜,二炉出一个新菜,三炉两个月出一个新菜。开发菜点新品种已经成为厨房管理工作的一个不可忽视的内容,发挥全员的积极性,让菜肴创新意识逐渐深入到企业内部。

厨房生产不同于其他工作,它的特殊性在于厨房内由于人员密集且手工操作,人员素质的高低会直接关系到工作质量和产品质量。所以,注重人员素质的培养、技能的提高,是厨房菜肴创新的最关键问题。

要点三:必须经常研究开发新菜的方法

菜肴研发中心必须以原有做法为基础进行改革、组合、创造。北京有个鸭王餐厅,经营品种不仅是烤鸭,而是整套鸭菜,火了北京市场。餐厅老板是从北京全聚德出来的,他喜欢动脑筋。过去的人,到北京要不吃烤鸭是一大遗憾,可现在人们肚里油水多了,口味高了,一想到肥肥的鸭子就腻了,于是他从人们的口味改变出发,创新了一套菜,受到欢迎。

创造绿色餐饮特色,吉林省南湖宾馆的菜肴研发中心,经营自己的绿色种植、养殖基地,为宾馆提供无污染的绿色餐饮。在 1 000 m^2 的现代化温室,12 座暖棚

种植蔬菜和瓜果。畜禽养殖为宾馆提供鲜蛋、鲜奶,其新品具有别人无法超越的优势。

要点四:必须走出去,请进来,以研究拓展品牌

提供各种机会让菜肴研发中心的骨干厨师走出去品尝、学习与交流,或请名师到饭店指导交流,注重加强厨师的业务培训。对于饭店定期开发出的新菜,可利用时间进行探讨、交流,新开发的菜品先经过筛选和修改,然后由专门的人员进行试制、品评。标准菜品由技术骨干制作,集团派出专门的摄像小组,将全部菜品的制作过程进行全程拍摄,制作成光碟,供大家观摩学习。然后进行演示培训,告知厨房员工基本方法和特点,同时设立专门的督导员对菜品标准化工作进行督导。杭州楼外楼150多年长盛不衰,一直致力研究以文化创牌,近年来先后进行文化和餐饮相融相合的研究和实践,成功地举办了"西湖和文化笔会"、"楼外楼新十大名菜比赛"、"文化名人与楼外楼"、"楼外楼'94浙江饮食文化技艺研讨会"、"杭州与台湾饮食文化技艺研讨会"、"楼外楼创店150周年暨亚洲饮食文化技艺研讨会及中国六大古都老字号饮食文化技艺研讨会"。研讨的范围从楼外楼的名菜到六大古都老字号的餐饮直至海峡两岸的餐饮,立足自身,四方拓展,借势造势,将研究做大做强,做成名声,做成效益。

要点五:必须超前于显性需求到来之前研究

超前思考,主动诱导造市场。不按客人的兴趣去研究,而是通过创造新的兴趣去赢得客人。上海烹协为迎接2008年世博会,已于2006年筹办了"迎世博餐饮研发中心",正在网罗中国四大菜系掌门人,欲打造顶级中国宴席,为2008年光顾上海的元首级贵宾烹制美食。该研发中心投资者介绍,每桌菜目前的标准被定在5万~10万,考虑到淮扬菜在四大菜系中的地位,一行人首站便来到扬州皇家花园大酒楼,并研制了"新三头宴",为淮扬菜提高档次开辟了新路。

二、基本对策

步骤一:立足大环境研究

1. 要研究市场

一是研究消费观念的变化,促进餐饮业经营的细分,做到大众、便民餐饮与休闲餐饮、旅游餐饮、商务餐饮相结合,满足多层次、多样化的需求,如外卖家宴套餐等;二是研究消费结构的变化,不断培育新的餐饮消费市场,如特色餐饮街、小吃广场等;三是研究消费规律的变化,不断营造餐饮商机,如婚宴、寿宴、谢师宴等;四是研究餐饮业态的变化,进行差异化、个性化经营,如不同类型的快餐等;五是研究餐饮营销策略的变化,从单功能营销向功能、利益、关系营销转变,如厨师上门办家宴等。

创造饮食特色就是要获取最大利润,"食在丁山,住在金陵",南京丁山饭店以

餐厅创造特色。丁山饭店创造了一个餐位1年14万元的营业额,在中国为最高。餐饮收入占酒店收入的一半。这里的餐饮特色:一是不断推出新菜品、新菜单,新菜先内部品尝,改进后再推出;二是高低档皆有,雅俗共赏,老少皆宜。凯宾斯基饭店除了高档豪华外,最具特色的是它的普拉那啤酒坊,新颖别致,具有无穷魅力。高端化把餐饮创造出极品特色。金陵饭店香江厅改造后,人均消费400元~500元,效益可观。沈阳王朝万豪大酒店,将中餐厅装修成为当地档次最高的极品厅,就餐人均消费500元左右,成为接待嘉宾的窗口。

2. 要研究战略

餐饮企业应以提高核心竞争力为重点,做到"五个按照",即按照市场规律的要求,适应个性化消费的趋势,提高品牌的创新能力;按照现代企业制度的要求,提高管理水平;按照有进有退的原则,优化资源配置,进行多元投资,使主业经营与资本经营、资产经营有机结合,提高综合竞争力;按照餐饮市场的发展规律和自身特点,实行集约化、连锁化发展,构建高效的营销网络体系;按照餐饮企业发展的内在要求,引进人才,加强对人才的培训、考核、使用,提高企业的人才素质。

3. 要研究特色

形成具有鲜明的地方文化特征和现代都市气息的品牌特色,这既是市场对餐饮业发展提出的客观要求,也是餐饮业发展的内在需要。具体来讲就是要做到四个注重:

一是注重特色。就是要细分市场、细分消费层次、各展所长、错位经营形成一店一面、一店一味的品牌特色,同时要海纳百川、摒弃门户、博采众长、不断出新。

二是注重创新。比如上海就是要在继承发扬"八大菜系和十六帮派"的基础上,按照"继承发扬、引进改良、中外结合、开拓创新"的方针,积极研究、开发新派菜,形成品牌特色。

三是注重"绿色"。绿色餐饮、绿色消费、绿色营销已经成为餐饮消费的新热点、新趋势。注重"绿色"一要抓"源头",即从原料的种植、养殖、捕捞,到加工、贮存、运输、烹饪,最后到菜肴端上餐桌,都要符合绿色食品的要求,形成一条"绿色链";二要抓"出口",即对烹饪加工过程中和就餐后所剩废弃物的处理,都要符合绿色环保的要求,形成一张"绿色网"。这是人类与自然环境协调发展的客观需要,也是餐饮业持续发展的内在需要。

四是注重文化。餐饮文化是品牌的基本内涵,品牌往往代表了一种文化。注重文化,就是要充分挖掘地方深厚的历史渊源和丰富的文化底蕴。使品牌的培育或体现东西交融、南北聚合的特点,或体现五方杂处、各派并存的特色,或体现中外合璧、自成一格的特征。总之,餐饮企业的品牌必须具有深厚的文化内蓄力。

步骤二:立足自身特点,提升产品档次

1. 研究餐饮风味时尚化

餐饮企业由于经营的社会化,其风味特色趋向于时尚化、潮流化。综观近年来的餐饮市场,流行就是时尚,改革开放之初的粤菜风(生猛海鲜、清淡爽脆)、火辣辣的重庆火锅,点菜方便、环境宽松的自助餐、大排档,家常菜、毛家菜、宁波臭腌菜、迷踪菜、江湖菜、杭帮菜、本帮菜,等等,诸路群雄,轮番登台亮相,在经营业态、环境、风味上大玩了一把,鹿死谁手,各有看法。但竞争的焦点都是餐饮风味时尚化。

现代餐饮的时尚化、潮流化,也是中式烹饪的本质属性——变易所决定的。餐饮企业的变化能力,取决于酒店员工与经营管理者的综合创新素质。烹饪技术的交流、文化品位的提升、厨师录用的多地域性、品种创新的评价制度等的建立与实施,都有效地促进与提高了餐饮企业的餐饮变化能力。

2. 研究餐饮产品特色化

低档化、品牌化、专一化也成为许多酒店特色经营的做法。产品特色是餐饮企业生存的根本。"物以稀为贵"是特色,菜点酒饮的别具一格是特色,进餐环境艺术化是特色,经营灵活、物美价廉是特色,随意小酌是特色,场面宏大也是特色,菜品的精美华丽、简朴粗放是特色,"三更粽叶一罐汤"是特色,中午"老鸭汤"、晚上"沙锅鱼头煲"也是特色。总之,"食无定味,适口者珍"是特色。现代餐饮是吃文化、吃感觉,无特色将无立足之地。

3. 研究餐饮制作简洁化

简洁化,一是指菜式的清淡爽脆的风味。俗话说"大味必淡",现代餐饮顾客的要求已不是短缺经济时代的特征了,吃喝已不只是果腹之需,更多的是社交礼仪的需求,风味趋于清淡已是必然。二是指制作工艺的简洁化。过去的那种精工细雕、多次捏拿的制法,已逐步被淘汰。随着设施设备的现代化(电磁炉、微波炉)、管理的科学化、工艺配方的标准化及进餐方式的变革,制作工艺的简洁化将逐步得到实现。目前中式餐饮业的简洁化尚待提高,特别是"烹饪概念的明确与统一配方与配份的量化、生产工具的先进性"、工艺流程的再造、技术产品质量标准的建立等,均需花费大力气,有待长足进步。

4. 研究餐饮环境艺术化

餐饮业进餐环境的艺术化,在艺术表现形式、创作手法、材料的使用等方面均发生了较大的变化。由原来的一味追求高档和豪华,向环境布置的艺术品位与实用相结合方面转变。由艺术表现形式的单一化逐步向饮食风味与环境相协调方面转变,并呈现多样化,表现为:主题鲜明,符合餐饮企业的市场定位和档次类型;更加注重饮食文化氛围的烘托与营造,并能借助高科技的手段,把声、光、色、温度、湿度等控制得恰到好处,追求整体的完善与舒适。

三、案例分析

皇家花园大酒楼为"迎世博餐饮研发中心"研制"新三头宴"标准被定在5万~10万元。据陈春松大师介绍,"三头宴"是淮扬菜中最典型的代表宴席之一,这次选择以它作为突破口正是为了表明传承精髓的态度。"新三头宴"依然选料鲢鱼头、狮子头和猪头,但差别却很大。如鲢鱼只选用核桃肉(眼窝肉);狮子头改用鮰鱼和蟹黄并浇入上等鲍鱼汁;猪头则全部选用腮帮肉,一盘就需两只猪头。其他辅菜选料也相当考究。据薛泉生大师介绍,即便如此,昨晚的定价也只给出了5 000元,这与对方的要求还有很大差距。

分析:

据上海某媒体资深美食记者介绍,"新三头宴"让他叹为观止。很少有人敢把宴席做成以汤菜为主,但扬州四大名师做到了。这些淮扬菜大师技艺高超,他们应该走向更广阔的舞台,仅仅在背后做顾问是不够的。

四、提示

厨房生产不同于其他工作,它的特殊性在于厨房内由于人员密集且手工操作,人员素质的高低会直接关系到工作质量和产品质量。所以,注重人员文化素质的培养、传统技能的提高,是厨房菜肴创新的最关键问题。

如何开发酒店看家菜?

随着餐饮市场竞争的加剧,餐饮企业的利润率均有不同程度的下降,价格趋向低廉。餐饮企业要求生存、谋发展,必须向品牌化方向发展,并借此提升餐饮企业档次,占领较大的市场份额。天津"三绝"食品——狗不理包子、桂发祥十八街麻花、耳朵眼儿炸糕,至今遐迩闻名,分析其现象,说明了我国餐饮名牌产品的生产与经营现状仍不容乐观,还存在许多亟待解决的问题,与国外名牌产品相比,我国餐饮名牌产品潜在的经济和社会效益远没有发挥出来。我国餐饮业应深化改革,制定餐饮品牌发展战略,以充分发挥餐饮名牌的综合效应。

任何一个餐饮企业要树立品牌,都必须有一共同的特点,就是口味好,营养又极为丰富,具有很好的滋补功能,且注重原汁原味,绿色健康,既满足了现代人吃菜追求"新、奇、特"的特点,又能让消费者从中吃出健康。具体说,第一,要创制高质量、特色化的菜点酒饮——看家菜。餐饮企业的档次和影响力很大程度上取决于其提供的产品和服务的特色,以及由此产生的对目标客源的高聚客力而创造的旺盛人气。因此,可以这样认为:有特色就有影响力。第二,看家菜要提高产品的市场占有率。因为,任何一个著名品牌都是从高知晓率开始的,要会制作,还要会宣传看家菜。第三,餐饮企业要在服务、环境、菜式、价格、经营管理等方面体现差异性,从而营造个性鲜明的企业文化氛围,烘托看家菜。第四,不断深化企业文化内涵,提升品牌信誉,在创新上狠下工夫。同时,注意品牌的保护和延伸,保持其鲜明的个性和良好的美誉度,保护和拓展看家菜。很可惜许多餐饮企业不在看家菜上下工夫,而是盲目跟风,反复"变脸",如同"变色龙",自然效益上不去。

一、注意要点

要点一:看家菜就是品牌意识

餐饮品牌是餐饮企业的标志,代表了产品的附加值。就像其他产品一样,餐饮名牌在国内外都有很高的知名度和市场,市场占有率可以提高顾客的认购率,缩短其做出购买决策的时间,并且可以为企业带来丰厚的利润(包括当前收入的增加和无形资产的增值)。对于餐饮企业来讲,餐饮名牌就是指酒店的招牌菜与专利菜,只有打出了自己的招牌菜与专利菜,其他店家只能模仿其"形",而不能模仿其"神",这样才能在激烈的市场竞争中取胜。所以,餐饮名品靠的是质量,靠的是绝活,靠的是信誉,靠的是服务,靠的是经久不衰与时俱进的魅力,靠的是社会公众的"收视率"和"认购率"。

要点二:要注重看家菜的品质

品质是品牌的基础,品牌是品质的最高阶段,一些口碑较好的餐饮企业都是抓住自身优势,不断创造招牌菜、专利菜,打造餐饮名牌。要打造名牌必须从基础抓起,需要从采购进货的源头抓起,同时在厨师、管理、服务、宣传等多方面重视名牌创造、维护、使用、推广、发展和更新。任何一个中餐品牌必须坚持"人无我有、人有我优、人优我变、人变我进"的十六字方针,用十倍的功夫创名牌,用百倍的功夫保名牌,与仿制者拼绝活、拼质量、拼价位、拼包装、拼营销、拼服务、拼活动,使其无法生存。比如长兴楼大酒店的厨师长、中国特级烹调师刘雪峰制作的"金丝脆皮虾",以其色泽鲜艳、营养丰富、咸鲜微甜、外脆里嫩博得了首届招牌菜大赛众多评委的好评,夺得了"最佳创新招牌菜"大奖,并立即成为该店的招牌菜,赢得了很多食客。

要点三:必须把开发菜色品种放在重要位置

在这方面,餐馆在保证用菜新鲜卫生的同时,必须把开发菜色品种放在重要位置,餐饮产品包括环境、设施、菜肴、酒水和服务,极易被竞争者模仿,这时即使餐饮名品也会失去竞争力,但餐饮品牌却是独一无二,持久不衰,因品牌带给顾客的意义超过餐饮产品本身,它让餐饮产品升华,尤其是市场中餐饮产品间的差异趋于同化时,品牌为产品增加了特色,提供了购买理由,比如"扬州富春包子"、"高邮双黄鸭蛋"在市场独占鳌头就是证明。尤其在市场需求疲软时,价格竞争成为双刃剑,使处于微利时期的中国饭店业雪上加霜,当价格竞争既不能有效地刺激消费需求,也不能有效地保护自己,只是自欺欺人或害人害己时,品牌的价值竞争,即适应顾客需求的物有所值的产品与服务才能有效地刺激需求和增强自身的竞争力。可见市场经济不是推崇价格竞争,而是价值竞争。

要点四:看家菜要善于继承创新

上海本帮菜渊源于江苏、浙江等地方风味菜,素以"浓油、赤酱"著称。近年来,各帮派的菜肴在上海轮番登场,"生猛海鲜"、"煲仔靓汤"、"海鲜超市"、"四川火锅"、"杭帮菜肴",都风靡一时;日本寿司、法国大菜、韩国烧烤、意大利面条、美国快餐等也成为餐饮时尚。上海餐饮业针对消费者追求新、奇、特,注重营养、可口的消费需求,通过不断改良传统食品、开拓美食资源、开发新的调味料、研究新的烹饪方法,把"海派菜"作为一个菜系来发展,又形成了清淡、清爽、清新、百滋百味、别具一格的特色。比如"海派菜"鱼用得特别多,这不仅因为江、浙、沪临江面海,水产品很丰富,而且随着现代科学的发展,人们发现,鱼不仅口味鲜美,而且富含人体所必需的蛋白质、无机盐、碳水化合物、脂肪和各种维生素,特别适合爱美的年轻男女养颜保健,因此很有市场潜力,这样的创新代表了时代发展的方向。

二、基本对策

餐饮名牌是指在餐饮市场竞争的环境中具有杰出表现,得到相关顾客公认的,能产生巨大效益的企业产品品牌商标或商号(如全聚德、东来顺),名牌是在市场竞争中产生的,并具有杰出和超群的表现和区别于一般产品的特征,这些特征构成名牌内涵的核心内容,也是名牌产生应有效应的源泉和基础,是企业创名牌的目标和依据,也是名牌价值评价和名牌认定,评价体系设置的依据(如全聚德店的烤鸭、东来顺涮羊肉)。一般的企业应效仿名牌老店,开发"看家菜"。

步骤一:必须在注重名牌的时间特征上下功夫

一是名牌都能经得住时间的考验,不受市场寿命周期的限制,能较长时间地持续存在,并能抵御市场危机,稳定发展。例如全聚德烤鸭、狗不理包子已有百年的历史,可口可乐已在市场上存在了112年,北京六必居、和太原、益源庆自明代嘉靖年间创办至今将近450年。所以名牌一旦形成,必须十分爱惜,不断丰富其内涵,扩大其影响。

二是名牌的形成是一个时间段,品牌最小是菜色品种,如美国著名的比萨饼有必胜客、多迷诺、小恺撒、圆桌、教父等,以其个性、特性赢得了顾客。一个酒店菜肴的品牌不应该只是两三件,因为品牌的多寡和翻新频率可以显示一个饭店餐饮的实力和内涵。饭店在保证用菜新鲜卫生的同时,必须把开发菜色品种放在重要位置,形成开发名牌的时间链。一是创新,每月必须推出两期以上特色菜;二是淘汰,点击率高几乎每桌必上的菜肴应成为看家特色菜品,应保证质量规范和稳定,相反无人点或点得很少的菜品应及时淘汰;三是办美食节,以名师亲自掌勺,保证菜肴的地道;四是交流,经常与其他店,甚至其他省、自治区的厨房餐饮进行交流,双方互派厨师进行业务交流与学习,丰富餐饮内容,将厨房特色牌打得精彩,为宾馆、饭店赢得广泛美誉。

步骤二:必须在注重名牌的空间特征上花力气

餐饮名牌在市场上有很高的知名度,是企业经营和销售实力的具体体现,也是企业进一步增强竞争实力,提高市场占有率的重要条件。如全聚德烤鸭不但在国内享有极高的声誉,而且在国际上也极负盛名;狗不理包子不但是天津的特色食品,而且在国内外都有较高的知名度。所以名牌既要注重地域性,而且要适合多数人的口味和需求。

品牌是饭店取胜的法宝,给饭店带来财富,带来超值利益。只有饭店品牌成为市场一颗耀眼的明珠,才能使客人纷至沓来。品牌大自饭店的整体,如世界金钥匙酒店联盟、中国饭店加盟以后,走上了品牌化、国际化的道路;小到饭店特色。如美国纽约的华尔道夫饭店屋顶星光餐厅、世纪广场饭店、芝加哥的大使旅馆舞鞋餐厅都以精美的餐饮和独特的服务风格闻名于世,而法国的利兹饭店公司,美国的马里奥特饭店公司都是连锁式饭店,经营地域很广,餐饮项目不仅多,而且富于特色,在饭店业久享盛誉。我国的餐饮一种由宾馆经营,如广州白天鹅饭店、上海锦江饭店、北京民族饭店虽然都是综合性的服务,但餐饮是其中重要一部分,其特色遐迩闻名,很多人都是冲着品尝其美味佳肴才下榻其中;另一种社会餐馆,全部进行餐饮服务,各地都有特色店,如北京的全聚德烤鸭,东来顺涮羊肉,都是百年以上的老店,凡去北京者,无不以去其中餐饮为自豪。游客对某宾馆或餐馆的认同完全不同于购买实物商品,都是凭猜想,凭印象,凭经验,宾馆餐厅的良好公众形象和社会声誉才能吸引宾客。

步骤三:必须在注重名牌的经济特征上做文章

名牌具有巨大的经济价值,由于名牌的市场占有率高,必然给企业带来较大的经济效益,增强企业发展的后劲,为名牌持续发展奠定雄厚的基础。名牌的经济价值,一是表现为给企业创造利润。二是为企业创造巨大的品牌价值,这是一笔比有形资产还要宝贵的财富,是企业长期积累的结果,也是企业长远发展、取得更大经济效益的宝贵资源。三是菜肴要形成符合时代发展方向的名牌系列。名牌不仅要创,更要用,配合名牌产品的开发,当有一系列的宣传、营销措施,而基础则是菜肴的开发。未来菜品的开发,大致有以下几个特征:营养保健型、返璞归真型、适应大众型、中外技艺融合型。有了方向,就不会盲人瞎马地忙活,而是一步一个脚印,起到事半功倍的效果。

步骤四:必须在注重名牌档次品位的提升上出新招

要由看家菜向看家宴,由名菜向名店,由名牌向品牌发展,品牌是企业的无形产品,品牌设计、品牌建设、品牌扩张和品牌营销是建立品牌认同和品牌忠诚,直至品牌增值的全过程经营活动。它包括有形的,即品牌名称和品牌标志,商标和招牌;也包括无形的,即消费者的美誉。品牌有完全品牌、品名品牌、品标品牌,品牌的寓意体现对消费者的告知,包括产品的功能,使用效果及对顾客的关爱,也蕴涵着企业的经营理念。品牌不同于名牌,它是一个综合概念,包括商标、名称、包装、价格、历史、声誉、符号、广告等无形价值的总和。对于饭店企业来说,品牌经营包括用产品创品牌和用品牌营销产品。厨房是生产"餐饮产品"的主要场所,对饭店的品牌是有直接影响的,而饭店的品牌又可以增加餐饮产品的销量,提高食品产品的档次。顾客对品牌的认识来自两方面,餐饮产品提供给顾客使用价值,即顾客通过使用对产品认知,如果消费者的评价是正面的,他们会积极接近,品牌将成为无形产品,当顾客放弃某个品牌,品牌就毫无价值。

三、案例分析

天津的"三绝"食品狗不理包子、桂发祥十八街麻花、耳朵眼儿炸糕都是在手工操作的基础上发展起来的,目前仍以手工操作为主,虽然狗不理包子集团在工业化、标准化、定量化方面做了大量的工作,但限于科研手段、人员素质、管理体制等因素的制约,生产方式仍以手工作坊式为主,并没有质的飞跃。而桂发祥十八街麻花、耳朵眼儿炸糕的生产完全是手工作坊式,生产过程完全凭经验控制,真正的生产技术只是掌握在少数人手里。由于企业生产规模小,手工作坊式生产的产品质量不稳定,严重制约了天津"三绝"名牌产品综合效益的发挥。

分析:

天津的"三绝"食品,很大程度上是经验型产品,缺乏运用现代科技的嫁接改造,产品的生产、设计、营销缺乏定量化、标准化和现代营销理论的指导,如耳朵眼儿炸糕,加热方式仍然是明火,油温的控制仍然凭经验,离开技术工人,生产几乎是不可能的,现代加热设备几乎无法采用,使得产品的科技含量较低,严重影响了生产规模的扩大及产品质量的稳定。全聚德、狗不理的知名度并不比麦当劳等世界名牌小多少,但经济效益却无法相比,如狗不理的年营业额仅几千万人民币,而麦当劳的营业额却以十亿美元计。其最根本的原因是我国餐饮知名品牌的生产规模有限。走连锁经营之路,是扩大生产规模,提高经济效益的最有效途径之一。

四、提示

美国可口可乐公司总裁曾说过这样的话,全世界的可乐厂家很多,即使有20家厂家被毁坏了,我们也不可惜,假如我们的产品配方被盗或丢弃了,这就造成了我们的特大损失。这是因为,可口可乐上百年经久不衰,其中很重要的一个销售卖点就是特色鲜明、神秘的 7X 配方。麦当劳企业发展连锁经营的背后也是因为有其独特的产品特色的缘故。

 ## 如何对员工进行厨艺培训？

像富庶的瑞士人常说的一句话那样："我们没有资源,有的只是一双手。"厨房管理者要注重员工业务技能素质的培养,勤学苦练,夯实基础,努力把自己培养成有知识、有技能、有一定创新能力的应用型人才;要不断激发员工钻研厨艺的兴趣,使员工由兴趣而生热情,由热情而有行动,由行动而出成绩。苦练烹饪技术,继承中华民族精良的烹饪技法,吸收外来民族烹制方法的精华。

现在虽然也有些厨房管理者不重视员工的厨艺培训,所谓"用人不养人",但主要矛盾是有些员工不重视自身厨艺提高。培训是饭店管理的一项基本功能,可以说是饭店中最有效、最有价值的工具。只有正确处理培训中出现的各类问题,才能实现培训的功效,从而使饭店的总体目标在每一位员工的工作中得以实现。厨艺培训是饭店培训工作的重要方面,必须求严务实,严格按步骤来实施,即发现培训需求——制订培训计划——针对不同的培训任务和对象准备好有关的培训材料、场地、设备和老师——具体实施培训——评估培训成效并提出建议。厨艺培训工作必须高标准、严要求、严训练、严考核,不达要求不放行,考核不合格不上岗、不晋升。

一、注意要点

要点一:培养员工的职业兴趣

知识经济时代,每个饭店都没有什么长期的竞争优势,唯一的优势就是保持比竞争对手更快的学习能力,唯有不断学习,酒店才能避免被时代淘汰。员工的职业兴趣是厨房管理者必须首先解决的问题,一入厨房就要加强这方面的教育,巩固其职业思想。与此同时,厨房管理者传授职业知识时,也要注意培养员工的职业兴趣。这对员工职业思想的巩固更直接、更生动。例如:通过讲授饮食文化史、菜系发展史等来影响员工关心自己所学的职业,从而更加了解自己的职业,更加热爱自己的职业。其次是培养员工对所学职业的认知兴趣。厨房管理者在示范教学中,创造"问题情境",引起员工注意,启发员工积极思维,强化员工的记忆。例如:有意突出菜肴制作过程中的化学变化、色泽变化、色彩搭配以及菜目典故等,引起员工的注意、激发其认知兴趣。另外,厨房管理者在示范操作时,可以利用多媒体课件、幻灯片等辅助教学手段,也可以让员工参与示范,由员工点评厨房管理者的作品,这些都有助于员工职业兴趣的培养。

要点二:激发员工学习动机

厨房工作是技能性工作,烹饪工艺职业的员工大多是中专、职高的单招生,一般都有"学个手艺有个立身本领"的想法,其人生价值观是肤浅的。因此,厨房管理者在烹饪工艺示范教学过程中,要用中国悠久的烹饪发展史、博大精深的烹饪技艺、传统菜目的文化背景等多方面去启迪员工继承、弘扬中国饮食文化的优秀传统,学习、借鉴西餐的先进工艺,增强时代的责任感。同时,要不断强化其适应饮食市场、适应饮食对象的服务意识,不断增强其研究新工艺、创造新菜目的创新意识。从每一堂示范课抓起,培养烹饪工艺职业员工,从而激发他们立足当前、把握今天,努力学好技能本领的热情。

二、基本对策

步骤一:掌握培训的方法

由于厨房人员的文化知识水平、操作技能参差不一,厨师培训的形式和内容也应有所区别。所以,培训方法只有针对不同层次的培训对象灵活掌握。常见的培训方法有以下几种:

1. 讲授法

可聘请有丰富知识的职业人员,通过口头语言讲授的形式向受培训者传授知识。讲授力求生动、易懂,要能结合实际工作中的有关问题进行解剖性讲授。讲授法一般用于职业知识和职业道德等课程。

2. 讨论法

当培训者提出一个或数个问题后,受训者围绕问题开展讨论,提出自己的看法和建议,最后由培训者归纳总结,得出问题的正确答案。讨论法适用于有一定职业知识和职业技能基础同时又具有理解问题和分析问题能力的员工,但不适宜在新员工培训时使用。对于烹饪的制作工艺、加工工艺等问题可使用讨论法,以达到相互学习的目的。

3. 演示法

通过有经验厨师的示范操作,来提高受训者的操作技能的一种方法。演示法是一种较为常用的培训方法。比如,厨师长要推出一道新菜肴时,单靠口头讲授不能达到目的,而通过示范操作,分步骤讲明操作要领,就能够使有一定技术基础的受训者很快地掌握技术要领。演示法除了示范操作外,也可以组织受训者通过观看职业电视片、录像片等来提高职业技术水平。

4. 实践指导法

培训者根据培训计划的要求,指导、组织受训者进行实际操作,把学到的知识付诸实践,达到巩固知识,培养技能的目的。此法可用于厨房设备的操作培训、菜点制作培训,等等。在实践指导中,培训者要具体指导受训者操作方法,并及时纠正受训者的不规范操作，对制作的菜点成品要进行讲评，并对操作的全过程进行总结，找出问题，提出改进方法。

对于上述几种培训方法，在实际工作中应做到灵活运用，不断总结经验，找到最佳的培训方法，以达到培训的目的。

步骤二：实行全员培训

即所有员工必须纳入饭店的培训计划，不经培训的员工，不得上岗。根据不同职级的要求，分层次培训。根据职级的不同，提出不同的基本知识与技能要求，级别不同的烹调师技能要求依次递进，高级别包含低级别的要求。

1. 初级技能要求

对蔬菜类、家禽类、有鳞鱼类原料清洗整理；对腌腊制品清理加工、干制植物性原料水发加工，对原料进行冷冻和解冻处理；根据鸡、鸭等家禽类原料的部位特点分割取料；根据菜品要求将动植物原料切割成片、丝、丁、条、块、段等形状；根据菜肴规格准确配制主、配料的数量；完成单一主料冷菜的拼摆及成形；根据菜肴品种合理选用餐具；对原料进行拍粉、粘皮处理；调制水粉糊、全蛋糊、水粉浆、全蛋浆；对动物性原料进行腌制调味处理；调制咸鲜味、酸甜味、咸甜味、咸香味等味型；对原料进行水预熟处理；运用6种烹调方法煎、炒、炸、煮、蒸、氽制作地方风味菜肴；制作冷制冷食菜肴。

2. 中级技能要求

对家畜类的头、蹄、尾部及内脏原料清洗整理；根据菜肴要求，对无鳞鱼类原料宰杀、开膛加工，对动物性干料油发加工；对粮食制品预制加工，根据猪、牛、羊肉等原料的部位特点进行分割取料；根据鱼类原料的品种及部位特点进行分割取料，根据菜品要求对动物性原料进行花刀处理；根据菜品要求对植物性原料进行花刀处理，能根据菜肴质地、色彩、形态要求进行主配料的搭配组合；运用排加、复、贴等手法组配花色菜肴；完成5种以上原料的冷菜拼摆，调制嫩浆、全蛋浆、酱料浆、蛋清糊、蛋黄糊、蛋泡糊、脆皮糊、酥糊、蜂巢糊；能调制酱香味、奶香味、家常味、香辣味、麻辣味等味型；运用调料对原料进行调色处理，制作基础汤（毛汤），对原料进行走油、走红预熟处理；运用6种烹调方法烤、熘、爆、烩、烧、焖烹制地方风味菜肴，制作热制冷食菜肴。

3. 高级技能要求

对贝类、爬行类、软体类、虾蟹类原料进行宰杀整理清洗，对菌类、藻类进行整理清洗；对中式火腿进行清理和分档加工；对干制鱿鱼、墨鱼进行碱水涨发；对整鸡、整鸭、整鱼等原料进行整料脱骨处理；运用动植物性原料制作各种蓉泥；运用包、卷、扎、叠、瓤、穿、塑等手法组配花色菜肴，完成象形冷菜拼摆；运用天然色素对菜肴进行调色处理，调制茶香味、果香味、醋椒味、鱼香味等味型，对菜肴进行增稠处理；制作清汤、奶汤、浓汤，制作琼脂、鱼胶、皮冻类菜肴；制作鱼、虾、鸡类蓉胶菜品;运用10种烹调方法拔丝、蜜汁、扒、煨、炖、贴、塌、熏、糟、煸烹制特色菜肴;运用挂霜、琉璃、熏、糟等方法制作特色冷菜。

4. 技师技能要求

对鲍鱼、海参、鱼肚、鱼皮、鱼骨、蹄筋、蛤士蟆油、鱼翅、燕窝等原料的品质进行鉴别和涨发加工;根据食雕作品要求选用食雕刀法,进行不同题材作品的食品雕刻;合理选用餐盘装饰原料对餐盘进行合理装饰;根据企业定位、经营特点和企业综合资源设计零点菜单;根据零点特点,对冷、热菜及面点等进行组合设计;根据不同要求设计主题宴会菜单;根据宴会主题设计菜点;根据厨房生产各阶段的要求控制好厨房出品秩序,协调好厨房与餐厅两者间的关系,制定厨房产品的促销办法,制定出菜点创新的生产与管理措施;根据培训教材和教案对二级以下中式烹调师进行培训、考核以及刀工、烹法、调味等技术指导。

5. 高级技师技能要求

设计以一菜、三餐、套餐、宴席平衡为目标的菜肴和食谱;对不同环境下作业人员和特殊人群进行营养配餐;根据宴会菜点生产需要及宴会任务需要,编制实施方案和服务方案;运用国内外的新技法、新原料、新调味创制新菜肴;设计主题性展台;对展示菜点进行美化装饰。

步骤三:改革培训方法和培训手段

目前,烹饪职业的培训内容陈旧,方法单一,手段落伍,抑制了培训质量的提高。因此,要加强对培训设备、培训手段和方法的开发和研究,强化培训手段和方法的应用。在具体培训方法上,首先,要将基本功训练贯穿于整个培训过程的始终;其次,推广和采用模块培训法,强化员工的技能特点和动手能力,培养一专多能的人才,适应市场经济的需求;再次,建立培训菜品研制网站,及时掌握市场信息,调整培训品种,丰富培训内容;最后,改变培训方法,不仅要运用传统的讲授法、谈话法、演示法、实验法、实习作业法、练习法等,还要学会使用新的培训方法,例如:项目培训法、案例培训法、模拟培训法、未来设计培训法、项目迁移培训法、卡片展示培训法、知识竞赛培训法、直观演示指导法、案灶巡回指导法、菜肴讲评指导法、烹饪观摩指导法等。

步骤四:采取请进来、走出去的新型培训模式

本单位培训的实践知识要与社会饮食企业同步,甚至引领饮食业。首先要从政策上引导,应制定鼓励厨师到其他企业挂职的政策,选派优秀厨师到更好的餐饮企业学习,活跃他们的思想,提高他们的技艺。鼓励厨师观摩、参加各种类型的烹饪比赛,开阔眼界,择善而从。制定请进来的相应政策,让外单位的高级技师到本单位挂职,邀请行业的一线名厨与本单位的厨师共同实践,这样,厨师才能及时地更新知识和提高技能。

三、案例分析

表4-7是某饭店红案三级厨师培训计划书。

表4-7 某饭店红案三级厨师培训计划书

一、培训目标：	通过3个月的职业知识与职业技能的培训,使受训者在理论上、实践上均达到劳动部所规定的三级厨师标准。			
二、培训对象：	凡在本饭店厨房工作满5年工龄无职称的在职人员均可报名。			
三、培训要求：	1.凡报名者必须经上级部门(餐饮部)同意后,才能进入培训班学习。 2.凡参加培训者,不得无故迟到、早退、缺席,受训者学习时间不足总培训时间的三分之二者,不得参加最后的考核。 3.理论考试不及格者,不得参加实践考核。			
四、培训方式：	半脱产,本饭店聘请培训者来店进行培训。			
五、培训时间：	6月20日~9月20日,每周一、二、三、四、五下午1:30~3:30			
六、培训内容：	课时数	授课人	具体日期	地点
烹饪原料知识	5次	×××	6.20~6.25	会议室
烹饪加工技术	5次	×××	6.27~7.10	同上
烹调技术	10次	×××	7.2~7.11	同上
食品营养与卫生	2次	×××	7.14~7.15	同上
厨房管理与成本核算	2次	×××	7.16~7.17	同上
菜肴制作	36次	×××	7.20~7.30	厨房
			8.1~8.10	同上
		×××	8.11~8.20	同上
七、考核方式： 理论考核 操作考核	8月21日~8月22日 8月25日~8月28日		考核地点:××餐厅 考核地点:A厨房	

分析：

饭店培训工作必须求严务实。培训工作严格按步骤来实施,即发现培训需求——制订培训计划——针对不同的培训任务和对象准备好有关的培训材料、场地、设备和老师——具体实施培训——评估培训成效并提出建议。培训工作必须高标准、严要求、严训练、严考核,不达要求不放行,考核不合格不上岗。

四、提示

餐饮企业培训厨师一定要克服"近亲繁殖"带来的弊端,要从有利于餐饮企业的长远发展考虑,开阔厨师的视野,提高他们的职业道德水平,加强和完善他们为企业工作的业务能力,培养他们爱岗、爱企业的责任心,使他们在企业中有归宿感和成就感。

在生产管理过程中如何做好重点控制？

关键控制点(Critical Control Point—CCP)是对食品生产中的某一点、步骤或过程实施控制,能预防或消除食品危害,或能将危害减少到可接受的水平。CCP 分为两类:一类是 CCP1,为可以消除或预防的危害;一类是 CCP2,能最大限度减少或降低的危害。厨房生产中关键控制点中最重要的是质量控制、成本控制、卫生控制。

一、注意要点

要点一:必须建立全过程控制

不要就事论事,而要注意源头、过程、结果的全过程。

要点二:运用危害分析(HA)鉴别 CCP 点

要分析出经常可能出现问题的环节,对各步骤中已鉴别出的各危害按秩序回答以下各个问题。通过判断、分析,问题一、二可得出原料验收、初加工为 CCP1,问题三、四可得出半成品贮藏、烹制为 CCP2。

菜肴生产过程中的危害分析,危害分析是指分析与人体健康有关的有毒化合物、有害生物及其他能对人体造成危害的物理和化学因素。菜肴生产过程中的危害因素包括两个方面:生物性污染,如细菌、病毒、寄生虫、霉菌及毒素、代谢物;化学性污染,如农药、重金属、杀虫剂、洗涤剂;物理性污染,如各种异物。对上述关键点进行危害分析如下。问题一:是否有控制危害的措施? ①若没有控制危害的措施,则分析在此步骤对安全是否需要控制? 若不需要控制,则此点不是 CCP;若需要控制,则修改步骤、工艺,重新回到问题一。②若有控制危害的措施,则进入问题二。问题二:该步骤是否能降低危害或将危害降低至可接受程度? ①若回答是,则此点是 CCP,②若回答否,则进入问题三。问题三:污染是否会发生或者加剧到不可接受的范围? ①若回答否,则此点不是 CCP,②若回答是,则进入问题四。问题四:以后步骤是否能消除危害或将危害降低到可接受的范围? ①若回答否,则此点是 CCP,②若回答是,则此点不是 CCP。

要点三:制定各 CCP 点的目标水平

一是原料验收:蔬菜无腐烂变质、无寄生虫体,农药残留达到国家标准。粮油、肉蛋、调味品等达到国家标准。二是初加工:蔬菜无污泥、烂叶,削净腐烂部位(土豆去芽及发绿部位);肉类无血污;蛋类表面洁净,打开无散黄,蛋壳不能掉进蛋液中;水产品去净腮腺、内脏、表鳞。三是半产品贮藏:感官检查无异味、变色、发黏等现象。四是烹调:成品无异味,微生物指标合格,不带致病菌。

要点四：建立监测措施与纠偏措施

为了保证控制措施能够有效地进行，要建立一系列快速准确且易行的监控措施。同时当监控结果显示未达到控制标准时，应立即查明原因，采取纠偏措施，消除由于偏离HACCP而可能存在的安全隐患，同时建立维持纠偏动作的记录。

要点五：重要的生产环节应定人

菜品的制作除了切配与烹调两大主要环节外，还存在着若干个与菜品质量有密切关系的重要环节，如上浆挂糊、装盆与围边等。在整个菜肴制作过程中，技术性强、变化大、要求高的环节应做到定人，由专人负责某项环节的工作。

二、基本对策

步骤一：实行监控制度

首先，建立监控制度，监控制度分为后堂内部监控和品控部监控及抽查。每一个环节的生产人员对上一环节进行监督，厨师长对菜肴成品负责。品控人员进行现场品控和抽样化验。其次，制定改正行为的方案。品控部对发现的问题提出意见，交予后堂，现场发现问题及时纠正；后堂自己发现的问题应及时解决，并做记录。再次，建立记录保存和档案制度。记录内容应包括：原料的来源、性质、质量、化验结果；贮藏库的温度、湿度、贮藏时间；环境、设备、人员、餐具的卫生状况；员工的不规范操作；设备的损坏情况；餐食的感官、化验结果；清洁及消毒记录；偏差档案；改正行为档案；客户投诉档案；验证数据等。最后，由餐饮部经理、品控人员、厨师长、营养师、设备维修人员组成的HACCP小组评价验证HACCP体系的应用情况，检查各种相关记录，观察关键控制点的操作，校正检测监测仪器，随机采样分析，向操作人员了解他们进行HACCP监测的方式、偏差情况及改正措施。

步骤二：厨房生产过程的质量控制

这是厨房的命脉，必须全过程控制，包括生产前的控制，生产过程中的控制以及生产结束后的控制。

1. 生产前的控制

也就是对筹备阶段的工作质量进行控制。所谓筹备阶段的控制，是指在厨房正式生产前，需要对厨房的设计、布局、设施和设备，厨房各岗位的人员配备，因才使用等方面控制。前面已提到，良好的厨房设施、设备是生产优质菜点的基本条件，厨房人员的技术高低直接决定着生产质量和产品质量。因此，生产前的控制是最为关键的第一步。它不仅关系到餐饮生产的成败，而且关系到企业的存亡。

2. 生产过程中的控制

（1）加强对食品原材料的质量鉴定：食品原料的质量通常是指原料的食用价值、原料的成熟度、原料的清洁卫生以及原料的新鲜度这四项指标。

①食用价值，也就是原料本身固有的品质，如营养价值的高低、质地的优劣等。

②原料的成熟度与原料的培育、饲养或种植时间、上市季节有密切关系。原料的成熟度影响原料的食用价值。在一般情况下,原料成熟度在恰到好处时,往往也是原料品质或食用价值最高的时候。

③原料的清洁卫生,烹饪原料必须符合食品卫生指标,凡腐败变质、受污染或本身带有致病菌或含有毒素的原料,都是不符合卫生质量要求的。

④原料的新鲜度是鉴定原料质量最基本的标准。只有使用新鲜优质的原料,才能烹制出色鲜味美,富有营养的佳肴。鉴别原料新鲜度的质量标准是:形状、色泽、水分、重量、质地、气味等。

(2)严格控制加工质量:前面已对加工质量的控制做了部分阐述,但从质量控制的角度出发,原料加工过程中还应注意以下几点:

①保证原料的清洁卫生,有些烹饪原料不仅带有不能食用的部分,还带有许多污物杂质,在加工过程中,要进行认真、仔细的挑拣、刮剥、冲洗、剔除等处理,使加工后的原料符合卫生要求。

②保持原料的营养价值,餐饮产品质量的最基本功能就是要具有营养价值,所以在加工过程中,应尽量缩短鲜活原料的存放时间,保持原料的新鲜度,合理加工,减少营养成分的损失。

③按照标准要求加工,原料在加工过程中,必须根据每一道菜式的要求,合理使用原料。各种加工标准就是为了保证菜肴质量,统一加工规范而制定的。因此,在加工过程中,必须严格按加工规格、加工标准进行工作。

(3)严格控制烹调质量:必须按标准菜谱进行操作。标准菜谱实际上是一种质量标准,是饭店对菜点质量控制的有效工具。厨师只有认真按标准菜谱规定操作,才能保证菜肴成品在色、香、味、形等方面质量的一致性。要使各项生产标准充分发挥作用,还必须建立质量检查制度。抓好工序检查、成品检查和全员检查这三个环节,使烹调质量控制工作真正落实到实处。注重厨艺的提高。菜肴质量的高低几乎完全决定于厨师的责任感、经验、烹调知识和技术水平。因此,在日常的工作中,除了要求员工遵守操作规程、按标准菜谱进行烹调外,还要严格培训和培养厨师的技艺和基本功训练。事实证明,不论从长远或近期效果出发,培训教育是厨房生产提高餐饮产品质量的有效方法。

3. 生产结束后的控制

生产结束后的质量控制,主要应注重两个方面:一是厨房在生产过程中对各种烹饪原料使用后就质量问题反馈的信息处理。有些原料在加工、烹制过程中,有不符合质量要求的,应停止使用,停止进货,并且还要根据具体的情况,查出影响质量的因素,以便在下次进货或加工中得到改进。二是消费者或餐厅对菜点成品在销售过程中有关质量问题的信息反馈,经过这些信息的反馈处理,可以及时地改进工作。

步骤三：厨房生产过程中卫生控制

1. 烹饪从业人员

烹饪从业人员必须取得《健康体检培训合格证明》后方可上岗。如果不按时体检，就会有新患病者或带菌者污染食品。从业人员个人卫生差，留长指甲，懒洗手，工作服脏，戴工作帽露出长发等，都可能污染食品。

2. 饮食企业设施与布局

厨房布局可能出现的问题有：厨房装饰是否便于消毒，有无完善的防尘、防蝇、防鼠设备，生产间布局是否合理，原料、菜肴、收盘路线是否交叉等。

3. 原辅料

原辅料的规格质量直接关系到菜肴质量。原辅料的采购、验收、贮存，初加工制品及剩余食品放置过程中的卫生条件和状况等是否符合要求，是保证菜肴质量的重要因素。如果原料质量低劣，不卫生，或霉烂腐败变质，与采购计划规格不符，轻则无法保证餐食质量，严重的甚至会引起食物中毒。要分析各种原料的危险度，如乳类、卤味、糟类食品属高度危险性食品；毒蕈、河豚等原料可能存在毒性；有些原料可能受农药污染，受到甲醛等有害物浸泡。还要查看食品标签有无缺陷，是否已过保质期。要分析各种原料、初加工制品及剩余食品的贮存条件，如低温、通风、冷冻等。

4. 烹调

菜肴的品种繁多，但加工制作基本都要经过选料、淘洗、切配、加热、再切配、装盘等过程，因此应该考虑到菜肴可能受到微生物污染的几个方面：一是切配过程中原料是否被污染；二是在加热过程中微生物或毒素是否被灭死；三是加热后放置保管等环节中微生物或毒素有无可能再次污染菜肴；四是热菜装盘兑汁后，擦拭多余汁液的抹布是否清洁。

5. 餐具

餐具消毒设施不齐全或消毒设备出现故障排除不及时，无专用餐具洗消间及三级洗涤池，消毒方法使用不当，已消毒好的餐具露空放或存放于不符合卫生要求的柜内，且放置时间过长等都可能会污染食品。

三、案例分析

2003年8月11日，北京旅游局下达旅游团餐取消凉菜的命令，以避免食物中毒。西安、泰州等地的卫生监督部门要求宾馆、饭店所卖冷菜一律留样，卫生部门和专家经常建议市民在夏季要慎食冷菜，卫生部门对冷菜的抽检，其细菌总数、大肠菌群数的不合格率也往往比较多，一些冷菜属于高危食品，而冷菜在食用前，往往不再加热，而食用前加热是预防沙门氏菌、致泻性大肠埃希氏菌、副溶血性弧菌等食物中毒的重要手段，所以在夏季经常出现由于食用冷菜而发生食物中毒的案例。

分析:

首先端向餐桌的即为冷菜,其卫生质量如何,是顾客首先关注的焦点,也是餐饮业频繁发生食物中毒事故的起因之一。据卫生部报道,2004年第二季度食物中毒事故激增,其中重大食物中毒报告132起,中毒人数4 700人,死亡97人,发生在集体食堂的中毒人数最多。究其根源,除了冷菜品种繁杂(有卤菜、凉拌菜、拼盘、西式沙拉等)、加工工艺不一(一些菜目熟制后暴露时间过长,另一些只调味不加热,甚至使用带菌原料加工),还与缺乏有效的监控措施有关。

四、提示

HACCP 系统是英文 Hazard Analysis and Critical Control Points(危害分析与关键控制点)的缩写,由于餐饮卫生控制是多个方面的,那么 HACCP 管理在餐饮业也是多个方面。餐饮企业传统的管理方法对餐饮卫生控制主要是控制菜品的干净卫生、控制餐厅地面、桌椅是否干净,而忽略了对餐饮产品全面卫生安全的关注。实际上餐饮卫生控制是一个过程控制,必须注意以下几个方面:服务过程的卫生(餐厅卫生控制)、菜点生产过程的卫生(厨房卫生控制、菜点加工卫生控制)、食品原料的选择、贮存卫生(菜品原料的污染与控制、食品原料仓库卫生控制)、洗涤过程的卫生控制与洗手间的卫生控制等。

就餐客人反映菜肴口味不好找厨师长怎么办?

餐饮企业的厨房产品所服务的对象是顾客,顾客给饭店带来了利润,厨房生产的目的是为了满足顾客的消费需求,一切为顾客着想,这已是现代饭店经营中不可动摇的4C(顾客 Customer、成本 Cost、便利 Convenience、沟通 Communication)营销理念。每个顾客由于个人的喜好和饮食习惯而要求菜肴品种符合自己的口味,有的甚至要求饭店的菜肴档次要与就餐环境、服务水准等诸多方面相匹配,这使得厨房生产的产品必须具有满足顾客的多样化需求。

一、如何预防

防火墙一:考虑到顾客的多样化需求

形成顾客需求的多样化因素很多,主要为以下几方面:一是地域的因素。所处地域的不同往往形成人们对食物不同的要求,西方人对烧烤、油炸类食物感兴趣,而让一个中国人短期内常吃西餐可能会觉得不习惯。中国有句俗话,南甜北咸,东辣西酸,是指不同地区的人对口味的要求不同,四川、湖南人比较喜欢辣味菜肴,但四川人更嗜好麻中带辣;扬州、苏州人都喜欢红烧菜中放糖。地域不同,形成了人们不同的饮食习惯。二是个人喜好的因素。顾客在长期的饮食生活中,逐渐形成了个人的饮食爱好:或留恋母亲烧菜的味道,或思念特殊生活环境下形成的饮食口味,使他们对一种或一类食物情有独钟,形成了自己对不同食物的好恶,一旦这种饮食习惯养成,多数情况下是难以改变的。三是生理状况的因素。不同年龄和不同生理状态下的人们对食物的选择有着不同的要求,比如老人牙口不好,对口感老、硬的食物就会敬而远之;儿童对甜味的敏感度比老人强,女性对酸味的敏感度比男性强,大病初愈的人就希望食物更开胃一些;肾脏不好的人们害怕咸味食物;有"三高"(高血压、高血脂、高血糖)的人忌讳油多的荤食;另外嗜好、饥饱、心情、健康状况、气候因素等都与人的口味相关联,所以厨师长在对待客人的抱怨时一定要认真分析,而不要一遇问题就批评厨师。

防火墙二:正确处理顾客抱怨的意义

顾客抱怨的产生,会影响酒店的生产经营服务,但是合理地处理顾客抱怨,能消除顾客的负面情绪,增加顾客的满意度和信任度,对提高企业的经营管理水平、增强企业的竞争力具有重要意义。具体归纳为以下几个方面:一是消除顾客的不满心理,保持或恢复酒店的良好声誉。酒店在处理顾客抱怨时,最基本的一点就是尽量消除顾客的不满,最大限度地恢复酒店声誉。为了做到这一点,企业必须认真地听取顾客的意见,及时有效地采取必要措施,对顾客的抱怨进行处理。二是提高企业员工的质量意识,对于酒店而言,菜肴、服务、质量是生命线,有效提高和稳定产品质量是酒店生存的关键。一般来说,顾客的抱怨正是对菜肴、服务可能存在的质量问题提出的合理化要求,酒店应积极认真地改进菜肴和服务质量,使本酒店的菜肴和服务得到社会的认可。三是进一步提高生产和服务技术,餐饮业目前大多数菜肴制作仍停留在手工操作阶段,缺乏相应的标准工艺参数,餐饮服务也缺少科学规范,顾客抱怨就是有效的质量监督,酒店应把顾客的抱怨当做改进生产和服务技术的钥匙,这样会使酒店的经营活动更具竞争力。

防火墙三:改善酒店自身的质量管理体系

顾客在酒店消费时产生抱怨,说明酒店可能存在着一些潜在的危险因素,这些因素可能影响酒店的生存、发展,酒店应当通过对顾客抱怨的处理,来完善自身的质量管理体系,同时强化酒店内部的部门间合作。当顾客抱怨产生而进行投诉时,酒店在处理投诉时可能要涉及各个部门,通过部门之间有效的合作,进一步完善本酒店的质量管理。

防火墙四:挖掘潜在的需求

顾客抱怨心理的产生是顾客愿望得不到充分满足的反映。在卖方市场向买方市场转型过程中,酒店要充分研究顾客心理,了解顾客的真正需求,在完善菜肴生产和服务的过程中,创造出良好的酒店声誉。

二、基本对策

步骤一:建立新的酒店管理组织结构

目前,酒店的管理犹如等级森严的军队管理,权力集中于顶层,各项任务通过逐层指挥的形式传达下来,基层员工只能无条件服从,严格地按章操作。随着科技的日益进步,酒店的竞争愈来愈激烈,传统的管理组织结构已成为酒店发展的障碍,因此建立一支全新的组织结构队伍,将酒店权力进行重新分配,建立绩效考评制度,调动员工的积极性,并对酒店进行有效的管理,是促进酒店发展的原动力。

步骤二:提高员工的综合素质

有了组织结构的转变后,企业绩效的提升就取决于员工的综合素质,可以说提高员工素质是消除顾客抱怨的关键。

提高员工烹饪水平,强化菜肴质量意识。酒店是制售菜肴的场所,厨师是制作菜肴的主体。提高厨师的菜肴制作水平,是确保菜肴质量的前提。通过对厨师的职业培训,使厨师从原料的选择鉴别、原料的初步加工、原料的刀工处理和具体的烹调方法等方面来加深对烹饪的了解,提高菜肴制作技术。

仅此还不够,厨师不能以不变应万变,而应注意偏正施味,合理利用味型,确保味型使用效果,如青年人的菜目突出浓厚类味型,老年人的菜目突出清淡类味型,儿童的菜目突出甜味类味型,另外不同职业、不同民族、不同宗教信仰的群体,对味型的使用都应采用不同的标准和要求,只有成竹在胸,才能游刃有余地满足不同口味客人的多样需求,从源头上解决客人有意见的问题。

步骤三:完善处理顾客抱怨的管理体系

顾客投诉的处理是酒店日常管理的重要内容之一,它包含了接受顾客的投诉,然后在酒店内部不同部门之间进行合作处理,最后将处理意见反馈给顾客,以使顾客的不满得到平息。因此,制定一个合理的投诉处理流程,使处理投诉的人员明白其工作的重要性,是非常有意义的。

确立受理部门及受理人。顾客进行投诉的方法很多,最常见的是顾客直接向酒店反映,也有向卫生防疫部门等投诉;顾客进行投诉的方式也很多,或是当面反映,或是电话投诉等,因此为了使顾客相信酒店有正确的态度和方法对待其投诉,保证顾客的投诉能在第一时间内得到处理,酒店必须成立专门的部门或委派专人接受并处理顾客投诉,在处理顾客投诉的过程中,必须要和顾客进行充分的沟通,以求得顾客的谅解,从而最大限度地消除顾客的不满。

建立、完善顾客投诉处理流程。酒店根据处理问题的层次性特点,制定一个处理顾客投诉的流程:一是投诉受理。即记录或听取顾客投诉,并根据投诉内容和顾客沟通。二是投诉分析。依据顾客的投诉内容,将投诉进行分类,是属于菜品质量问题还是属于服务质量问题,同时对造成顾客投诉的原因进行深入细致的分析,找出症结,然后和顾客一起商讨解决的办法,争取顾客的谅解。三是制定对策。根据顾客投诉的问题,制定处理方案,是为顾客消费的菜肴打折,还是奉送一道菜肴,或是其他理赔方法,在获得顾客的认可后,将处理结果通报各相关部门,并备案。四是向顾客反馈。在完成上述工作后,将处理结果反馈给顾客。对顾客来说,在投诉发生后第一时间内能够得到酒店的及时处理,将会提高他对酒店的满意度,这样的处理不仅能够充分反映酒店员工的良好素质,也能反映酒店将顾客利益放在第一位的经营思路和经营策略,会帮助酒店最终赢得顾客的忠诚和信任。

三、案例分析

饮食上的地区差异性十分明显,如海滨地带,以海鲜菜著称;江湖之滨,以河鲜菜闻名;山区则以山珍和野味为主宴;干旱区,以牛羊肴馔见长。有"天府之国"美称的四川,其肴馔作为一种独特的风味饮食早已为人们熟知,而以辛、辣、麻、怪、咸、鲜为特色的小吃更为众多旅游者所喜爱。孔府菜不仅以其雍容华贵的菜名闻名遐迩,而且以其原汁原味的风味特色和独特的传统烹饪方法著称于世。孔府菜从选料到加工一直到上菜程序,都很讲究对人体的营养保健功能。地处北方黄土高原上的人们,以面食为主,其风味小吃与南方迥然不同,山西的刀削面、兰州的牛肉拉面等,充分体现了北方人的饮食风格。少数民族的风味饮食,更是名目繁多,如蒙古族的全羊席、傣族的竹筒饭、香茅草鱼,朝鲜族的烧烤、泡菜,维吾尔族的烤羊肉串等。此外,天津的狗不理包子、广州的生滚粥、宁波的猪油汤圆、无锡的肉骨头、武汉的鲜豆皮、上海的蟹壳黄等这些食品,对于顾客来说都是非常有吸引力的。但是依靠同一厨师,就很难满足众口。

分析:

"凡是新鲜的、奇特的事物总是引人注目,激励着人们的兴趣",可以认为,各地的特色饮食对顾客都有着极大的吸引力,也是激发人们饮食情结之所在,同时每个顾客由于个人的喜好和饮食习惯而要求菜肴品种符合自己的口味,这使得厨房生产的产品必须具有满足顾客多样化需求的能力。

四、提示

中国人对待饮食,不仅仅把它看做是果腹的手段,而重在品尝和欣赏。由于地理环境、物产气候等方面的差别,加上民族传统和烹饪技艺的不同,产生了菜肴难以标准化的问题。因而顾客对菜品有意见经常并不是厨房的责任,即使不是厨房的错也很难辩解清楚。减少手工操作的随意性,保证菜肴质量的稳定性,实现烹饪的科学化、标准化是中国烹饪永远要研究的课题。

 ## 怎样建立客史档案？

为了保证服务质量，便于管理，各项服务步骤均应符合国际化标准，ISO9000 标准体系要求建立程序文件，这就为饭店提供规范化服务奠定了基础。然而由于现代饭店面对的市场越来越开放，接待的客人形形色色，他们具有不同的民族、信仰、职业、性别和年龄，他们的经济能力、生活习惯、文化程度、健康状况和兴趣爱好千差万别，这就需要饭店分析和研究客人个性的、动态的和隐性的需求，为客人提供一对一的针对性、差异性和灵活性的个性化服务。2000 版 ISO9000 标准体系"以顾客为中心"的指导思想，充分体现了饭店最终标准，那就是"满足客人的期望，令客人满意"。喜来登旅馆公司的创始人欧内斯特·亨德森先生的著名格言就是："在旅馆经营方面，客人比经理更高明。"

餐饮企业开展客户关系管理的目的就是为了提高顾客的满意度，从而最终达到自身经济利益的最高值，以此提高企业的市场竞争力。但在实际操作中，餐饮企业在处理与客户关系时一遇到顾客投诉，往往就以经济补偿来息事宁人，遇到习惯赊账者，往往又怕失去顾客而致使欠账一拖再拖。表面上看，企业似乎处理好了与客户的关系，但实质上却蒙受了损失，背离了企业所要追求的经济目标。这两种情况，涉及客户关系管理中的客户识别，按照传统的餐饮客户关系管理模式进行运作显然已经行不通了，因此，应引入全新的管理模式，用一种科学的思想、科学的方法和科学的手段来重新打造新型的客户关系管理模式。

一、如何预防

防火墙一：树立顾客成本的概念，真正实现企业的价值

顾客成本是指顾客在进餐过程中的各种费用和付出的总和，包括金钱、时间、精力等。要使顾客满意，最有效的方法就是尽量降低顾客自身所支付的成本。要做到这一点，首先就需要对顾客的需求进行评估，然后改变餐厅的作业流程，设法消除进餐过程中影响顾客成本最大的因素。例如在出菜速度慢、菜品质量差等问题出现时，应找出相应对策，提高饭菜和服务的质量，以此来满足顾客的需求，培养忠诚的顾客。

防火墙二：充分了解顾客

清晰识别顾客对餐饮企业来说是非常重要的，因为顾客的需求能够推动餐饮企业经营活动的开展。这里所指的经营活动，包括顾客能够参与的所有的企业工作活动，餐饮企业应通过这些经营活动建立以顾客为中心的经营活动模式，营造出一个致力于顾客的服务企业形象。因此，顾客是餐饮企业最宝贵的资源，企业必须像管理其他资源一样对顾客进行管理，做到像了解自己的产品一样了解顾客。

防火墙三：重视餐饮现场管理

餐饮企业通过现场管理能够了解客户的各种需求，掌握第一手的资料，包括客户的饮食习惯、消费方式、个性等，这些信息有利于餐饮企业有针对性地开展客户服务，提高服务质量，全面提升客户关系管理的准确性和有效性。

二、基本对策

步骤一：科学的客户关系管理方法：ABC分析法

事物都存在着关键的少数和一般的多数。例如，在市场上，少数人进行大量购买，几百种商品中，只有少数商品是大量生产的；在销售活动中，少数销售人员销售量占绝大部分，成千上万种商品中少数几种取得大部分利润；在成本方面，少数因素占成本的大部分等。因此，可以归纳出如下结论：一个系统中，少数事物具有决定性的影响，相反，其余的绝大部分事物却不太有影响。很明显，将有限的力量重点用于解决具有决定性影响的少数事物上，与将有限力量平均分摊在全部事物上，两者比较，前者可以取得较好的成效，而后者成效较差。ABC分析法便是在这一思想的指导下，通过分析，将"关键的少数"找出来，并确定与之适应的管理方法，形成了要进行重点管理的A类事物。这就能够以"1倍的努力取得7~8倍的效果"。

每个餐饮企业只要分客户进行销售统计就会发现，真正消费量占企业总营业额很大比重的客户并不很多，而具有相当比重的客户其消费额却占比重不大，因此，按照ABC分析法，前者属于A类客户，后者属于B类客户，而其余的客户就理所当然地划分为C类客户。当清晰地分出客户的类别后，就可以进行有针对性的管理。对于A类客户，其数量虽少，但却占企业总营业额的很大比重，且与企业有持续的、稳定的关系，因此，餐饮企业除了要进行必要的打折优惠外，还须经常地和这些客户进行感情上的交流，听取他们对本企业在服务、菜品质量、环境等方面的意见和建议，并及时进行改正，使这些客户真正成为企业的忠实客户。对于B类客户就需要耐心地进行公关，同时依靠提高服务质量、增加菜式品种等方式来提高他们对于餐厅的满意度，以此来得到他们对于企业的信任，进而成为A类客户。对于C类客户，其数量虽庞大，占企业总营业额的比重却很小，但餐饮企业不能忽视这类客户，因为做好了这类客户的管理工作，其极有可能成为企业未来的A类或B类客户。因此，要及时吸收他们的意见，开展有针对性的营销活动，由此来赢得这部分顾客的认可。

步骤二：科学的客户关系管理手段：CRM

CRM（Customer Relation Management）即客户关系管理，既是一种管理思想，又是一套解决方案，同时也是一套应用软件系统。作为一种管理理念，CRM起源于西方的市场营销理论，产生和发展在美国。市场营销作为一门独立的管理学科至今已有将近百年的历史。近几十年来,市场营销的理论和方法极大地推动了西方国家工商业的发展,深刻地影响着企业的经营理念以及人们的生活方式。近年来,信息技术的长足发展为市场营销管理理念的普及和应用开辟了广阔的空间。以客户为中心、视客户为资源、通过客户关怀实现满意度是这些理念的核心所在。

作为解决方案,CRM 集合了当今最新的信息技术,它们包括:Internet 和电子商务,多媒体技术、数据仓库和数据挖掘、专家系统和人工智能、呼叫中心以及相应的硬件环境,同时还包括与 CRM 相关的专业咨询等。作为一个应用软件系统,CRM 凝聚了市场营销等管理科学的核心理念。市场营销、销售管理、客户关怀构成了 CRM 软件模块的基石。

步骤三:通过衡量不同客户的价值了解餐厅最好的顾客是谁

CRM 通过对不同顾客的分析,得出哪些顾客对餐厅是至关重要的,这样就可以将对客户关系的投资放在高价值的群体上。同时,经过细致的分析,可以对顾客的信誉度有一清晰的了解,就可以更科学地处理问题。

当前,餐饮企业所处的商业环境和市场背景已经发生了根本性的变化。信息时代要求餐饮企业以最低的成本、最高的效率、最好的产品、最佳的服务来满足瞬息万变的客户需求以及日趋激烈的市场竞争,而餐饮企业要达到这一要求,就必须建立科学有效的管理模式,用科学来诠释餐饮经营活动管理的奥秘,用科学来塑造一个全新的管理模式。

步骤四:建立客户数据库

信息技术的高速发展,将餐饮业的竞争带入了一个全新的境界。它除了带给餐饮企业与顾客交流沟通的高效、便捷外,现代餐饮企业还可以借助高科技的餐饮管理软件和网站来建立自己的客户数据库。通过建立客户数据库,酒店可以找出自己餐厅的忠诚顾客、最有价值顾客,与他们建立双向对话关系。客户数据库营销可以用来促进销售、建立顾客关系,以便更有效率地运用营销经费。

建立客户数据库,必须和酒店的营销计划有机结合起来,充分发挥其作用。利用客户数据库选准目标市场,找到接近客户和潜在客户的最佳途径,并且通过不断分析和更新客户数据库,掌握哪种促销方式对哪类顾客最适用,找出带给餐厅最大利润的 20%~30% 的那部分顾客,并对他们做出重点追踪,根据他们的要求及反馈意见及时调整经营方针、策略,以迎合消费需求。

对于主要目标客源的基本需求情况,应通过定期的专项调查研究来了解。例如,美国旧金山市旅馆市场营销协会副主席组织了一个代表团,调查了美国本土,又访问了日本、澳大利亚和香港的 75 位主要旅行行业专业工作者,研究日本出国旅行者的需求特点,他们发现日本海外旅行者的餐饮需求方面有下列特点:

不太喜欢:
◆零点菜

- ◆ 每份菜分量太多
- ◆ 油、太香、辣
- ◆ 不讲究烹饪技术
- ◆ 小羊肉、羊肉、鸡肉和鸭肉
- ◆ 干燥的米饭
- ◆ 主菜前送色拉
- ◆ 黑面包,腌或熏的猪肉
- ◆ 大米布丁
- ◆ 烈性威士忌、杜松子酒和伏特加
- ◆ 用现金单独付小费。

更喜欢:
- ◆ 客饭或公司菜
- ◆ 每客菜分量适中
- ◆ 味道清淡
- ◆ 烹饪精制
- ◆ 牛肉(腰部嫩肉)
- ◆ 有黏性的米饭
- ◆ 色拉伴主菜(甚至早餐也这样)
- ◆ 意大利细条宝地
- ◆ 白面包、火腿、香肠
- ◆ 牛奶蛋糊布丁
- ◆ 苏格兰威士忌
- ◆ 白兰地
- ◆ 价格固定,小费包括在账单里
- ◆ 肉饭
- ◆ 辣酱油、酱油和泡菜。

可见调查工作之细,这是我们应该学习的。

三、案例分析

2000年加入中国旅游饭店行列的杭州国大雷迪森广场酒店,开业伊始就引入了麦克鲁斯等管理软件,对客户的每一次消费、口味爱好、品味要求、生日、生活习性等尽可能地收录到客户数据库中,以便能为顾客提供关爱的服务。他们不仅在餐饮部,还在前厅、销售部都建立酒店局域联网的客户数据库,更好地了解客人的需求,提高服务质量及品质,找准目标顾客,以寻求酒店整体利益的最大化。雷迪森酒店建立自己的客户数据库,其数据来源主要有:将传统的电话订餐的顾客资料输入到管理软件的客户数据库中去;雷迪森酒店拥有自己的独立网站,通过网上预订系统,吸引消费者来本网站注册从而获得客户信息;此外,管理者手中客户的名片也可成为客户数据的来源。为使客户数据库具有必要的完整性,应具备四种类型的数据信息:身份数据、地址数据、财务数据、行为数据。

分析:

世界知名休闲餐饮品牌必胜客(Pizza Hut)等国际品牌的连锁店都有利用客户数据库取得巨大收益的成功经验。建立顾客数据库可以帮助企业做到:如何用较少的营销费用增加销售;如何评估广告效果;如何发展顾客关系;如何提高消费金额的占有率;如何获取市场占有率;如何找到新顾客。

四、提示

依靠传统的餐饮客户关系管理模式进行餐饮运作显然已经行不通了,因此,应引入全新的管理模式,用一种科学的思想、科学的方法和科学的手段来重新打造新型的客户关系管理模式。建立顾客数据库,加强信息反馈,从而有效地提高、改进菜肴质量。餐饮企业可采取多种方法,让大厨入餐厅与客人交流,得到第一手的资料和信息;发放调查表,将一部分书面表述的信息收集上来;对提出合理化建议的顾客予以奖励。餐饮企业必须让厨房生产者充分利用顾客数据库,得到有效的顾客反馈信息。因为有效的信息反馈是改进、提高菜肴质量的前提。

如何提高厨房生产的效率?

生产效率是衡量厨房生产组织的合理性、生产技术的先进性和员工劳动积极性的标志之一,它直接关系到厨房生产管理的成功与否。要提高厨房生产的效率,就必须要掌握提高厨房生产效率的方法。

一、如何预防

影响厨房生产效率的因素很多,归结起来可分为内在因素和外在因素两个方面。

防火墙一:内在因素

一名员工的生产效率取决于若干相互联系的因素,主要是心理因素。它包括人的动机、情绪以及与其他员工的关系和上级领导的关系等。

造成厨房人员工作效率下降的内在因素主要有以下几点:

(1)岗位分工不当,造成员工对该岗位工作没有兴趣;

(2)员工在技术上无法胜任其岗位工作,因力不从心而产生厌烦情绪;

(3)自我感觉大材小用,不受领导重视;

(4)同事间人际关系紧张,造成情绪低落;

(5)有些客观困难得不到解决(如住房、小孩入托、家庭纠纷、经济拮据等)。

上述各种因素对员工的生产效率无疑有着直接的影响。因此,切不可忽视这些内在的因素。

防火墙二:外在因素

外在因素主要包括:

1. 餐饮的销售量变化大,影响厨房的工作量

效率是指人力、物力的投入与相应的实际产出。厨房在生产中,虽投入了一定的人力、物力,由于餐饮的销售量不稳定,会导致厨房的生产量忽高忽低,因而影响到生产效率。

2. 厨房生产的特殊性

一般的产品生产是先生产再销售,而餐饮产品的生产是先销售后生产,且生产时间短,在生产时间内忙闲不均;生产的产品品种多,且单个生产。要提高生产效率,就必须抓住这一生产特殊性。

3. 生产的工序不合理

传统的生产方式是各厨房都按生产工序分设初加工组、切配组、炉灶组、点心组、冷菜组等。一家饭店如有三个厨房,就设有三个初加工组、三个切配组、三个炉灶组等。这样的生产方式,不仅工作效率低,各班组之间工作量不均衡,并且厨房的生产成本不易控制。

4. 厨房人员的技术力量不足

厨房设备不能满足厨房生产的需要,这也是影响生产率的主要因素。厨师的技术高低和对某工种的熟练程度直接影响到生产效率。俗话说"熟能生巧",熟练的技术,可提高生产效率。厨房的设备是否完备,设备是否能满足生产的需要,设备是否功能俱全,等等,也都影响到生产效率。

二、基本对策

步骤一:以人为本的经营思想,让内部顾客满意

企业要取得成功的关键在于外部顾客和内部顾客的全部满意。内部顾客指企业的职工。在企业内部,下一道工序是上一道工序的顾客,基层员工是中层管理人员的顾客,基层员工和管理人员又是董事长和总经理的顾客,对于像厨房工作,厨师长是总厨师长的顾客,厨师是厨师长的顾客。国内外许多餐饮企业取得成功的关键是内部顾客满意,通过这种途径取得职工的信任,培养归属感,增强凝聚力,上下团结一致,共同努力,获得企业的成功。要做到这一点,必须做到尊重职工,尊重员工对个人理想、个人目标、个人价值的追求,为员工提供参与企业管理、解决实际问题、展示个人才华的机会,使其与企业合为一个有机体而不只是工具。让员工感

到在企业中得到承认和受人尊重,体贴关怀员工,在工作和生活中真诚的而不是出于利用目的的关怀,这样员工才会对企业依靠、爱企业,把自己和企业融为一体,实现利益共享,包含工资、奖金、培训、晋升及其他待遇,利益是企业员工最关心的,红利制度、入股制度都是餐饮企业与员工利益共享的例子。加强有效的沟通,鼓励员工对企业的各种事务提意见建议,评论和投诉,对提出良好建议的员工进行奖励,通过沟通,能使管理层了解管理的不足,得到改进工作的建议和意见,针对性地及时解决问题,使内部顾客满意。

步骤二:增加厨房包装化半成品原料的存储

包装化半成品原料,既具有贮存的特性,有保藏期、保质期,又处于毛料和成品之间,可以减少突来顾客引发的菜肴上桌缓慢的不利因素。可以预见,未来厨房生产中使用包装化半成品的数量会大大提高。因为既要菜肴出品质量好,又要出菜的速度加快,还要应付突如其来的零散客源,包装化半成品可以满足这些需求。为此,厨房尽可能地加大半成品原料的使用,这原料既可以自己预先制作,也可以市场购买,可保证餐饮产品生产量在不确定前提下质量的相对稳定。

步骤三:改变厨房的生产方式

厨房的生产方式,是厨房生产所采取的一种组织形式。传统的厨房生产方式的缺点是,工作效率低,工作量不均衡,生产的成本较难控制,改变厨房的生产方式能大大提高生产效率。目前,在一些大中型饭店中,所有的食品原料的加工工作都在一个较集中的加工厨房内进行,它包括原料的初步加工,精细加工(刀工处理)以及初步熟处理等,它们将原料加工成能直接用于烹调的半成品,并进行保藏。其他各厨房如需要用料,可凭单来加工厨房领取。这种方法免除了所有厨房的加工工作量,减少了各厨房所需生产的面积,还节约了大量的劳力,减少了原料浪费,统一了各厨房生产的标准,从而降低了食品的成本。

步骤四:购置和使用高效率的厨房设备

先进的机械化厨房设备,能在很大程度上替代厨师的工作,如厨房的一些加工设备:切片机、粉碎机、搅拌机、锯骨机、去皮机等。这些机械设备的运用,不仅节约了大量的人力,而且还保证了原料的加工质量,提高了生产效率。

步骤五:前、后台密切配合,相互依托,掌握出菜与上菜节奏

点菜与上菜节奏是前后台密切配合的工作内容。在点菜中,服务员充当了推销员,他不只是接受顾客的指令,还应做建议性的推销。服务员在推销中必须熟悉菜牌,明白菜式的品质和配制方式,介绍时可作解释。在点菜过程中,客人不能决定要什么时,服务员可提供建议,最好是先建议本店的特色菜和中高等价的菜式,因为中高档菜式的利润较高,有一部分菜的制作工序较简单,如清蒸蟹、鳜鱼、清炖甲鱼、三文鱼刺参等,在生意高峰期尽量少点一些加工手续比较烦琐的造型菜,否则这样会加大后厨的工作负担。

后厨在接单后,只要不是叫单,凉菜应在两分钟内出一道成品菜,热菜在3~5分钟内出一道成品菜。特别是对于一些特殊菜的上菜方法,更应该注意,如火锅、拔丝菜、有声响的菜等,这就要求传菜人员应与后厨相结合,以最快的速度把菜品传递出去,保证菜品的色香味形俱佳,若客人需演讲祝酒或要求暂停上菜,服务员应及时通知后厨暂停上菜,当客人祝酒之后要通知厨房恢复上菜,这时后厨不仅要出菜快,更需要传递快才行。

步骤六:餐饮现代化

国内国际大中型饭店、公共食堂、航空餐制作车间正向现代化方向发展,有以下特点:

1. 备餐过程集约化

在烹饪原料经过初加工制备半成品或冷菜成品过程中,因产量扩大,机械先进,贮存保鲜技术到位,形成半成品的流水作业生产线,既提高了效率和卫生质量,又改善了工人的劳动条件,还可向社会提供烹调前的半成品。

2. 装备分组模式化

按烹调食物的特点分类,制成贮藏、准备、清洗、烹调、上菜等分类配套紧凑而又衔接的工作单元,有利于现代控制技术的应用,形成统一的工艺过程。

3. 厨房布置人性化

即人和机器相互联系的设计安排,使员工和机器形成完整系统的活动。即根据操作员工的体能,设计出最适合其移动的工具,如工作台面的高度、橱柜外表的设计、炙烤用具的把手设计等,达到提高工作效率、减轻工人疲劳的效果。

4. 烹调过程控制化

如国外肯德基、麦当劳都是过程的控制化、全球连锁、原料统一、烹制方法统一,取得了惊人的效益。我国有混合控制,如面包糕点的配料已广泛进行,配菜系统也已尝试自动配菜系统,菜谱配料通过微机的终端键盘输入。美国FORB—ORO公司专门生产了混合控制器,只要输入总流量和各组分的比例,控制器就能正确地控制配比,实现混合自动控制。温度顺序控制,即温度周期性地随时间而变化,升温、保温、冷却,自动控制可以轻松地处理重复性大、操作步骤明确的生产过程。能量控制,在蒸煮和焙烤等工艺过程中,用此技术,可以提高能量的利用率。

三、案例分析

电子配餐。俄罗斯一电器厂现代化自动食堂,在食堂里安置选择膳食和结账的微型电脑,能显示出2 200份菜肴的名称和所含热量、脂肪、蛋白质、碳水化合物的成分,就餐者选定膳食后,只需约2分钟,厨房内的机器人、计量配料器和其他电子装置按指令配成一道膳食,并由自动上菜系统送到就餐者面前,从按膳食按钮到用餐完毕,大约为15分钟。

电子烹调。美国耶鲁大学研制出会做中国菜的新型电脑,能存菜谱和烹饪工艺程序,能认识菜肴的构成和调味品,能根据不同场合做出不同菜肴。该大学事先把中国菜的味道、菜肴的构成、烹调的方法、食物的营养等资料编入电脑,再编成菜谱,电脑就能按要求做出茴香鸡、炸虾球、酱肉丁等。

微波烹调。日本东芝公司制成微机控制的全自动微波炉,有烹调方法125种,在控制板上有选择开关,选取某种烹调程序卡,调好食物配料,开启即可,由于使用气体传感器,微计算机,能自动预热保温15分钟还可显示烹调完毕所用的时间,烘烤温度可达300℃。

分析:

电器化、现代化、自动化已成餐饮革命的趋势。

四、提示

传统厨艺津津乐道于一厨一艺、百厨百艺已不能适应现代化餐饮,餐饮革命大势所趋,适者生存,捷足者先登。

如何进行厨房生产的营养控制?

食品的种类和数量是决定人体健康的基本因素之一。因此膳食的营养状况取决于膳食结构,而良好的膳食结构又是合理营养的前提,是决定膳食质量及其营养水平的物质基础,而合理营养又是人体健康的保证。要改变营养状况,提高国民健康水平,必须从调整膳食结构入手。

国际营养学过去是对营养缺乏病的研究与防治,而现在则发展到膳食营养与疾病的研究。厨房管理的内容之一是营养控制,就是将营养学的研究成果应用于烹饪实际。调整膳食结构,注意烹饪过程中对食物内在营养的尽量发挥,并能根据食者的身心状况和要求合理地调整组合,使之不仅从味觉上,更从营养的高度享受膳食。

一、如何预防

防火墙一:烹饪原料营养价值的控制

烹饪原料可分为三大类,动物性原料,如禽、畜、鱼、虾、蛋、奶等;植物性原料,如糖类、豆类、蔬菜、水果、薯类、硬果类、菌类等;调味类,如糖、油、酱油、醋等,大多数调料是以动植物为原料经过加工制成。

烹饪原料的营养价值是指某种原料中所含的热能和营养素与能满足人体需要的程度,理想的营养价值高的原料,不仅能满足人体必须的热能和营养素,而且还要求各种营养素种类、数量、组成比例都符合人体的需要,并且易被人体消化吸收。

依照这样的标准,除母乳对于出生4～5个月的婴儿是比较全面的食物以外,可以说世界上没有一种食物能达到这一要求。天然食物中的营养素其分布和含量都不是十分均衡的,而更为麻烦的是,同一种原料,由于品质、产地、季节、种植条件、使用肥料、采撷时间、贮存条件、加工方法的不同,都会影响到食物中营养素的组成和含量。

这就需要对烹饪原料的营养价值进行控制。一是了解烹饪原料中营养素的组成与含量特点,以利于充分利用食物资源。二是了解原料营养的可变因素,即产地、时间、收获加工贮存过程中对营养的影响,以利于选择原料,以及在加工过程中因材施艺。三是科学配膳,使原料选择和搭配能扬长避短。四是考虑原料内在营养价值的同时,还必须充分考虑原料的外在感官性状,增加食物的色、香、味、形,保持食物的特殊风味。五是注意原料中天然存在的抗营养因子,如植物性原料中天然存在的草酸、植酸、单宁等,其存在直接影响到人体对食物中营养素的消化和吸收,考虑在烹调过程中尽量去除,以利于提高食物的营养价值。六是食物中有毒因素的回避和去除,如毒菌类,爬行动物中的毒蛇、鱼类中的河豚。有些如毒菌决不能食用,但河豚和少数其他生物虽然也有毒,有"拼死吃河豚"之说,但因其味道鲜美、质地鲜嫩、营养丰富、生食、熟食皆宜,一直是我国沿海人民的喜爱,既然屡禁不止,且确实味美愈恒,实际上通过洗涤和使用碱性去毒剂,再经过风味调整,不仅不会中毒,而且可以保存风味。

防火墙二:注意原料营养价值的科学分析

过去在厨房管理中是通过人的感官,凭借厨师的经验,追求方便、简单、快捷。现在一些中小餐厅厨房管理仍袭用此法。这种粗放式管理不仅不能适应现代社会的需求,而且稍有不慎会酿成大祸。对于大饭店宾馆的厨房管理应该建立原料营养价值科学分析体系。一是对每一种原料的营养素种类和含量进行分析测定,这方面既要充分利用现在工具书中的食物成分表,还要进行抽样测试验证。二是重视食品原料中营养素含量的数量指标,还应重视质量指标,应测定其消化吸收率、生物价、净利用率,必需氨基酸的组成比例等,比如鱼翅,按常规说法其中蛋白质含量很高,但由于必需氨基酸的组成不合理,因而蛋白质的实际营养价值并不高。三是注意加工和贮存中营养素的组成变化,有些向有利的方向转化,有些正好相反。如山芋在贮存过程中,部分淀粉由于酶的作用转化为单糖和双糖,使山芋的口感更好,有利于人体的消化吸收,而维生素由于化学性质的不稳定,贮存中受温度、日光、氧的作用,造成氧化分解。四是评定原料的营养质量指标主要是营养密度,即满足肌体某种营养素需要的程度;热能密度,即满足肌体热能需要的程度,并以上述两个数值比值的大小来评定原料的营养价值,称为INQ值。大于等于1为营养价值较高,小于1为营养价值较低。INQ的主要优点是对原料营养价值优劣一目了然,是评价膳食营养价值、指导消费、科学配膳的简明实用指标。

防火墙三:烹饪加工营养价值的控制

烹饪原料在烹调加工过程中,由于受温度、渗透压、酸碱度、空气中氧气及酶活力改变等因素的影响,可使原料发生一系列物理或化学变化。这种变化可以提高食物的消化吸收率及营养价值,破坏或杀灭原料中的有毒成分及微生物和寄生虫卵,有利于人体的健康。但与此同时,部分原料中的营养素可能受到损失和破坏,导致营养价值降低。而某些地区的特殊烹调方式,如烟熏,使用食品添加剂,还会产生对人体健康有害的物质。烹饪加工后,食物的色、香、味、形的变化可改变就餐者的食欲,间接影响人体对营养素的消化和吸收。

烹饪加工过程中的营养价值控制从根本上说是标准烹饪程序,即在标准菜谱上规定菜品的标准烹饪方法和操作步骤,程序要详细、具体,包括炊具、工具、原料加工切配的方法,加料的数量和次序,烹调的方法、烹调的温度和时间、盛菜的餐具、菜品的布摆方法,尽量减少因人为因素造成的菜品营养的流失。

具体说,一是原料预加工工艺,对选择好的烹饪原料进行初步加工,植物性原料、动物性原料、干料都需先进行粗加工。植物的洗净,动物的宰杀、去鳞毛、开剖、洗脏、清洗、分档取料等,干料的涨发,洁净和分档配料。精加工包括预热、刀工、型胚处理。预热处理的过水、过汤、过油、过红、过蒸等都是使用水、油、汽、固体物质等介质进行热加工的技巧,这时的温度火候直接关系到营养素的保存和丢失。刀工技巧看似和营养素的保存无关,其实原料的大小、厚薄、粗细直接影响烹调的时间,自然影响食品的营养成分。二是材料配组工艺,即预加工好的烹饪材料在用料种类、数量比例上进行搭配组合以供烹调制作的技巧方法。按照材料种类的多少,有单料、多主料、主辅料配组等方法,其营养的原则是,首先可食,其次花色;首先内在营养,其次外在造型。要求烹饪营养师不但熟悉单个原料的特点、性能、质量,而且要掌握原材料在各环节中发生的色、香、味、形、气等变化的规律,还必须懂得营养学知识,了解各风味的特点,在材料配组中胸有成竹,得心应手。三是调制加工工艺,即采用加热、调味等手段制作食品。调味工艺指在食品制作中运用调味手段,使用调味品调和食味的技巧方法。中国传统的烹饪强调五味,甘、咸、苦、辛、酸,加上现代的鲜、麻,构成基本七味,再进行组合配制出酸甜、甜咸、咸鲜、辣咸、酸咸、苦咸、酸辣、麻辣、怪味、五香复合型,每一种形态都有营养依据,可谓各有千秋,但每一种营养的侧重都不同,值得研究。在烹调工序之前,可进行初调的"码味",也可在烹调结束后,进行辅助性调味,如加味碟,但是只有在烹制中的调味,才能决定食品味型的调味,有种种手法,如"无味者使之入"的赋味,"异味者使之正"的矫味,"淡味者使之厚"的增味,"藏味者使之出"的提味,"味纯者使之定"的定味。历史上根据不同季节、不同原料、不同烹饪条件、不同人口味而灵活变化,所谓南甜北咸,东辣西酸是对一定范围人们口味的概括,而"春甘夏苦秋酸冬咸",是把五味的口感和营养的养生之道结合起来的明论。

加工中营养控制的关键一环是火温,即火候控制,即控制火力的大小和时间长短,火候掌握必须恰到好处,"过"和"不及"不仅不能烹饪出美食,达不到嫩、脆、酥、松、滑、爽的妙境,而且造成有益营养的流失,有害物质的萌生,因此燃料或热能的种类、加热工具、传热介质都和营养关系密切。中国菜的"火候"十分微妙,是中国烹调中的一"绝",外国人视中国炒菜如变魔术一样的神妙,火候对营养的作用确实至关重要。

二、基本对策

步骤一:科学配餐

厨房控制的基本方法一是科学配餐,科学配餐多是用平衡膳食的理论,合理选择、搭配多种食物原料,使就餐者获得所需要的各种营养素,达到营养素的供给量标准,并合理分配到各餐中。科学配餐时要注意掌握服务对象的年龄、性别、劳动强度、健康状况、经济条件、膳食习惯等因素;根据食物供应的市场情况,食物原料的种类、价格等;在疾病流行时,注意食物的来源、食物消费、烹饪及加工方法等。二是根据原料的营养素分布与特点,用合理的烹调方法烹制成可口的饭菜,以促进人的食欲,提高食物中营养素的消化吸收率。

步骤二:食谱编制

一是特殊宴会的食谱设计。能根据营养成分和有关要求,设计特殊宴会食谱,这就需要掌握特殊宴会食谱的设计方法。

二是特殊人群营养食谱的设计。能设计出针对高血压、糖尿病等特殊人群的食谱。这就需要掌握高血脂、高血压、肥胖症、糖尿病等特殊人群的饮食调理知识。

三是"食补养生宴"食谱的设计。这就需要掌握"食补养生宴"的科学知识,食谱的设计方法。

步骤三:配备"营养配餐员"

2002年2月11日,中华人民共和国劳动和社会保障部的国家职业标准中有"营养配餐员"的标准,这种职业定义是:"根据用餐人员的不同特点和要求,运用营养学的基本知识配制适合不同人群合理营养要求的餐饮产品人员",这一定义强调了以下三点:一是,厨房餐饮必须注意营养,这营养的首要条件是切合不同用餐人员的不同特点和要求。二是,配餐时必须运用营养学的基本知识。三是,配制餐饮食品必须注意用餐人员的合理营养要求,而不是让顾客随心所欲,违反餐饮营养的要求。

营养配餐人员的责任是重大的,他从饮食的源头上为顾客的身体健康把好了营养关。目前,我国餐饮业的营养师还未能普及,国家劳动部门不得不采取降低门槛,通过培训的办法,其中高级仅300标准学时,中级仅260标准学时,技师仅220标准学时。要在这么少的时间内培训出合格的营养师显然是不太切合实际的。而且对他们的能力要求仅仅是:"具有熟练的、准确的计算和操作能力,手指手臂灵活,并具备一定的语言表达能力,具备正常的色、味、嗅辨别能力",基本文化程度仅要求"初中毕业",显然要求是较低的。如果按照国家职业标准的技师要求,必须具备五大职业技能:

1. 营养配餐的准备工作

一是调查,即了解特殊就餐人群的饮食禁忌,了解新菜、新点的营养成分及制作方法。这就需要懂得相关的知识,包括与饮食相关的常见疾病知识,饮食心理学基本常识,餐饮食品的发展趋势和新动向。

二是核算成本,尤其能计算高档宴会的成本,这就需要掌握整套宴会定价知识,包括公务宴、招待宴、婚宴、寿宴等。

2. 营养餐制作的工作

能参与和组织协调营养烹饪方案的实施,运用"鼎中之变"的知识监控烹饪过程中的食物质量,这就需要掌握有关食品烹饪过程中的生物化学知识,能够走出现代饮食营养知识的误区。

3. 培训与指导工作

一是培训中、高级营养配餐员,能组织实施中、高级营养配餐员培训计划。

二是组织专题研讨,能随时掌握和获取营养学与烹饪技术发展的最新信息,并结合工作实际开展有关烹饪和营养课题的研究。

这一工作要求技师能掌握组织实施培训计划的方法,具有论文写作的基本能力。

4. 技术管理工作

一是制定有关技术管理制度,能制定出适合营养配餐员工作特点的管理制度,要求技师具有谈话艺术、批评技巧,并能制定激励机制的制度。

二是知识和技术的更新,能定期接受新知识新技术的培训,并能熟练地运用新技术进行操作。这就需要掌握国内外营养配餐发展趋势,新技术及新方法。

三、案例分析

饮食本身必须无毒无害,中国、美国、日本等世界各国的食品卫生法对食品的安全性和卫生性都做出了明确的规定,安全卫生是食品的必要条件,是科学烹饪的重要基础。因此,从总体而言,人们对烹饪产品色、香、味、形、质等感观性状的审美需求,对烹饪产品安全卫生和营养价值的生理需求是共同的。西方烹饪提倡"食品的安全性是无价的",强调食品营养标签的重要性。最新调查显示,西式快餐脂肪含量偏高,但不存在能量过高的问题;中式快餐总能量、脂肪偏高,碳水化合物偏低。

西方食品标志有严格的规定,一些术语是专门制定的,包括天然型、清淡型、低热量型、低钠型、无钠型、无糖型、低胆固醇型、无胆固醇型等。西方人对中国菜的营养表示过疑义,有关机构甚至对国外中国餐馆的菜肴进行分析,认为中国菜脂肪多,胆固醇高,食品中钠过高,理念上难以接受,但他们到中国来游览时,看到美味佳肴又忘却禁忌,大饱口福,甚至说"宁愿吃胖了回去减肥"也不愿失去品尝中国菜的机会,这实际上是在处理滋味与营养时,很难把握一个尺度,我们应该在乎西方人这方面的习惯,而不能以"拼死吃河豚"的态度,或"说的说、听的听"的无所谓态度对待这一问题。

分析:

任何事物都强调内容与形式的统一。就烹饪产品而言,感观性状是其基本形式,安全卫生和营养价值是其具体内容。常言道:"远看色,近看花"。菜点是先给人看而后食用的。烹饪产品良好的感观性状可有效满足人体心理审美需求,并具有提情绪、增食欲的功效。人体饮食主要是为了摄取其中的营养素以满足自身生理需要,所以说营养是科学烹饪的根本目的。

四、提示

就世界范围而言,无论何种烹饪体系或烹饪流派,尽管它们在烹饪过程的某些具体环节中或于烹饪产品的某些具体指标上存在着或多或少的差异,但从整体上而言,它们对烹饪科学化的基本要求是大致相同或相近的,即以注重烹饪产品的安全卫生为基础,以适口性为前提,强调营养、卫生与感观性状的统一,追求物质享受和精神审美的和谐,这三方面的基本要求是共同的,具有普遍适用的特征。

模块五
经营管理

 **怎样筹划美食节活动？**

当今餐饮市场竞争非常激烈，餐饮产品的生命周期不断缩短，传统和被动地坐在餐厅等待顾客上门的营销观念已经失去营销效果，举办各种餐饮营销活动是现代餐饮营销策略之一。因此现代餐饮企业经常举办假日营销活动、特色菜肴营销活动、特色服务营销活动、清淡时间营销活动等，如圣诞节晚会、比萨饼销售周、中秋美食月、希腊菜美食月、苏州菜美食月、法国烧烤月等。但是举办任何营销活动都应当具备新闻性、新潮性、非日常性、直观性、视觉性和参与性，突出餐厅的装饰和菜肴特色，简化活动程序，使餐厅的营销活动产生话题，产生现代气息，引起人们的兴趣。

餐饮业在节日和双休日营业收入明显高于平时，以节促销、造节促销成为各地餐饮营销工作的重点。据合肥市有关部门统计，2006年"五一"黄金周期间，全市接待旅游总人数69.35万人次，同比上升47.3%；旅游总收入1.05亿元，同比上升87.5%。同时，各餐饮企业也精心策划，做活节假日文章，收到良好的效益：香格里拉实现营业收入81万元，同比增长47%；蜀王火锅寨营业收入38.6万元，同比增长6%；江南春大酒店营业收入19.8万元，同比增长35%。

一、如何预防

防火墙一：美食节的眼球效应和品牌推广效应

据了解，有的单位举办"主题美食节"，对提高餐饮企业的营业额，并没有立竿见影的效果。常年举办各种主题美食节的京华大酒店有关人士表示，其实也不寄希望通过办节来增加营业额。"我们每隔两个月都会举办一个美食节，从实际情况来看，美食节期间，营业额并不会比平常增加多少。"京华大酒店的销售经理表示，美食节的眼球效应和品牌推广效应更为实际。

防火墙二:美食节可以提高厨师技艺

新世纪大酒店餐饮总监表示,办节的目的更重要的是"学手艺",每派10个厨师出去学习一个星期费用大约为1万元,但如果通过请外地厨师来办美食节,四五十个厨师一起学,则可以节省大笔费用。

防火墙三:美食节必须有新意

正常的美食节一般有按原料划分的素食节、野味节、海鲜节;按风味菜划分的宫廷菜美食节、川菜美食节、淮扬菜美食节、创新菜美食节、外国菜美食节等;围绕节庆举办的元宵小吃节、端午粽子节、中秋月饼节等。应根据企业的实力,结合外界有利条件,精心策划,力求新意。

扬城顺水楼大酒店的"土菜美食节"就是集中推出沪浙杭湘等地的土菜,给吃惯正宗淮扬菜的消费者一个新鲜感。其乡土菜沙锅美食节推出了民间沙锅系列、潇湘干锅系列、徐州地锅系列、港粤嘟嘟系列、农家大碗菜系列以及怀旧点心主食,近200个品种,据该酒店负责人介绍:顺水楼举办首届乡土菜沙锅美食节的一个重要目的就是让广大工薪阶层都能走进扬城顶级的品牌酒店,都能亲身体验到顺水楼大酒店的美味及美食文化氛围。全部菜品每份一律只卖15.8元,怀旧点心主食每份一律8.8元;美食节同时推出了贝壳小海鲜,无论消费者何种吃法,一口价只卖9.8元一斤。美食节期间,全场酒水均以超市价供应,比如在其他酒店消费五粮春每瓶168元,在顺水楼仅售128元;茉莉花啤酒在其他酒店6元,在此仅3.5元;可乐、雪碧在其他酒店售5元,在此仅售2.8元……顺水楼大酒店打破了酒店业酒水价格高的传统弊端,以超市价让利于消费者,真正体现了顺水楼大酒店高贵不贵,免去了消费者自带酒水的烦恼。

二、基本对策

步骤一:敢于大胆设想

设想是做事的主观前提,美食节策划中创意的产生,通常就在于敢想旁人所不想,只有冲破思维的樊笼,变不可能为可能,企业才会有进步,有发展。如:上海的"红仔鸡"美食节就大胆设想,将溜冰服务运用到餐饮经营中,取得了很好的社会效益和经济效益。

步骤二:运用反向思维

在美食节策划中善于采用反向思维,即反其道而行之,往往会收到意想不到的效果。现代餐饮经营在向现代化发展的同时,一种追求原始的、古朴的餐饮经营风格也在不断地涌现。村野餐厅、海盗餐厅、沙滩餐厅、知青餐厅等正是受这股返璞归真的潮流影响而成。许多菜品的制作也是一反常态而变化求新。如广东的"大良炒鲜奶"是将液态牛奶用锅炒制,"火烧冰激凌"是将冰激凌热吃等。

步骤三：追求文化第一定位

优秀的美食节经营，讲求餐饮文化的独创，餐饮文化和其他文化的嫁接。以仿古菜美食节为例，这几年真是扑朔迷离，高潮迭起：

1. 以朝代为依据的仿古菜

1986年，西安烹饪研究所为适应旅游事业的发展，在挖掘整理发扬中国传统烹饪文化技艺的基础上研制仿古菜，经专家鉴定，由西安市科委颁发科研成果证书，在西安曲江春餐厅投入市场经营，并在北京和日本京都设有仿唐菜馆。河南开封素有"七朝古都"之称。北宋时期，这里曾历经九帝，史书以"汴京富丽天下无"的诗句来赞美它。《东京梦华录》等古籍对当时开封的繁华与饮食业的发达、烹饪技术的高超都有详载。开封刮起一阵复古风，以古籍为蓝本，一批仿宋菜肴纷纷出炉，且颇受人青睐。杭州八卦楼菜馆于1984年开始了南宋菜肴的挖掘整理工作，研制开发成功了60余种南宋菜肴。此后，杭州包括楼外楼在内的多家菜馆也纷纷推出仿宋菜。由于明朝定都南京，使南京成为全国政治、经济、文化的中心，经济亦随着起飞，在洪武年间，已兴建了16座大型酒楼，饭店林立，小吃品种繁多，船宴盛行，御膳独具。所以南京秦淮风味小吃研究会，积极挖掘明朝菜肴，研制出仿明菜，并于1999年赴台北参加中华美食展大获成功。而唐朝以前，由于年代久远，史料欠缺，所以成系列的仿制宴席并不多见，仅有如西安曾研制出十几种秦汉菜。

2. 以著名府邸为依据的仿古菜

自春秋末年以来，孔子的嫡裔已传至70多代，孔府菜也代代相传，日益丰富。1947年，第77代衍圣公离开孔府后，厨房停炊，厨师离散。山东曲阜、济南等地根据历史档案及其他一些史料对孔府饮食进行了详尽的研究，再加上厨师的回忆，挖掘、整理出一批孔府菜。南京根据清代袁枚的《随园食单》，精心研制了"仿随园菜"，在当时南京最高档的金陵饭店以随园宴的形式满足市场的需要。

3. 以著名地域为依据的仿古菜

"敦煌宴"以敦煌艺术、历史典故、敦煌遗书、民间风俗等为背景研制的菜品为主，其文化背景引经据典，比较真实。2001年，在第二届中国美食节上，代表甘肃省参赛的甘肃长安餐饮有限公司，首次以古朴、典雅、富有西北地方特色的敦煌菜获得组委会大奖；2002年，代表甘肃省参加第三届中国美食节的敦煌宾馆，以精心烹制的敦煌宴等系列菜，捧回了中国烹饪最高奖——鑫鼎奖。

4. 以著名人物为依据的仿古菜

苏东坡是北宋时期著名的文学家，以他命名的"东坡肉"、"东坡鱼"等至今流传。苏东坡一生颠沛流离，去过许多地方，而他足迹所到之处，都有东坡宴问世。四川乐山、湖北黄冈、江苏常州、浙江杭州、广东惠州，都根据苏东坡留下众多诗词文赋中饮食文化的记载并结合当地的风味创制出独具特色的"东坡宴"。清代著名书画家郑板桥曾有很多诗文述及家乡的饮食烹饪之事，如："江南大好秋蔬菜，紫笋红姜煮鲫鱼"、"一塘蒲过一塘菱,荷叶菱丝满稻田。最是江南秋八月,鸡头米赛蚌珠圆"、"三冬荠菜偏饶味,九熟樱桃最有名"等。板桥故里的江苏兴化市兴化宾馆在研制板桥宴时,充分利用当地特产原料以及郑板桥的传说故事,使其每一个菜品都能找到依据。此宴充分利用新鲜的鱼、虾、藕、草鸡、黑毛猪肉、醉蟹、麻虾子等水乡食品,并体现苏北水乡民间的"蒲筐包蟹、竹笼装虾、柳条穿鲤"的乡土风格特色。

5. 以古典文学作品为依据的仿古菜

红楼宴的研制始于20世纪80年代初。1983年,北京的来今雨轩率先经营红楼宴,之后,石家庄、扬州、南京、上海等地相继推出红楼菜,活跃了饮食市场。《红楼梦》所载的几十种菜肴,也从书本搬进了厨房,把文字变成了实物。20世纪80年代,徐州、济南也根据《金瓶梅》的记载,研制出有关金瓶梅的宴席,均先后供应于市场。山东阳谷县组成了由《水浒》专家、文史专家、烹饪专家、著名厨师等联合组成的"水浒宴"研制班子。他们以《水浒》原著为主,同时参照一些宋代著名菜点的出处、制法、风味等。研制者还到梁山等《水浒》故事发生地,在有关部门和百姓中走访,广泛收集有关史料和传说,为水浒宴寻求确凿的证据。在宴席设计上,他们把宴席名称、会议厅的环境、氛围、餐具等,都作为仿古宴不可分割的组成部分,尽可能采取翻拍老片的办法。会议厅里,还可播放电视剧《水浒》的主题歌《好汉歌》,渲染会议气氛,增强历史感和现场感。

步骤四:合理巧妙地组合其他艺术

组合也是一种创新,考虑组合,有两大动因:第一,借组合产生综合效应;第二,通过组合,让一些本似不相关联的事物经过有序的思维碰撞产生创意,产生互相补充、互相提携的综合效应。美食节就餐本来就是去吃饭,如若与演出、比赛、问诊、拍卖等活动结合起来,会收到绝佳的效果。红楼宴的一道道食馔,不仅将扬州菜肴的名菜、细点、美酒等呈现于客人面前。而且古色古香的红楼餐厅;清式漆器的红楼桌椅;银、瓷、陶、琉璃的红楼餐具;金陵十二钗的红楼漆器挂屏;清幽深情的红楼乐曲;"谁解其中味"的红楼菜单;形如晴雯、袭人的红楼侍女;加之清时礼仪,书中情趣,举杯有兴,进馔有据,水色山光,更添佳绪,形成气氛浓郁的红楼美食环境。来此赴宴,"假作真时真亦假",宛如身临大观园其境,美酒佳肴、诗情画意顿时涌出,久久回味,齿颊生香,难怪美食家品尝后说:"天下美味,尽于斯矣。"学者品尝后则认为:"红楼宴道道有出处,道道有文化。"著名学者冯其庸品尝后,情不自禁地写诗盛赞:

天下珍馐属扬州,三套鸭子烩鱼头。
红楼昨日开佳宴,馋煞九州饕餮侯。

艺术家的现场演奏满足了高规格、高档次、高品位宴席的需求;全新装修的宴会厅将古典建筑风格与现代装潢艺术完美融合,将民族优秀文化与美食完美融合;在经营餐饮的同时,提供物超所值的下午茶、咖啡、晚茶、演艺、酒吧以及免费阅读书刊等服务,满足商务洽谈、商务接待、举行招待酒会,为高品位人士休闲聚会提供好地方;开设红酒吧和雪茄吧可引领最新餐饮潮流。

三、案例分析

每年的夏淡季节,杭州雷迪森酒店会推出雷迪森之夏西湖美食博览会。迄今为止已是第六届了。内容是一年比一年丰富,品质也一年比一年高,深受广大消费者喜爱。2006年第六届雷迪森之夏西湖美食博览会,推出了"雷迪森之夏,花港厅斑鱼和官府菜美食博览"。酒店从椒江专门邀请了烹制官府菜的大厨,使花港的官府菜情结浓郁,稠汁鱼翅,官府鲍鱼,令人食后难忘;夏宫推出了"雷迪森之夏,金鲍银翅美食博览",由香港"梁记翅行"专供的金钩翅、南非鲍,品质超群;绿荫咖啡厅推出了"雷迪森之夏,澳洲风味和海鲜自助大餐美食博览";华伦天奴推出了"雷迪森之夏·'T骨',肉眼牛扒与意式套餐美食博览",让食者品味到意大利佛罗伦萨文化真谛;云海推出了"雷迪森之夏铁板烧、金枪鱼刺身等日式美食博览",酒吧也以雷迪森之夏为主题,推出了相应的饮品,来自凯悦酒店的酒水部调酒大师陈洪先生,以一款"阳光马尼"倾倒无数都市时尚人。

分析:

利用整合营销能获得良好的经济效益和社会效益。像雷迪森餐饮品牌就是充分利用了酒店本身资源优势,通过整合营销获得累累硕果的一个经典例子。雷迪森酒店就是利用酒店的综合设施、综合实力,通过整合营销,并且借助雷迪森新闻联播向外宣传、推广,形成了杭州城美食一道亮丽的风景线。

四、提示

使用整合营销,既可保持各个餐厅的特色,又可以采用统一的营销策略,使得整个酒店的餐饮更有竞争力,也便于树立酒店餐饮品牌。

如何合理安排会议餐?

会议是人类社会文明的产物,是人们互相交往的一种方式,通过举办会议,表达对宾客的敬意,表达对特定事件的庆贺和纪念。传统的会议多注重会议菜点及服务的设计,而对会议的环境设计很少考虑。随着经济的发展和生活条件的改变,人们对饮食环境气氛的要求也越来越高,饭店能否吸引宾客,给顾客留下难忘的印象,与就餐的环境和气氛有密切的联系。特别是随着国内、国际的交流日益频繁,会议起到了必不可少的作用,会议餐饮不仅提供了美味佳肴和优良服务,同时,精心设计会议厅环境,还能影响人们的情绪和心境,给其留下深刻的印象,能更好地体现会议的主题。

一、如何预防

防火墙一:坚持力戒排场、量少精作的原则

我国人民自古以来就有热情好客的传统,款待嘉宾时,其会议餐都讲究形式隆重,菜肴多样,以表达对宾客的情谊。但传统会议餐菜点追求原料名贵,崇尚奢华,往往菜点的数量根据习惯来安排,多多益善,少则十几道,多则几十道,使会议餐剩菜很多,甚至有的菜没有吃就原样送回,这不仅造成食物资源的浪费,而且还使客人暴食暴饮,有损于身体健康。因此现代会议菜点设计要去除传统的弊端,力戒追求排场,转而讲究实惠,本着去繁就简、多样统一、不尚虚华、节约时间、量少精作的几条原则来设计制作会议菜点,只要能注意原料的合理搭配、口味讲究变化,同时考虑宾客食量的需要,就一定能够使宾客称心满意。许多中高档的饭店已将过去十多道会议菜肴精简为六七道,"再好的菜,吃多了也会腻"。会议菜肴的口味鲜美、变化常新也已越来越成为经营者和宾客们所关注的焦点,它是饭店创造餐饮特色和吸引顾客的最好武器。

防火墙二:开发新的品种特色

在中国传统会议菜点的基础上开发新的品种特色,这是近10多年来我国餐饮工作者为之追求的一个目标。近几年来,我国许多大中城市的饭店在会议菜点的配置方面出现了许多新的风格,各款菜点的组配风味盎然。不少中高档饭店的会议菜单上,既安排有乡土菜,如咸肉千张结、沙锅呼啦圈、芦笋炒臭干、黄豆炖猪手、锅仔肚肺汤等;又穿插有西式菜肴或日本料理,如西式焗蜗牛、铁扒羊排、柠汁生蚝、生吃三文鱼等;既有传统菜,如叉烤鸭、沙锅狮子头、炒软兜、佛跳墙、东坡肉、松鼠鳜鱼等;又有改良菜,如酥皮海鲜盅、沙律海鲜卷、黄油焗鳜鱼、柠汁面包虾排、西汁龙利鱼等。世界餐饮的大交流,为会议菜点的开发提供了许多借鉴。不同风格的菜肴组合成一桌会议餐,品尝时就好像欣赏一幅构思巧妙、风格迥异的组合图画。这些品种特色各异之趣,已越来越得到宾客的赏识。

防火墙三:精心安排大型的、重要的会议

对大型的、重要的会议、酒会、冷餐会,应专门制定菜单,制订进货计划,精心生产的安排,进行现场督导,名厨亲自上灶烹制主要产品,以保证菜点质量和饭店信誉。

二、基本对策

步骤一:按照一定的程序进行安排

会议餐属于预订的业务,按照一定的用餐费用标准,由厨房具体安排每日早、午、晚餐的菜点与酒水的配量内容。它可以按照一定的程序进行安排,以达到宾客满意和成本适当的目的。

会议餐的菜点安排与成本核算的基本依据是《用餐通知单》。其主要内容包括:包餐单位的名称,包餐人数,餐别,用餐费用标准,用餐起止时间,付费方式特殊要求,酒水供应种类和餐桌安排等。典型的包餐是按每天早、午、晚三餐安排菜点酒水与核算成本。

厨房接到餐务接待部门下达的《用餐通知单》以后就可以按照上面给定的条件,根据本企业的《会议餐安排标准》和《会议餐菜点标准》具体安排与核算。

步骤二:合理分配菜点成本

怎样选择菜点呢？要使其与会议规格相符,首先应明确菜点的取用范围,每一类菜品的数量、各个菜点的等级等。所有这些,无不与会议档次(用售价或成本表示)密切相关,每道菜品的成本大体上定下来,选什么菜就心中有数了。

步骤三:核心菜点的确立

核心菜点是每桌宴席的主角,没有它们,全席就不能纲举目张,枝干分明。哪些菜点是核心,各地看法不尽相同。一般来说主盘、头菜、座汤、首点,是会议食品的"四大支柱"。甜菜、素菜、酒、茶,是会议食品的基本构成,都应重视。因为头菜是"主帅",主盘是"门面",甜菜和素菜具有缓解口味、调节营养及醒酒的特殊作用。座汤是最好的汤,首点是最好的点心。酒与茶能显示会议的规格,应作为核心优先考虑。设计会议菜首先要选好头菜,头菜在用料、味型、烹法、装盘等方面都要特别讲究。如果是数天的会议,核心菜点不能重复,应富有变化。

步骤四:辅佐菜品的配备

对于核心菜品而言,辅佐菜品主要是发挥烘云托月的作用。核心菜品一旦确立,辅佐菜品就要"兵随将走",使全席形成一个完整的美食体系。如果是数天的会议,每餐辅佐菜的品种尽量不要重复,尤其同一天的中晚餐菜品千万不能相同。

配备辅佐菜品在数量上要注意"度",既不能太少也不能过多,它与核心菜品可保持1:2或1:3的比例;在质量上要注意"相称",其档次可稍低于核心菜品,但不能相差悬殊,否则全席就不均衡,显得杂乱而无章法。此外,配备辅佐菜品还须注意弥补核心菜品的不足,能反映当地食俗的菜、本店的拿手菜、应时当令的菜、烘托会议气氛的菜、便于调配花色品种的菜等,都尽可能安排进去,使全席饱满、充实。待到全部菜点确定之后,还要进行审核,主要是再考虑一下所用菜点是否符合办宴的要求,所用原料是否合理,整个席面是否富于变化、质价是否相符。对于不理想的菜点,要及时掉换;重复多余的部分,坚决删掉。总之,设计菜点时多尽一份心,办宴时就会少花费许多气力。

步骤五:注重大型的、重要的会议餐的安排

2001年10月在上海举行的APEC(亚太经济合作组织)会议,涉及19次重大宴请、50多次非正式宴请,特别是在上海国际会议中心举行的APEC正式欢迎晚宴,花了近1年的时间进行刻苦演练和精心准备,就宴的宾主包括20多位国家元首在内共计1 002位,这是新中国成立以来规格最高、要求最严的一次会议。这些会议的设计与安排可以说是匠心独具,细致入微,国家领导人还亲临检查和指导。

三、案例分析

2001年9月18日,参加第六届世界华商大会的2 000名嘉宾来到江苏省扬州市旅游考察。为迎接嘉宾,做好接待工作,扬州市设计创作了具有鲜明淮扬特色的华商大餐——"秋瑞宴"。此宴集传统名菜点与创新特色菜点于一席,将传统与时代特色融为一体,既是现代人饮食消费心理的反映,也是淮扬烹饪文化的综合表现。淮扬"秋瑞宴"近200桌大型风味特色宴席获得了巨大成功,获得了华商和各级领导的一致好评。

"秋瑞宴"中的"秋"字说明了举办宴席的季节在秋季,反映了时令特点。淮扬菜自古以来讲究按不同季节的时鲜物产来安排菜点。"秋瑞宴"中就围绕"瑞"字设置菜点:宴席的头菜名为"遐龄四宝",它的主要原料是鲍鱼、海参、鱼皮和乌龟,在民间称乌龟为"千瑞",宴席用"瑞"字定名,表达了主人对客人的良好祝愿;"秋瑞宴"充分考虑时令物产,从菜单内容的设计上突出宴席的季节特色,充分选取具有季节特点的、新鲜的原料入馔,如用螃蟹、麻鸭、荷藕、老菱、花生、香芋、萝卜、南瓜等秋季时鲜原料配制成丰富多彩的菜肴。按时令季节组合宴席的菜点,使淮扬菜"四季有别"的个性特点在宴席中得到充分体现。

分析:

扬州自隋唐至近代为我国南北交通枢纽,是我国东南地区的经济、文化中心,人文荟萃,人杰地灵,因此以"瑞"字寓喻扬州"瑞气祥和"、"祥瑞福辏",兴旺发达;同时宴席用"秋瑞"定名,表现了宴席的文化含量和会议风格,体现了历史文化名城深厚的文化底蕴。

四、提示

宴席菜单中的菜名应附加正名,当前艺术菜名用得最广泛的是宴席菜单,为宴席增趣生色,活跃气氛,提高档次,例如:婚席上的菜名多用连理、并蒂、鸳鸯、和合等字样,表达了对新婚夫妇美好的祝福;寿席上的菜名多用蟠桃、银杏、白鹤、青松等吉言,寄托期望老人洪福齐天的情感。欣赏这些菜名时,如不与菜肴对号,很容易让人不知所云,因此开列菜单时,应结合写实的名称,具体方式为艺术名称附加正名,如霸王别姬(甲鱼炖鸡),或者正名附加艺术名称,如南瓜童鸡(寿比南山),如无锡喜来登、太湖饭店等星级酒店的宴席菜单,其菜名都是由写实名称和艺术名称组成,既一目了然,又不失高雅。

# 如何合理安排 VIP 会议菜？

美食是 VIP(Very Important Person 贵宾)会议活动中最重要和不可缺少的内容之一,古往今来,饮食被人们赋予了审美、艺术、礼仪、禁忌等文化内涵。VIP 会议的客人对饮食的要求,不仅在于吃什么,更重要的是怎样吃,使用什么样的饮具、餐具,以及进餐的氛围和方式。而风情各异的地方饮食最能符合 VIP 会议的客人品尝不同民族、不同地区食品的要求,并使他们得到感官和精神上的极大满足,这也是 VIP 会议的客人产生饮食情结的根本所在。

VIP 会议的菜肴必须由餐桌设计——"台型设计"配合,这是根据会议形式、主题、人数、接待规格、习惯禁忌、特别需求、时令季节和会议厅的结构、形状、面积、空间、光线、设备等情况,设计会议的餐桌排列组合的总体形状和布局,其目的是合理利用会议厅的固有条件,表现主办人的意图,体现会议的规格标准,烘托会议的气氛,便于宾客就餐和席间服务员进行会议服务。每一个会议都有不同的布局,所以会议厅场地的安排方式也就无法一概而论。

VIP 会议的宴席还必须有其他文化辅助,环境幽雅、闹中取静的地点;豪华大气、尊贵典雅、古色古香、具有传统风格的包厢;古典建筑风格与现代装潢艺术完美融合的装潢;艺术家的现场演奏,营造商务洽谈、商务接待、举行招待酒会氛围,才可满足 VIP 会议高规格、高档次、高品位宴席的需求。

一、如何预防

防火墙一:宴会的菜肴要卫生安全

一般来说,高端客人往往是政要、富豪等,菜肴卫生安全稍有闪失,后果不堪设想。

防火墙二:宴会的菜肴必须具有地方文化特色

宴会的客人大多是"曾经沧海难为水",可以说吃遍天下无敌手,大路货的菜是引不起他们兴趣的,更不会经久不忘,但具有地方文化特色的菜肴却使人耳目一新,而有些客人正是奔着地方文化特色去的。所以突出具有地方文化特色可以起到事半功倍的效果。

防火墙三:宴会的菜肴应做到传统和时尚结合

宴会菜肴应该是做工考究、能体现风味特色的名菜名点,不能一味地嗜古成癖,而应以"旧瓶装新酒",与时俱进,古代文化和现代文明交相辉映。

防火墙四:宴会的菜肴选料应广泛,富于变化

这样能给客人以花式品种多样、口味各异、名菜荟萃的感觉,也使不同口味的客人都能找到最爱。

防火墙五：分清主次顾客

强调以主人或主宾的口味为主导，在厨房生产的产品中充分体现出来。同时，建立顾客的客史档案，尤其是 VIP 客人的档案，注明顾客的要求和喜好，做到有的放矢。例如目前餐饮行业所接待的 VIP 客人中的一批成功人士，他们大多在五六十年代出生，五、六十年代的生活状况和水准尽管不高，甚至低下，但他们还是非常留恋和向往从小吃惯了的母亲做菜的风味——"母亲味"，由于其影响根深蒂固，所以饭店针对他们的这种饮食嗜好推出家常菜、地方土菜就很有市场。

二、基本对策

步骤一：菜点的安排必须切合会议精神

1999 年 12 月，世界财富全球论坛年会会议，在上海国际会议中心七楼摆设了 120 桌宴请'99 财富全球论坛的跨国企业代表，当时会议的菜谱是：

风传萧寺香（佛跳墙）

云腾双蟠龙（菠萝明虾）

际天紫气来（中式牛排）

会府年年余（烙银鳕鱼）

财运满园春（美点小笼）

富岁积珠翠（椰汁米露）

鞠躬庆联袂（冰渍鲜果）

这些菜名的第一个字连起来，为"风云际会，财富鞠躬"（最后一道菜选开头"鞠躬"二字），既交代了当时世界财富全球论坛年会的宗旨，又展望会议的影响，祝福代表的前程。由此可见烹饪大师们独具匠心的安排。

步骤二：菜点的安排必须切合会议地点的文化

2001 年 9 月 18 日，世界华商大会，5 000 名与会贵宾在秦淮河畔的夫子庙参加秦淮风情晚宴，餐桌上以秦淮的"八绝"小吃为主，每一干一稀组成一"绝"，分别是雨花茶、五香蚕豆；鸡汁干丝、开心烧卖；如意回卤干、什锦素菜包；美味鸭血汤、双味烧饼等。为了体现南京地方特色，各餐饮点都对传统小吃进行创新。如把酒酿汤团改为雨花石汤团，用糯米粉和可可粉制作，形似雨花石。

步骤三：菜点的安排必须切合会议地点的时尚

2001 年 10 月 20 日，APEC（亚太经合组织）会议，晚宴在坐落于浦东滨江大道的上海国际会议中心上海厅进行，厅内灯火辉煌，气氛热烈。国家主席江泽民在这里宴请出席 APEC 非正式会议的经济体领导人及配偶。晚宴的菜单上印有团花图案，以及烫金的"亚太经合组织领导人晚宴"和"中国上海 2001 年 10 月 20 日"等字样。上海国际会议中心最优秀的厨师精心设计了上海最时尚的晚宴菜式：一道冷盆、四道热菜和一道点心加水果，分别是迎宾冷盆、鸡汁松蓉、青柠明虾、中式牛排、荷花时蔬、申城美点、硕果满堂。

迎宾冷盆：掀开银盖，跃入眼帘的是一幅"画"，"鲜花"植立于"泥"中，"泥土"是两片连肉带皮的烤鸭，"花秆"是植在"泥"上的三根芦笋，"花叶"是三角形的两片鹅肝，圆形"花盘"由三片白煮蛋的蛋白围成，"花蕾"由三四粒红、黑鱼子组成。黑鱼子是产于乌苏里江的大麻哈鱼子，比较名贵，有其点缀，菜就上了档次。

鸡汁松蓉：这道汤要有香味，鲜、浓，又要清，鸡专门从苏北买来，都是散养的。松蓉和竹荪产自云南，是经中国菌类食物研究协会专家确认的持证产品。这道汤是冷盆后的第一道菜，瓷罐中有8片松蓉、8段竹荪、2根小菜心，菜心的头上插着2根胡萝卜小梗。

青柠明虾：为符合外宾的饮食习惯，明虾须去壳切成片，但为了显出虾的形状，所以用南瓜刻成虾状，将明虾片铺在上面，再用土豆片封住，周围标上花边。土豆片用鳜鱼汤拌成，这道菜经烤制而成，装盆时，盆中三分之二的位置放虾，边上放着半只柠檬，一旁用一片荷兰芹的叶子点缀。

中式牛排：牛肉采用内蒙古赤峰散养的牛。这盆菜的上端放了2根涂蜂蜜后烙2小时的薯条，金灿灿且带着甜味，两边各4根月形的荷兰豆，翠绿翠绿的。牛排用番茄沙司和辣酱油制作，微辣中甜，色香味俱全。

荷花时蔬：呈现了一幅荷花绽放水中的景致，黄瓜汁水造就的荷塘一抹淡绿，上面浮着由红菜头刻成的"荷花"、用冬瓜皮刻出"荷叶"，藕则由白萝卜雕出。荷塘上一艘15cm长，用节瓜刻制的船，船上是满载而归的"柴梗"，这些"柴梗"是一排切丝的橄榄菜、油焖茭白。

申城美点：一只萝卜丝酥饼、一只小小的素菜包和一只翡翠水晶饼。素菜包只有生煎馒头般大小，而翡翠水晶饼的制作比较独特，皮用小豌豆片和麦淀粉制作，上面压有APEC的字样，这盘点心用素菜点成一片草地，用麦淀粉捏成的两只和平鸽用嘴衔着牡丹或玫瑰，诗情画意跃然盘中。

硕果满堂：用西瓜、芒果、木瓜、猕猴桃做成，四样水果放在玻璃盘中，红黄橙绿相间，煞是漂亮！

步骤四：菜点制作程序化和合理创新

VIP会议最难处理的是，客人多且地位高、用餐时间集中且短暂、菜品质量名贵高档，这就必须做到程序化和标准化。华商在扬州品尝的"秋瑞宴"，四家酒店同时接待华商大会代表，共有近200桌宴席，在中午同时开宴，用餐时间为45分钟，这样规模大、用餐时间短、要求高的大型风味宴席，既要保证传统名菜点的风味特色，又要在规定时间内出菜，其难度是可想而知的。为了保持会议的风味特色，"秋瑞宴"菜品的制作工艺有了大胆的改进和创新。如扬州名菜"蟹粉狮子头"，改变传统的一次性炖制成熟即可食用的烹饪方法，而采用先清炖至八九成熟后，分装在各客的盅内，不用原汤（因太油腻，另作他用），加入高清汤调味后，再经蒸炖后上桌,这样做既能去除菜品多余的油脂,又保证了这道功夫菜的出菜顺序和时间。"扬州炒饭"采用的烹饪方法为:先将虾仁划油,葱花用油炸后备用;再烩制馅料;然后炒蛋、饭,再放入什锦馅料同炒,起锅前放葱花炒拌;最后装盘后用虾仁覆盖。这样的制作方法可以将5桌的饭(60人份)一锅同时烹制,成品的风味不减。再如淮扬风味名菜"金葱高邮麻鸭",经改进后的烹调方法是:先将麻鸭、金葱一起放锅内红焖成熟后,去掉鸭大骨和金葱,放入扣碗内加上生的金葱和原卤,再蒸制,即采用了先焖后蒸的两种烹调方法制作成菜,这使菜肴增添风味,成品"酥烂脱骨而不失其形",葱香浓郁,诱人食欲。"炒软兜"是以鳝鱼脊背肉为原料的淮扬特色菜,经改进后采用熟炝的烹调方法制作成"紫檀虎尾",以蒜香鲜嫩的口味特色受到宾客的青睐。"清蒸鳜鱼"的传统做法是浇白汁,另带姜米醋碟上桌,经改进后烹制时增加了葱、姜、红椒等配料,浇上用鲜酱油调成的红卤汁,既丰富了成菜的口味,又省去了服务员上姜米醋碟的工序。如"甘杞虾仁"、"花菇菜心"等菜品的烹调方法也都做了必要的改进,使之更适应会议的要求。"秋瑞宴"菜品烹调技法的改进创新是审慎的、严谨的,经改制后制作的菜品,风味更加突出,特色更加显现,它是现代菜肴创新和宴席菜点改革创新的典范。

三、案例分析

"秋瑞宴"对整席菜点的质量、规格制定了一套量化标准。为了使实际操作达到"秋瑞宴"的设计效果,根据菜单设计制定了一套宴席操作质量要求,从选料、主辅料配置、加工工艺、烹调方法等方面,对每一个菜点制定了严格的规定质量标准。"扬州炒饭"是淮扬菜中最负盛名的菜肴之一,也是"秋瑞宴"上重点推出的菜肴品种之一。但是,在200多桌高标准、高质量、展示淮扬风味的"秋瑞宴"席上采用"扬州炒饭"这道菜,并且在京华大酒店、西园大酒店、新世纪大酒店和扬州迎宾馆四大酒店同时接待开席是史无前例的。"秋瑞宴"设计者结合本次会议规定用餐时间45分钟、出菜速度快的特点,以保证风味特色为前提,详细制定了每份"扬州炒饭"的质量要求和标准:上好籼米饭350g(10人食用),草鸡蛋3只,什锦汤150g(什锦汤料是干贝、熟鸡腿肉、西式火腿、河虾仁、蘑菇等,要求切为4mm的方丁)。对"扬州炒饭"的操作步骤和烹调制作工艺做了相应的改进,从出菜速度、烹调工艺、装盘、风味特色等方面制定规范,以适应本次大型接待宴席的要求。"秋瑞宴"的"扬州炒饭"以黄、白、绿为主色调,色彩艳丽,口感松散、软糯,美味可口,受到用餐华商的一致好评。

分析:

"秋瑞宴"对每道菜投料标准做如此详细的规定,运用烹饪物理学、烹饪化学、烹饪营养学、烹饪美学等知识,对质量要求进行量化,其量化系数精确到"克"和"毫米",这充分体现了宴席设计的规范化、标准化、科学化。

四、提示

菜肴难以标准化一直是中餐批量生产面临的问题,应加快提高厨房生产中菜肴制作的机械化程度,改进手工操作的弊病,努力提高劳动效率。

怎样协调厨房与餐饮部和宴会部的关系?

厨房、餐饮部、宴会部、管事部、客房部、采购部、前厅部、公关销售部、工程部、商场部、后勤部、娱乐部等部门,是一家星级饭店不可缺少的组成部分,也是一个不可分割的整体。具体而言,厨房与餐饮部、宴会部、采购部、工程部等部门之间的相互依存关系尤为密切和重要。因此,作为厨房的管理者更要胸怀大度,协调好各方面的关系。

一、如何预防

防火墙一:正确处理厨房与餐厅的关系

1. 厨房与餐厅要相互配合

厨房生产出来的产品需要通过餐厅销售和服务才能算做一件完整的产品。厨房制作的菜点,如果离开了优雅的餐厅、离开了优质的服务,也只能像大排档的菜肴一样,降低了自身的价值。厨房离不开餐厅,餐厅也离不开厨房,它们是前台和后台相互依存的关系。

前台要满足客人的饮食需求,给予热情的服务,后台必须保证前台的服务工作能够顺利进行。厨房要提供优质的菜点,需要前台的配合,需要服务员及时地将宾客的需求传递到厨房。同时,厨房需要餐厅帮助推销一些特色菜或滞销的菜肴,也应及时告诉前台,由前台做好对客人的解释工作。因此,厨房与餐厅要密切配合,做到及时出菜,认真排菜,准确无误地上菜。

2. 厨房必须主动进行成品销售控制

如果成品在销售上失去控制,那么在此之前厨房所做的一切控制成本的努力就会被抵消。成品销售控制是厨房生产成本控制的继续,它要求厨房与餐厅密切协作、配合,严格开票、取菜、收款等各项制度,防止产生差错及工作人员的舞弊行为。

3. 厨房要与餐厅部门沟通联系

厨房的主要责任是及时为宾客提供优质菜点,而菜点质量的权威评判者是就餐客人。客人的意见和建议要靠餐厅部门传达给厨房,这样才有可能改进生产,提高出品质量,使产品更加适销对路。厨房要及时通报售缺或已售完菜品,使点菜服务员能主动向客人做好解释工作。餐厅要协助厨房检查出菜速度、温度等质量和次序问题,帮助推销特色、新创或可能出现过剩的菜点。因此,厨房要主动征求、虚心听取餐厅部门的意见,不断改进工作,以积极、诚恳的态度搞好与餐厅的沟通和联系。餐厅与厨房联系表如表5-1所示。

表5-1 餐厅与厨房联系表

餐厅名称:　　　　　　　日期:　　　　　　　餐别:

推销品种	时蔬品种	备注

厨房通知人:　　　　　餐厅接受人:　　　　　时间:

防火墙二:正确处理厨房与餐饮部管理办公室的关系

1.厨房与餐饮部必须对近期工作进行安排,能够当日正确地安排各种菜品的生产,避免盲目生产和采购,降低食品、饮料变质和丢失的几率,减少浪费。

2.厨房生产人员和服务人员加强联络。在出菜、领菜的程序控制中,服务人员必须懂得一些常用菜及特色菜的制作、特点、口味等,可以在接受点菜时积极向客人推销。另外,服务人员需要知道哪些菜制作复杂,可以提前将单据送至厨房准备;哪些菜需要在跑菜时走快一些,及时上桌,以达到菜肴的最佳程度等知识。如果服务员不懂得菜肴知识,就有可能会带来一些失误,而导致食品成本增高。

3.设置食品检查员和发菜员。在出品过程中为了加强前后台的联系,防止在账单上可能出现的各种差错,大中型饭店餐饮部必须设置食品检查员,负责和厨房发菜员衔接,岗位在厨房紧靠通往餐厅的出口处,对每一道离开厨房的菜点,在外观上、分量上、装盘造型上进行检查监督,协调出菜工作,负责核对账单以及负责菜肴销售的记录工作。食品检查员和发菜员的设置,能有效地堵塞各种漏洞,减少餐厅与厨房的矛盾。大型宴会中,餐饮部还应要求宴会部增派检查员共同组织宴会。

4.厨房与餐饮部必须根据市场的历史和现实情况对工作进行计划。利用可得的过去和现在的相关数据预计未来,对未来的销售量做较精确的预测,较适当地做好餐饮生产和采购计划。

防火墙三:正确处理厨房与宴会部的关系

厨房必须密切关注由宴会部发出的各种信息,诸如宴会的时间、宴会的规格标准、宴会的人数、宴会的主题、宴会的特殊需求等。当厨房接收到宴会通知单后,要立即做好各项准备工作。如果厨房因人员的技术力量不足、厨房设备发生故障一时又难以排除或采购不到宴会所需的原料时,厨房应及时将信息反馈到宴会预订处或餐饮办公室,以便向客人做好解释工作或调整菜单。

二、基本对策

由于厨房与餐饮部、宴会部的关系密切,处理不好直接影响饭店的生存和发展,因此必须有切实可行的措施。

步骤一:制度控制

1. 客账单的控制

客账单,又称订单、取菜单。它是服务员接受客人点菜的记录,又是销售控制的核心成分。因此厨房管理者必须要求饭店有正常的相互检查制度。

2. 出菜、领菜程序控制

出菜、领菜程序是指厨房烹制出菜肴成品和服务员领取菜肴成品的两个过程。其间一定要以单据为依据。

3. 销售控制

餐饮部、宴会部必须在宏观上,厨房更多地在微观上进行销售控制。其主要目的首先是确保餐饮产品在销售活动中应有的营业收入;其次是想方设法推销产品,以优质的服务和优质的菜点来吸引客人,以达到增加经营收入的目的。

4. 宴会控制

宴会部门负责安排各种类型的宴会、招待会等。厨房必须及时了解宴会的信息,包括宴会的日期、种类、规格及宴会菜单等。具体地说,需要做到以下三条:

①厨房每日向宴会部门提供货源情况,以便列入宴会菜单,及时安排销售。

②经常向宴会部门介绍特色菜,便于宴会部门做出安排。

③积极配合宴会部门,做好菜点价码的平衡工作,不断提高宴会菜点的质量。

步骤二:认真做好销售记录,对市场进行预测。

预测是利用可得的过去和现在的相关数据预计未来,这是对未来的一种有根据的推测,只有对未来的销售量作较精确的预测,才能较适当地做好餐饮生产和采购计划,能够每日正确地安排各种菜品的生产份数,避免盲目生产和采购,降低食品、饮料变质和丢失的几率,减少浪费。

餐饮生产的计划控制依据是成品销售控制。应认真做好销售记录,以书面记载菜单上菜肴销售的份数,有些餐厅甚至具体到每种菜的销售量,大型企业都有专门的统计员,用电脑作信息处理,编制销售记录,及时提供给厨房、餐饮部与宴会部。这种销售记录分为:

(1)按经营日期统计的销售记录,可以反映出餐厅菜品总需求量的趋势,以及每份菜的销售趋势,可用于次日、下周、下月的销售预测。

(2)按一星期中不同天作销售记录,这种信息能够反映一个星期客流量的变化情况及每天的销售模式和规律,了解和掌握每天中各份菜的销售分量,便于计划一个星期中每天、每个菜的生产数量和人员设备。

(3) 各时段销售统计,尤其是快餐厅、酒吧、咖啡厅重视对各时段的销售额和客人数进行统计。因这种餐厅营业时间长,在清淡和高峰时段客人的需求量波动显著,掌握各时段的销售数据能帮助餐饮管理人员做好生产时间的安排及不同时间生产数量的计划。

(4) 各菜销售数的百分比,取累积一段较长时间的数据,反映出各菜的销售和需求规律、欢迎度。对于各菜的销售预测和各菜的生产计划具有极大的参考价值。

(5) 根据天气情况预测,如恶劣的天气使销售额下降,但有时候坏天气反而使宾馆中客人不到外面用餐,尤其是晚上,从而造成销售额的增加。

(6) 对节日、假日,尤其是喜庆好日子的先行预测,如公历的五一、十一、元旦,农历的二、四、六、八、十日,端午、中秋、春节等都是结婚或将寿诞移至的时间,外出就餐人数增加。

(7) 偶然因素预测,因餐馆附近修道路而导致客源减少,有些饭店因接待会议较多,出现过回客现象,以至于顾客用餐而不考虑这样的餐馆。可以说精确统计这种就餐人数变化,需求变化的信息,有利于做好销售预测,便于更好地制订销售计划。

三、案例分析

在日本东京世田谷的住宅区内,有一家意大利餐馆经常是座无虚席,因为这里的厨师个个都是烹饪高手,他们的口号是"不懂顾客的口味就烧不出好菜",所以每一位厨师都亲自了解顾客需求并时常出来招呼客人。

分析:

为了使顾客满意,厨师与服务人员是绝不可分的。厨房不听取服务员正确的意见与建议,不满足服务员合理的要求和需要,则意味着客人得到服务的满意程度下降。

四、提示

厨房要协调好与餐厅的关系,首先要尊重餐厅的服务员,要克服厨房独尊、厨房独能的自我为主思想。工作中对服务员粗鲁,看不起服务员,有时服务员成为厨房的出气筒,服务员不敢向厨房提出客人合理的要求和需要。当服务员无法向客人提供合理需要的服务时,可想客人对饭店、餐厅的印象又会如何呢?所以,对服务员的尊重、对服务员工作的支持是协调厨房与餐厅关系与工作的基本点。饭店产品的特点就是有形的美味菜点与无形的温馨服务的总和,二者缺一不可。

怎样协调厨房与营销部之间的关系?

餐饮产品的生产,从总体上看可以分为三大环节。第一是原料的进存环节;第二是厨房的生产环节;第三是营销部的销售环节。可以说厨房与营销部是饭店质量和效益的两翼。

一、如何预防

厨房与营销部是饭店质量和效益最关键的部门,厨房是后台,会议预订、餐厅是前台,应明确"厨房服从前台,餐厅服从客人"的运作程序。

防火墙一:餐饮经营离不开创新思维和精心策划

现代餐饮企业经营的成败,靠的是企业有没有新思路。餐饮的创新就是要求厨房与营销部共同寻找产品的卖点,然后再经过策划将其转化为亮点、热点。

防火墙二:厨房与营销部应共同开拓新的市场,争取更多的顾客

餐饮产品的开发、设计是企业适应市场需求、保持竞争力的本钱,也是企业形象、技术水平、工艺水平的具体表现。但是,如果开发出来的新产品没有考虑顾客需要,不为市场所接纳,那么产品开发能力再强,设计出来的产品再新颖,也只能是前功尽弃。企业利用新的理念、技术和设备,不断研究和开发新产品的根本目的是为了符合人们的心理趋势,满足求新求特的购买动机,并以此提高企业的市场竞争力,开拓新的市场,争取更多的顾客。

防火墙三:及时了解并反馈顾客意见,为厨房提高技艺提供第一手资料

营销部能及时了解并反馈顾客意见,为厨房提高技艺提供第一手资料,并通过热情周到、快捷高效的服务为厨房的精心制作增色,给嘉宾留下深刻的印象。

防火墙四:营销部还可以通过整合其他艺术手段,提高菜品的高附加值。

二、基本对策

步骤一:厨房应主动依靠营销部展示产品特色

厨房和营销部积极策划和组织各种类型的厨房产品促销活动,不仅能使新的产品信息及时得以发布,同时也宣传了饭店的形象,对于巩固和扩大饭店市场份额起着至关重要的作用。

江苏南京金陵饭店就有一个很有名的产品——大油条,此油条特别的大,炸后摆几个小时,依然清脆声响,其鲜明的风格特色无与伦比。至今为止在南京没有第二家,大油条已成为该饭店的看家菜品而影响一方。而在山东潍坊市鸢飞大酒店,也有一特色点心——小油条,此油条特别的小,两股相连,是一般的油条的1/3长,口感与金陵饭店相同,酥脆、形美,大小均匀,也成为当地的知名产品,吸引了各地

来此旅游、务商的客人。

南京绿柳居菜馆的素菜包子,特色鲜明,口感松软,原料配方独特,每天吸引大批的客人排队购买,此品种也已走进江苏著名的苏果超市,进入千家万户。饭店在寻找特色和卖点时,可将本店特色菜、看家菜的产品配方作为销售卖点,以吸引众多的食客光顾。北京的爆肚冯爆牛羊肚坚持13道工序,绝不糊弄顾客,因此别家餐厅很难有如此地道的爆肚;能仁居的涮羊肉能成为京城餐饮业的大家,除坚持选料严格的经营作风外,在涮羊肉调料研究上下功夫,使有独特配方的调料成为经营特色,这些都是其成功的秘诀之一。真正有餐饮经营特色内涵的产品是不惧怕模仿的,仿效者只能学到皮毛而学不到深厚的理念底蕴,急功近利是不可能取得经营成功的。

步骤二:厨房应主动依靠营销部展示名师名厨风采

饭店的餐饮产品都是由厨房的厨师们生产出来的。饭店的产品出新可通过名师名厨的绝技来宣传、展示自己的卖点。许多有条件的大饭店,特别是外国管理公司管理的合资饭店,他们有条件从外国的饭店中聘请大厨来店主厨一段时间,以此增加饭店的餐饮特色和风味。不少饭店在美食活动的策划中,常常以名厨大师作为美食策划对象,以此推动餐饮市场的兴奋点。有些饭店还把名厨的工作照片展示在餐厅的门口,或悬挂在餐厅的点菜区上方,其目的是吸引更多的消费者。

日本餐饮业随着泡沫经济的崩溃,餐饮经营者更加意识到在有限的菜肴成本预算中,提供更多的鲜美风味,增加单位产品附加值。如名厨招牌化,即正在流行的"料理铁人"现象。餐馆争相推出名厨师牌号,厨师像时装设计师一样,不仅卖商品也卖制作者的名气,不仅卖高级的,也卖价格低廉普及型的。当今最有影响的名厨师凭其声誉在日本以不同的价格大量推销他们的名菜及其普及型、价格低廉的拿手菜。许多饭店借机以名厨来扩大自身餐饮的特色和风格的影响力。

步骤三:厨房应主动依靠营销部整合营销

现代餐饮实施名牌战略,不仅是生产物质产品的需要,而且是一种特殊文化产品创造活动的需要。它已成为现代餐饮管理模式运作上的重要环节。像杭州雷迪森这样一个国际知名品牌,其品牌商标蕴涵着深厚的文化价值,一直充分加以利用,使其成为餐饮的形象和餐饮信誉的标志。以品牌推广产品,以产品维护品牌,使消费者对名牌产品和企业形象两个方面的需求都能得到满足。同时要加大宣传力度,通过各种新闻媒体进行广告宣传,进一步树立和巩固企业形象,把广告、销售、服务、社会心理调查、推销和促销手段有机地结合起来。

步骤四:针对产品量不稳定、质难把握的问题,依靠营销部促销提质

1. 鼓励顾客提前预订

针对产品量不稳定的问题,厨房生产应请营销部结合就餐活动出台相应的奖励措施,比如提前预订,可以优惠或得到奖励,将顾客举手之劳的预订活动与顾客的利益挂钩,使顾客得到实惠。从厨房生产经营来看,饭店的预订越多,厨房生产量的控制就越好,浪费就越少。长此以往,厨房生产的产品量可以保持在一个相对稳定的基础之上,从而尽可能做到"零"贮存,保证原料的新鲜度。

2. 稳定熟客的消费

请营销部通过一定的手段加强与熟客的联系,比如过年过节的问候和礼品发送等,加强饭店与顾客的联系,使饭店能成为顾客的温馨家园。

3. 加强与顾客的交流、沟通,避免厨房下菜单的盲目性

将过去厨房下菜单的工作程序,改变为前台或预订部下菜单,充分利用服务人员与顾客面对面的机会,增加交流和沟通,熟记顾客的需求,避免厨房下菜单的盲目性。

4. 改变餐饮经营的手段,增加顾客自主选择菜肴的权利

比如展示菜肴,以菜肴超市的形式出现,有鲜活原料的展示,也有菜品实际分量的展示;展示菜单,添加菜肴说明;增加菜肴图片,做到顾客眼见为实,心中有数;展示厨房,使用明档操作设备,进行现场演示。

5. 针对顾客多样化需求带来的厨房生产难题,营销部应采取如下对策:

一是学会分清主次顾客。强调以主人或主宾的口味为主导,在厨房生产的产品中充分体现出来;二是建立顾客的客史档案,尤其是 VIP 客人的档案,注明顾客的要求和喜好,使厨房的生产做到有的放矢。

三、案例分析

君临苑集尊贵餐饮于一体:闹中取静幽雅环境,拥有 10 个豪华大气、尊贵典雅、古色古香,具有传统中式风格的包厢;传统淮扬美食,结合正宗的江鲜,再辅以高档海鲜作为自己的主菜式;多种具有鲜明风格的主题特色宴席,最大的一个包厢面积近 200m²,拥有独立的接待室和卫生间;全新装修的宏图府会议厅将古典建筑风格与现代装潢艺术完美融合,会议桌可坐 24 人;艺术家的现场演奏满足了高规格、高档次、高品位宴席的需求。在经营餐饮的同时,开设了红酒吧和雪茄吧,提供物超所值的下午茶、咖啡、晚茶、演艺、酒吧以及免费阅读书刊等服务。

分析:

这是营销部将民族优秀文化与美食进行完美融合,以崭新的面貌呈现在社会各界的面前。是商务洽谈、商务接待、举行招待酒会的好去处,是高品位人士休闲聚会的好地方。引领最新餐饮潮流,不但积聚了高端客源,而且提高了菜品的附加值,提升了餐饮的档次。

四、提示

利用整合营销能获得良好的经济效益和社会效益。使用整合营销,既可保持

各个餐厅的特色,又可以采用统一的营销策略,使得整个酒店的餐饮更有竞争力,也便于树立酒店餐饮品牌。

怎样协调厨房与采购部之间的关系?

厨房要生产优质的菜点,就需要有高质量的、合乎标准的新鲜质优原材料,而这些原材料必须通过采购部去购买。销售要获得合理的利润,就需要控制进货的价格。厨房与采购部也可称之为顺序依存。厨房需要采购部的密切配合,以便能及时了解市场信息。

一、如何预防

防火墙一:厨师长要有一盘棋思想

餐饮部是由前台和后台共同组成的,具体说,厨房与会议预订、餐厅、采购、总务等多个部门相联系。在经营中,应明确"厨房服从前台,餐厅服从客人"的运作程序,不必在工作中过度计较孰主孰次。作为厨师长一定要充分认识这一点,一切以顾客的需求为中心。

防火墙二:厨房必须与采购部加强协作

厨房的工作要顺利地进行,就需要采购部能按时购回原料,并做到保质保量。厨房与采购部要协调好关系,以便沟通、协商,共同制订采购规格、采购计划、确定采购数量,以避免采购与厨房生产脱节或造成原料库存积压的现象。采购原料的价格还直接关系到厨房的成本控制。比如,原料的上市品种、价格、新鲜度、供求关系等。厨房一旦获悉信息,就会对制定菜单、变化菜肴内容、创制菜点新品种以及菜点的成本控制提供很大的帮助。

防火墙三:厨师长必须直接过问食品原料的采购、验收、贮存和发放。

食品原料的采购、验收、贮存和发放,是控制餐饮产品质量的前提。

二、基本对策

步骤一:厨师长对原料的采购、发放必须过问

食品原料在采购、验收、贮存和发放时,必须做到采购的食品原料质量、数量、价格及提供时间都必须符合厨房生产的需要。验收后的食品原料必须符合订货的要求。贮存的食品原料要始终保持质量。发放的食品原料应满足生产的需求,符合质量标准,只有加强各环节的控制,才能确保厨房生产进入良性循环的运转,才能使生产和经营获得成功。

步骤二:厨师长必须和采购部共同商定食品原料采购规格标准和库存量

厨房生产的原料是由采购部提供的。因此,厨房必须和采购部保持密切联系,

共同商定食品原料采购规格标准和库存量,每日定时向采购部提交原料申购单。厨房还应重视采购部门关于货物库存方面的信息,协助加快库存原料的周转,及时推销积压原料,做到勤进快销。采购部门给厨房提供有关新的原料市场行情也是十分重要和必要的。

步骤三:厨房必须和采购部共同商定所需要的餐具、用具

采购部门还要负责餐具、用具的清洁、保管和添置等工作。厨房所需要的餐具、用具等,都是由它们提供的。遇有大型餐饮活动,厨房应事先计划餐具需要量,并及时与采购部门沟通,保证餐具数量和卫生条件符合要求。

步骤四:厨房与采购部门共同进行原材料的综合利用

针对生产成本的多变性问题,在厨房生产中应保持原材料的综合利用,减少浪费,使原材料发挥最大的效能。具体做法有:

一是建立监督、检验机制。要求每一个环节对下一个环节负责,采购的原料有质量问题,使用部门有权不接受;使用部门不合理使用原料及其他设备,采购部门有权投诉。

二是建立每日核查单据,每旬盘点制度。厨房使用部门应该每日核查前一日的营业报表、收货单据及出库单据,计算出前一日的成本,作为当天的成本控制的指导;在可能的前提下,每旬做一次盘点,了解原料的售出和存留情况,避免不必要的浪费出现。

三是采购部门加强跟踪管理,现场办公,及时杜绝和制止浪费。

四是采购部门和厨师长共同配合,加强员工素质培养,将餐饮成本调控的程度与员工的切身利益挂钩。

步骤五:针对产品量不稳定的问题,厨房与采购部门增加厨房包装化半成品原料的存储

因为包装化半成品原料,既具有贮存的特性,有保藏期、保质期,又处于毛料和成品之间,可以减少突来顾客引发的菜肴上桌缓慢的不利因素。可以预见,未来厨房生产中使用包装化半成品的数量会大大提高。因为既要菜肴出品质量好,又要出菜的速度加快,还要应付突如其来的零散客源,包装化半成品可以满足这些需求。

三、案例分析

目前行业中流行的"黄鱼鲞"这道菜,使用包装的半成品,只需开袋、清蒸即可食用,时间很短。由于黄鱼经过特殊的处理,鱼肉品质爽滑而鲜嫩,避免了以往的烦琐加工,使操作方便。为此,厨房尽可能地加大半成品原料的使用,可以保证餐饮产品生产量在不确定前提下质量的相对稳定。

分析:

既要菜肴出品质量好,又要出菜的速度加快,还要应付突如其来的零散客源,包

装化半成品可以满足这些需求。这就需要采购部门随时留心最新信息,及时反馈给厨房,当然厨房也要不断地向采购部门了解市场最新信息。

四、提示

采购部与厨房的关系,会直接影响到厨房的生产、产品的质量、成本的控制等方面。也就是说,一方的工作失误必将直接影响到另一方的工作。因此,必须加强两者之间的协作。

怎样协调厨房与工程部之间的关系?

厨房生产的正常运转离不开工程部的大力支持。工程部门负责饭店照明、供水、供电、空调、冷冻、冷藏等所有设备、设施的维修和保养。厨房一切设备、设施的使用,都需要与工程部门保持联系。厨房在生产经营过程中,要及时向工程部门反映设备的使用情况,以便于工程部门及时检修,保障生产的需要。同时,工程部门也应对厨房设备的使用和保养给予帮助。

一、如何预防

防火墙一:必须注意厨房与工程部门的协调

厨房与工程部门应各负其责,相互协调,防止互相推诿。设备的维护保养需要工程部给予指导和帮助,这样才能保证厨房生产所使用的设备处于良好状态。比如,厨房的冰箱一旦出了毛病,就需要工程部派人迅速进行修理,否则冰箱内的食品原料就有可能腐败变质。原料一旦变质,不仅影响到厨房的成本控制,而且还会影响到整个饭店的声誉。因此,厨房与工程部的密切配合关系重大,工程部需要帮助厨房的员工掌握厨房设备的正确使用方法,简易的维修和保养,还需要工程部经常来给予技术指导,以便使厨房的设备能正常运转,延长设备的使用寿命。

防火墙二:厨房必须参与设备的购置

选购厨房设备的总原则是:技术上要先进;经济上要合理;操作要方便,能满足生产之需要;高效能、低消耗、易清洁、易保养。

除计划性原则、价格合理原则外,还应坚持前瞻性原则。

1. 技术先进

设备设施的现代化是现代饭店的重要特点之一,目前,厨房设备设施的更新换代很快,这些设备设施吸收利用最先进的科技成果,厨房设备的自动化程度越来越高,锅炉、冷藏、烹制都能采用微机技术进行自动控制,便于餐饮的标准化、科学化、营养化。

2. 档次提高

一些档次较高的饭店，大量使用进口设备，这些设备保护环境、节约能源、降低消耗，符合设备的发展趋势，如无氟冰箱、电子消毒柜、模块式制冷机组、营养测试机械等。

3. 自控化程度提高

现代饭店的厨房设备运行已经达到半自动控制或自动控制，如锅炉供热系统的自动控制，照明系统的亮灭自动控制，消毒安全系统的自动控制等。

4. 厨房管理的智能化

可将自动控制的各台设备、各系统通过计算机网络实施自动控制；可将厨房的设备运营和人员的具体操作传输到管理控制室，管理人员可以通过屏幕了解设备运行情况以进行及时控制；可将厨房由封闭式改为开放式；使操作通过传输系统反映到餐厅，让顾客亲睹厨房卫生状况、操作状况，认识到制作的难度，增强顾客和厨房工作人员的沟通，更为放心和舒心。

防火墙三：预先定制设备，厨房和工程部同时做好选择生产商的工作

预先定制设备，就是选择一家质量过硬的厨房设备生产商，向其订购设备。有些饭店为了使购回的设备能符合本厨房的使用和安装，特聘请专家根据厨房的布局要求，设计出厨房所需设备的图纸和说明书，交生产厂家定做。这种定制的设备价格虽贵一些，但更能符合厨房生产的需要。

防火墙四：设备的使用运行，厨房和工程部应规范各自的职责

二、基本对策

步骤一：选购厨房设备，厨房一定要配合工程部检查验收

在计划性原则、价格合理原则、前瞻性原则都符合的前提下依照重点检查商家的供货：

1. 安全牢固的原则

（1）设备必须要有良好的安全装置。在选购设备时，要认真观察设备有无安全说明书和安全附设装置。如自动报警、自动断电、自动排污等。

（2）触摸设备的边角、边缘，有无突出尖锐刺手的毛边。

（3）查看设备的焊接处是否牢固。

（4）严禁设备内壁使用镀锌板或刷油漆。

（5）有些机械设备需开启转动，查看运转是否正常，有无异常声音。

2. 易于清洁的原则

（1）设备应由无毒、易于清洗的材料制成，无裂缝和孔洞，避免虫害滋生。

（2）设备要求简洁、设计合理，便于清洁卫生。

（3）工作台、工作柜的门要便于拆装、清洗。

（4）设备的表面要求光滑、抗腐蚀、性能稳定、无吸收性。

步骤二：厨房设备安装时，厨房一定要配合工程部监督

1. 应采取装备分组模式化

按烹调食物的特点分类，制成贮藏、准备、清洗、烹调、上菜等分类配套紧凑而又衔接的工作单元，有利于现代控制技术的应用，形成统一的工艺过程。

2. 多功能性和可移动性原则

（1）设备要便于使用，不仅是实用和有用，而且要具有先进的多种功能。多功能的设备，一是可以减少投资费用；二是可以减少厨房的占地面积；三是可节省劳力。

（2）厨房设备的可移动性，既方便清洁，又方便维修。

3. 节能的原则

（1）设备的功率大小应根据厨房的生产量来确定。

（2）设备应选择热效率高，能源利用率高，能量消耗低的设备。

（3）冷藏和冷冻设备应保证所需要的贮藏温度，且噪声较低。

步骤三：厨房设备使用时，厨房一定要和工程部分清职责，以保证设备的正常运行

运行使用时必须认真执行操作规程和维护规程，在使用和维护过程中，发现问题，及时改进，使设备得到合理的配置、使用，充分发挥设备的综合效能，取得良好的投资效益。

步骤四：厨房设备运行中，厨房一定要和工程部订立正常运行维修、保养方面的制度

1. 由工程部负责把握住供货方的职责

（1）设备要定期维护、保养。维护保养是否方便关系到设备的使用寿命和正常运转。

（2）设备的生产厂家或经销商有无条件承担维修的责任。有些进口设备，如国内没有定点维修点，一旦失灵，只能报废。

（3）设备中容易损耗的部件，生产商或经销商能否及时提供零配件或提供备用零配件。

2. 维护和计划检修相结合

体现"预防为主"的方针，"预先防治"和"防重于治"，预防设备的非正常劣化，减少设备的意外故障，发挥设备的效能，延长设备的使用寿命，同时进行计划检修，以最经济的维持费延长设备的使用寿命。

3. 维修改造和更新相结合

以日常维修延长设备物理使用寿命，维持简单的再生产；结合设备的大修理，不仅补偿设备的有形磨损，而且可以采用先进技术改变原有设备的局部结构，在原有设备基础上添新部件、新装置，以改善、提高、扩大原有设备的功能，起到投资少、见效快

的效果;更新那些难以修复或虽能修复,但经济上不合算,使用不合理的设备。

4. 专业管理和全员管理相结合

以此使厨房设备管理工作上下成线,左右成网,既可发挥专业人员的作用,又可充分调动全体员工包括厨房领导、部门管理人员、设备操作、使用人员的积极性,提高设备的管理水平。

5. 技术管理和经济管理相结合

以技术管理保证设备的良好素质和技术状态;以经济管理追求最佳的经济指标,达到良好的设备投资效益。

步骤五:严格遵守操作规程

厨房设备的种类繁多,使用频率也很高,工程部应根据设备的不同特点和各种要求,对其使用方法、操作规程及注意事项做出规定。厨房设备使用者严格遵守操作规程,提高设备的生产率和产品质量。一般的设备都需要由工程部会同厨房编写操作规程。

1. 厨房要管好设备、用好设备、保养好设备

谁使用,谁负责,设备台账齐全,设备账卡清楚,使用规程和维护规程完善;严格按照规程操作,不能不文明操作,超负荷操作,未经培训的员工不得单独操作;对设备进行日常保养,配合工程部定期保养。

2. 员工要做到会使用、会维护、会检查、会排除一般故障

操作人员必须熟悉设备的用途、基本原理、性能要求,熟练掌握操作规程,正确使用设备;正确实施对设备的维护,达到整齐、清洁、润滑、安全四项要求;能检查设备的完好情况,掌握设备易损件部位,熟悉日常检查项目、标准和方法,按规范进行点检;能鉴别设备的正常与异常,进行一般的调整和简单的故障排除,不能解决的应通知相关部门,并能协同维修人员进行检修。

3. 重要设备操作人员必须遵循五项纪律

即定人定机,凭证操作;保持设备的清洁;执行交接班制度,有运转台时记录和交接班记录;管理好工具、附件;坚守岗位,发现异常及时检查,不能处理的及时通知维修工人检修。

三、案例分析

这是某厨房会同工程部订立的蒸汽夹层锅操作规程:

1. 在偏转涡轮轴上加润滑油;
2. 打开底部的放水开关,将余水放出;
3. 关上空气补充开关,打开蒸汽调节阀;
4. 当夹层里的水和输送管道里的水均放完以后(放水开关处开始放出较纯的蒸汽时),关闭底部的放水开关;

5. 用完以后,关闭蒸汽调节阀,15分钟后打开空气补充开关;
6. 该蒸汽锅压力应小于 3.5kg/cm²;
7. 禁止用金属或其他硬物撞击锅体。

分析:

如果一旦违反上述规程,轻者将影响产品质量,造成能源浪费,重者则危及人身安全。比如第二条操作规程,如果没有将夹层中的余水放去,那么蒸汽就只能沿锅的上边沿冲击,且夹层锅的受热面积减少,锅内处于下部的水因未受热而无法对流,只能靠锅壁进行热传导。这样,水温升高很慢,白白浪费了大量蒸汽。如果违反第三条操作规程,不关闭空气补充开关便开启蒸汽阀门,蒸汽就会从空气补充开关处排出而灼伤操作人员。如果违反第六条,汽锅超压运行就会造成爆炸事故。

四、提示

厨房设备的管理,应该做到定人、定岗、定部门,本着谁使用,谁负责清洁保养的原则。厨房新设备在投入使用前,要对设备使用人员进行操作规程培训,经考核合格后,方能上岗。厨房管理者还应定期请有关技术人员负责厨房设备的维护和保养。

厨房生产运转过程中如何预防事故发生?

厨房生产运转过程中安全是十分重要的。所谓安全,是指避免任何有害于企业、宾客及员工的事故。饭店重大事故的发生多集中在火灾、爆炸和食物中毒三大类型,俗称厨房的"三大杀手",这三大灾难性事故能对饭店的餐厅造成毁灭性的破坏。其社会影响之广,经济财产损失之重,会将饭店经营推向死亡的边沿。事故一般都是由于人们的粗心大意而造成的,事故往往具有不可估计和不可预料性,执行安全措施,具有安全意识,可减少或避免事故的发生。因此,无论是厨房的管理者,还是每一位员工,都必须认识到要努力遵守安全操作规程,并具有承担维护安全的义务。

厨房安全管理的目的,就是要消除不安全因素,消除事故的隐患,保障员工的人身安全和企业及厨房财产不受损失。厨房不安全因素主要来自主观、客观两个方面:主观上是员工思想上的麻痹,疏忽大意、违反安全操作规程及管理混乱,客观上是厨房本身工作环境较差,设备、器具繁杂集中,从而导致厨房事故的发生。

一、如何预防

防火墙一:加强对员工的安全知识培训,克服主观麻痹思想,强化安全意识。

未经培训员工不得上岗操作

防火墙二：建立健全各项安全制度，使各项安全措施制度化、程序化。特别是要建立防火安全制度，做到有章可循，责任到人

防火墙三：保持工作区域的环境卫生，保证设备处于最佳运行状态。对各种厨房设备采用定位管理等科学管理办法，保证工作程序的规范化、科学化

二、基本对策

步骤一：细致的监督和检查

厨房安全管理的任务就是实施安全监督和检查机制。通过细致的监督和检查，使员工养成安全操作的习惯，确保厨房设备和设施的正确运行，以避免事故的发生。安全检查的工作重点可放在厨房安全操作程序和厨房设备这两个方面。

制定厨房安全检查表，便于管理者在工作中进行督导，也便于新老员工能较快掌握检查内容，并能引起高度的重视；在日常的工作中能使员工自觉地遵守安全规程和服从安全检查。

步骤二：常见事故的预防

厨房常见事故有割伤、跌伤、撞伤、扭伤、烧烫伤、触电、盗窃、火灾等，这里简单介绍一下各种事故如何预防，应组织员工学习，并学会预防方法。

1. 割伤

主观上由于员工工作精神不集中，使用刀具和电动设备程序不当或姿势不正确而造成的。客观上因刀具钝、刀柄滑，原料滑、硬、腻，作业区光线不足，刀具摆放位置不正确，其预防措施是：

(1)在使用各种刀具时，注意力要集中，方法要正确。

(2)刀具等所有切割工具应当保持锋利，实际工作中，钝刀更易伤手。

(3)操作时，不得用刀指东画西，不得将刀随意乱放，更不能拿着刀边走路边甩动膀子，以免刀口伤着别人。

(4)不要将刀放在工作台或砧板的边缘，以免震动时滑落砸到脚上；一旦发现刀具掉落，切不可用手去接拿。

(5)清洗刀具时，要一件件进行，切不可将刀具浸没在放满水的洗涤池中。

(6)禁止拿着刀具打闹。

(7)在没有学会如何使用某一机械设备之前，不要随意地开动它。

(8)在使用具有危险性的设备(绞肉机或搅拌机)之前，必须先弄明确设备装置是否到位。

(9)在清洗设备时，要先切断电源再清洗，清洁锐利的刀片时要格外谨慎，洗擦时要将抹布折叠到一定的厚度，由里向外擦。

（10）厨房内如有破损的玻璃器具和陶瓷器皿，要及时用扫帚处理掉，不要用手去拣。

（11）发现工作区域有暴露的铁皮角、金属丝头、铁钉之类的东西，要及时敲掉或取下，以免划伤人。

（12）保持刀刃锋利，刀越钝，切割时越要用力，被切割的食品一旦滑动，切伤事故就会发生。

2. 跌伤、砸伤和撞伤

由于厨房内地面潮湿、油腻，行走通道狭窄、负责线路不明确搬运货物较重等因素，员工未穿防滑的工作鞋，非常容易造成跌伤和砸伤。其预防措施为：

（1）工作区域内应有足够的照明，周围地面要保持清洁、干燥。油、汤、水撒在地面后，要立即擦掉，尤其是在炉灶操作区。

（2）厨师的工作鞋要有防滑性能，不得穿薄底鞋、已磨损的鞋、高跟鞋、拖鞋、凉鞋。平时所穿的鞋脚趾脚后跟不得外露，鞋带要系紧。

（3）所有通道和工作区域内弹簧门应有缓速装置。楼梯、井必须有护栏、井盖，应没有障碍物，橱柜的抽屉和柜门不应当开着。

（4）不要把较重的箱子、盒子或砖块等放在可能掉下来会砸伤人的地方。

（5）厨房内员工来回行走路线要明确，尽量避免交叉相撞等。

（6）存取高处物品时，应当使用专门的梯子，用纸箱或椅子来代替是不安全的。过重的物品不能放在高处。

3. 扭伤

扭伤也是厨房较常见的一种事故。多数是因为搬运超重的货物或搬运方法不恰当而造成的。具体预防措施是：

（1）搬运重物前首先估计自己是否能搬动，搬不动应请人帮忙或使用搬运工具，绝对不要勉强或逞能。一般男职工可举 22.5kg 的物体，女职工为男职工的一半。

（2）抬举重物时，背部要挺直，膝盖弯曲，要用腿力来支撑，而不能用背力。

（3）举重物时要缓缓举起，使所举物件紧靠身体，不要骤然一下猛举。

（4）抬举重物时如有必要，可以小步挪动脚步，最好不要扭转身体，以防伤腰。

（5）搬运时当心手被挤伤或压伤。

（6）尽可能借助于起重设备或搬运工具。

4. 烧烫伤

烧烫伤主要是热锅、热油、热水、热汤汁、热蒸汽造成。是由于员工接触高温食物或设备、用具时不注意防护引起的。其主要预防措施如下：

（1）在烤、烧、蒸、煮等设备的周围应留出足够的空间，以免因空间拥挤、不及避让而烫伤。

（2）在拿取温度较高的烤盘、铁锅或其他工具时，手上应垫上一层厚抹布。同时，双手要清洁且无油腻，以防打滑。撤下热烫的烤盘、铁锅等工具应及时作降温处理，不得随意放置。

（3）在使用油锅或油炸炉时，特别是当油温较高时，不能有水滴入油锅，否则热油飞溅，极易烫伤人，热油冷却时应单独放置并设有一定的标志。

（4）不要将容器内的开水、汤汁等装得太满，运送汤汁时要注意人群的动态，以"请注意"的大声提醒，请人避让。

（5）在蒸笼内拿取食物时，首先应关闭气阀，打开笼盖，让蒸汽散发后再使用抹布拿取，以防热蒸汽灼伤。

（6）使用烤箱、蒸笼等加热设备时，应避免人体过分靠近炉体或灶体。

（7）在炉灶上操作时，应注意用具的摆放，炒锅、手勺、漏勺、铁筷等用具如果摆放不当极易被炉灶上的火焰烤烫，容易造成烫伤。

（8）烹制菜肴时，要正确掌握油温和操作程序，防止油温过高，原料投入过多，油溢出锅沿流入炉膛火焰加大，造成烧烫伤事故。

（9）在端离热油锅或热大锅菜时，要大声提醒其他员工注意或避开，切勿碰撞。

（10）在清洗加热设备时，要先冷却后再进行。

（11）禁止在炉灶及热源区域打闹。

5. 电击伤

主要是由于员工违反安全操作规程或设备出现故障而引起。其主要预防措施如下：

（1）防止设备老化，电线破损、接线点处处理不当，所有电设备要接地线，禁止将电线放在地上。

（2）使用机电设备前，首先要了解其安全操作规程，并按规程操作，如不懂得设备操作规程，不得违章野蛮操作。

（3）设备使用过程中如发现有冒烟、焦味、电火花等异常现象时，应立即停止使用，申报维修，不得强行继续使用。

（4）厨房员工不得随意拆卸、更换设备内的零部件和线路。

（5）清洁设备前首先要切断电源。当手上沾有油或水时，尽量不要去触摸电源插头、开关等部件，以防电击伤，接触电设备前，一定要保证自己站在干燥的地方。

6. 火灾

厨房有电器、管道、易燃物品，是火灾易发地区。造成厨房火灾的主要原因有：电器失火、烹调起火、抽烟机失火、管道起火、加热设备起火以及其他人为因素造成的火灾等。为了避免火灾的发生，需采取以下预防措施：

（1）厨房各种电器设备的使用和操作必须制定安全操作规程，并严格执行。

（2）厨房的各种电动设备的安装和使用必须符合防火安全要求，严禁野蛮操作。各种电器绝缘要好，接头要牢，要有严格的保险装置。

（3）厨房内的煤气管道及各种灶具附近不准堆放可燃、易燃、易爆物品。煤气罐与燃烧器及其他火源的距离不得少于1.5m。

（4）各种灶具及煤气罐的维修与保养应指定专人负责。液化石油气罐即使气体用完后，罐内的水不能乱倒，否则极易引起火灾和环境污染。因此，在使用液化石油气时，要由专职人员负责开关阀门，负责换气。

（5）炉灶要保持清洁，排油烟罩要定期擦洗、保养，保证设备正常运转工作。

（6）厨房在油炸、烘烤各种食物时，油锅及烤箱温度应控制得当，油锅内的油量不得超过最大限度的容量。

（7）正在使用火源的工作人员，不得随意离开自己的岗位，不得粗心大意，以防发生意外。

（8）厨房工作在下班前，各岗位要有专人负责关闭能源阀门及开关，负责检查火种是否已全部熄灭。

（9）楼层厨房一般不得使用瓶装液化石油气。煤气管道也应从室外单独引入，不得穿过客房或其他房间。

（10）消防器材要在固定位置存放。

步骤三：食物中毒事故的预防

1. 食物中毒事故的种类

（1）细菌性食物中毒；

（2）植物性食物中毒；

（3）动物性食物中毒；

（4）病菌性食物中毒。

2. 食物中毒事故的预防

（1）从可靠的供应单位采购原料。

（2）只可使用无毒的原料，如银杏仁要加热成熟，不可多食和生食。

（3）不可使用不新鲜原料、变质的原料，如死甲鱼、死贝类海产品。

（4）不可将生、熟食品交叉切制。

（5）不用有毒物质作为生产厨用器具、容器及材料。

（6）严格按照国家规定的品种和用量使用食品添加剂。

（7）厨房中谨慎使用化学杀虫剂。

三、案例分析

表 5-2　厨房安全检查区域范围一览表　　　年　月　日

区域	检查内容	是	否	备注
加工区域	地面是否平整、光滑，有无积水；			
	下水道上的铁盖板是否俱全；			
	水池是否畅通，水龙头是否漏水或损坏；			
	垃圾箱是否有盖，是否每天有专人倾倒和洗刷；			
	工作台、货架是否摆放平稳；			
	砧板是否每天清洁并摆放好；			
	各种加工设备是否已清洁、保养；			
	电灯光照是否全面，亮度如何，灯的高度如何；			
	员工的各种刀具是否安全存放。			
烹调操作区域	各种煤气炉灶的阀门、开关是否漏气；			
	电器设备是否有专用的插座，电线的容量是否够用；			
	机械设备是否妥善接通地线；开关、插座有无漏电现象；			
	电器开关、插座是否安装在使用较方便处；			
	厨房地面是否平整、清洁、干燥；			
	员工是否学会操作各种机械设备；			
	员工是否遵守安全操作程序；			
	员工是否按照规定的着装上班；			
	厨房过道上有无障碍物；			
	各种厨房用具是否安全摆放到位			
	厨房内使用的清洁剂是否有专柜存放，员工是否知晓清洁剂的使用；			
	烹调操作间的电灯有无安全罩，光照度够不够；			
	厨房的门窗是否开启自如、有无松动或掉落的可能；			
	厨房到餐厅的过道门是否完好，进出门是否分开走；			
	厨房内各种消防器材是否齐备，是否够用；			
	消防器材有无专人保管、是否定期进行检查；			
	每位员工对消防器材是否熟悉、会用；			
	厨房火灾报警器有无安装，是否有用；			
	厨房煤气阀、煤气罐附近，是否有醒目的防火标记；			
	厨房的能源阀门、开关、插头等是否有专人负责检查；			
	厨房内有无医疗箱，常见刀伤、跌伤等外用药品是否齐备；			
	厨房的各种钥匙是否有专人保管。			

表5-2是一酒店制定的厨房安全检查区域范围一览表,由专人每天检查,不厌其烦,因而几年来一直没有发生较大事故。

分析:

抓安全必须从"大处着眼,小处着手",点点滴滴地到位,将事故消灭在萌芽状态。另一方面,抓安全必须持之以恒,常抓不懈,警钟长鸣,才能真正达到预期的效果。

四、提示

以上这些安全检查,各厨房可根据实际情况,制定更细致、更全面的检查表,以督促规范员工的行为。事实上,厨房的安全工作还需要工程部、安全保卫等部门的密切配合,齐抓共管,才能杜绝事故的发生。

怎样策划餐饮营销方案?

随着社会的发展,人们的思想观念也发生着变化,消费者变得更成熟,甚至更精明;经营者的服务理念在变,管理思路在变,与此同时,客源市场也在变。因此,经营更不能不变,不能有老框框,不能按老思路。总之,餐饮经营必须关注市场变化,必须迎合顾客求新的心理。利用文化的特色去设法寻找卖点、营造亮点、制造热点,敢为人先,走特色经营之路,这才是现代餐饮经营的一条光明之路。

一、如何预防

防火墙一:必须知晓餐饮产品的开发创新,实质是卖点的创新

餐饮产品的开发与创新,实质是卖点的创新。今天的市场,是"卖点至胜"的市场。没有卖点的产品与服务就根本不能吸引消费者,从而导致企业处于没有利润增长点的困境。于是,为了企业的生存与发展,不论是经营决策者,还是部门管理者;不论是产品制造者,还是产品服务者乃至一切追求经济效益的行业和部门,都必须关心卖点、研究卖点、寻找卖点、培养卖点。

防火墙二:必须探寻餐饮经营思路,实质是将卖点转化为亮点、热点

餐饮经营离不开创新思维和精心策划。现代餐饮企业经营的成败,靠的是企业有没有新思路。餐饮的创新就是要去寻找产品的卖点,然后再经过策划将其转化为亮点、热点,以此形成成功的餐饮经营。

防火墙三:必须知晓餐饮经营要符合人们的心理趋势,满足求新求特的购买动机

餐饮产品的开发、设计是企业适应市场需求、保持竞争力的本钱,也是企业形象、技术水平、工艺水平的具体表现。但是,如果开发出来的新产品没有考虑顾客

需要,不为市场所接纳,那么产品开发能力再强,设计出来的产品再新颖,也只能是前功尽弃。企业利用新的理念、技术和设备,不断研究和开发新产品的根本目的是为了符合人们的心理趋势,满足求新求特的购买动机,并以此提高企业的市场竞争力,开拓新的市场,争取更多的顾客。

二、基本对策

步骤一:寻找和策划餐饮卖点

卖点是指在一定时间内,可以用来市场运作或者商业炒作,能够刺激消费,快速创造商业价值的各种自然要素与社会要素的泛称。卖点如同一座金矿,期待人们开发,一旦开发成功,就回报给社会巨大的经济效益。人们所感兴趣的东西,都可能是卖点。卖点是生产、经营的热点。寻找卖点,关键是掌握信息和把握消费动向,吸引并且满足消费者购买欲望。

卖点又可分流行型与稳定型两类。流行型卖点,其伴随着消费者心理行为的热点转换而形成的商业价值。比如餐饮产品中的流行菜以及一些搞噱头的菜品。它的流行期较短,来势较猛,消失也较快。稳定型卖点,其能够在比较长的时间里被消费者所接受并能够获得长久的商业价值。比如餐饮业中的传统名菜、看家菜、品牌菜等。

步骤二:开拓新产品的设计思路

新产品是指"产品整体"中任何一个层次更新和变革所带来的产品结构、服务、造型、品种的创新。根据产品的创新程度,新产品可以分为全新产品、革新产品、改良产品、新品牌产品等类型。新产品的设计思路应该把握以下几点:

一是要投其所好,根据目标顾客群体的喜好筛选相适宜的产品构思和设计点子,不必兼顾所有顾客。在餐饮上迎合年轻人喜欢新奇、方便、噱头的产品特点,采取新异的造势菜和猎奇的餐厅环境。

二是要供其所需,不论新老产品,有无创意,只要消费者有确切的、一定规模的需要,就可以开发生产相应的产品。如仿古菜、民间菜以及乡村餐厅、农舍饭庄、知青餐厅,只要有需要都可设计策划。

三是要激其所欲,用奇特的构思或推出特色的餐饮项目激发顾客的潜在需要。如饭店及时推出的每天特选菜、每日奉送菜,活动大抽奖以及烟雾菜、桑拿菜等,以此来引起顾客的购买欲。

四是要适其所向,预测分析顾客需求动向和偏好变化,适时调整产品结构和服务内容,开拓和引导市场。如根据市场需要推出美容食品、健脑食品、长寿食品、方便食品等。

五是要补其所缺,首先要了解市场的行情,分析现在的餐饮市场,还缺少什么,需补充什么,不论产品价值大小,只要市场有一定的需求量,即可设计开发此类产品,这是一种非常可行、有效的新产品开发思路。如市场上缺少拉丁餐厅,便可开发巴西烧烤食品等。

六是要释其所疑,开发出的产品让消费者买得放心、用得明白,减少顾客的疑问。如饭店餐厅提供食品监测设备、绿色生态食品、无味精食品、人工大灶食品等。

步骤三:进行产品系列设计

产品系列构思与设计要适应不同顾客的消费需要,在设计中主要取决于目标市场的顾客需要特点以及需求量的结构状况:

一是,不同功能的餐饮产品设计。由不同质量、性能及价格水平的菜品组成的产品系列可以满足不同消费层次、不同购买动机的顾客需要。如可以推出不同系列的靓汤、沙锅、椰盅等品种,以满足顾客的众多需求。显然,菜品系列越多,对顾客的品牌认知来讲就越特色和专业化。

二是,不同用途的餐饮产品设计,适用于不同用途、不同环境条件的同类产品系列,是企业产品开发设计的基本思路。如南京饭店的"龙马精神",此菜在菜品的配料上注重男女之间生理上的差异,配料中男女有别,形成了独特的菜品风格。再如:会议的主题不同,其菜品的风格也有所差别。寿宴、婚宴的菜品其配料有异,造型有别;乾隆宴、东坡宴、板桥宴、红楼宴等内容各有区别;乡土宴、宫廷宴、小吃宴等境况、场景、菜单各有千秋;长江宴、运河宴、敦煌宴、珠江宴等各具不同的地域风格特色。另外,同样一个菜,可做点菜、套餐、会议菜,其表现方式有所变化。

三是,不同规格的餐饮产品设计。由不同容量、大小的产品组成产品系列,用以满足不同消费者对菜品的不同需求。这是由市场消费者的差异所决定的,因此企业在产品开发设计时通常都可生产出不同规格、型号的系列产品。如同一种菜肴有大盘、中盘、例盘盛装,也可微型化盛装等。

四是,不同外观的餐饮产品系列设计。由不同外观、造型、质感、口味的菜品组成产品系列,其基本风味、特点相近,能够较好地满足消费者个性化的需要。如浙江嘉兴粽子系列馅心多样化;西安饺子宴的各式饺子;扬州富春茶社的杂色包子;再如造型设计风格不同的瓷器餐具系列,等等。

步骤四:发展集约化

2006年,上海的商业零售总额达到1 722.27亿元人民币。旅游业收入达到900多亿元人民币,占全国旅游总收入近二成。境内外来沪旅游人次数达到8 029.5万,是上海人口的5倍。上海餐饮业抓住这个机遇,实行餐饮与商业结合,餐饮与旅游结合,使经营向集约化方向发展。一方面,充分利用元旦、春节、清明、中秋等传统节日和"五一"、"十一"等假日,吸引大量顾客来餐馆吃年夜饭、举办婚宴、寿宴、谢师宴、圣诞大餐等。同时还推出了家宴外卖套菜、节令食品外卖、厨师登门烧家宴等活动,社会餐饮向家庭厨房延伸,为市民办实事。另一方面,充分利用国际化都市各种重大会议、会展、活动多,商务旅游、都市旅游、过境旅游、休闲旅游人数持续增长的商机,开展各种促销活动,使上海餐饮业经营出现了淡季不淡、高潮迭起、排浪式发展的新特点。

步骤五:营销过程出店化

上海的食品业、餐饮业、酒店业通过前几年的实践,发挥各自优势,组织各种货源,相应推出具备自身特点的家庭套菜、半成品套菜、名特菜肴专卖和各种干货、原料的展示供应。这种形式受到顾客极大的欢迎,尤其是春节期间,如华夏宾馆推出的华夏家宴套餐,采用工厂化模式生产,90%以上菜肴加工过程仅需几分钟,顾客拿回家仅需简单操作便可做好一桌年夜饭。而像新雅、杏花楼、老正兴、豫园等均将各店最具特色的菜点配成各种价格的套菜,加上节日糕团点心装成一大盒。每道菜均由高级厨师指导,按标准进行选料、初加工,制成半成品或成品,顾客除夕当天来店取货,回家略作调理,即为一桌酒席。不少店家甚至连烹饪器皿如沙锅、盆、钵等都一起送上,礼盒包装,既方便又可作为节日礼品馈赠亲朋好友。至于各店的品牌菜肴,很多也提供零卖服务。不仅如此,更有一些饭店推出了厨师上门做年夜饭和由酒店全套制作后送货上门的服务,更大程度地为消费者提供了便利。

三、案例分析

这是香港某酒店的商务菜单:

大展宏图宴:万家增寿——红运猪全体,事事顺境——鲜带拌金蚝,如意吉祥——玉簪明虾球,意锦华归——双冬扒菜胆,四季平安——肘片炖鲍翅,时运亨通——鹅掌美鲍脯,兴隆顺境——清蒸海东斑,旺丁旺财——京华茶皇鸡,锦绣糯米饭,龙牙伊府面,红运庆团圆,鸳鸯美点心。

满堂喜庆宴:合府安康——川粤大拼盘,家家欢乐——玉环瑶柱脯,平步青云——石腿乳鸽柳,安居乐业——锦绣炒虾仁,共度新春——红烧鸡丝翅,贺岁增寿——双菇扒时蔬,新年进步——清蒸海石斑,春满华堂——南乳吊烧鸡,幸福炒饭,金银伊面,核桃汤丸,羊城美点。

如果将两菜单的首字连读,即为。万事如意,四时兴旺。合家平安,共贺新春。

再比如,香港的某酒店对婚宴单进行了改进,将许多菜肴分类成为A、B、C、D、F、G等几类,然后再让客人进行排列组合,使客人选择的空间增大。菜单如下:

A. 头盆(请自选一款):红运乳猪大拼盘;海蜇大红乳猪件。B. 两热荤(请自选一款):香酥葡汁凤尾虾,千岛蜜桃海鲜卷;C. 两热素(请自选一款):如意百合鲜带子,翡翠蚌片鲜带子。D. 鲍鱼(请自选一款):鹿筋扣鲍脯,海参扒鲍脯。E. 鱼翅(请自选一款):龙凤海皇大生翅,金枝玉带海虎翅。F. 活鱼(请自选一款):双喜斑,双星斑。G. 家禽(请自选一款):红运脆皮龙岗鸡,情浓手烤鸡。H. 蔬菜(请自选一款):金钱双宝蔬,珊瑚鸳鸯蔬。I. 甜品(请自选一款):百年好合,幸福团圆。J. 面类(请自选一款):虾子干烧伊面,幸福伊府面。K. 饭类(请自选一款):良缘锦绣饭,银湖海皇烩饭。L.点心与水果:鸳鸯双美拼,时令水果拼。

分析:

商务菜单带有一定的吉祥寓意,符合商人希望如意吉祥的心理。

从改进的婚宴单可以看出,将每一类中任意一款菜肴选出都将成为一种新的婚宴菜单,这给新婚的人们有了更多的选择余地,如果将这种方法运用到商务菜单中,也可以使菜单更加丰富和充实。

四、提示

烹饪生产求新求特,从传统的烹饪生产中开拓,营造新时代的烹饪风格,已成为现代餐饮业所推崇的方向。现代的饭店经营,特别是高档饭店和特色的餐饮企业已将烹饪生产活动利用新颖、独特的方法,向客人展示其特色,以突出生产过程中的卖点。

如何建立合理的厨房工资分配方案?

在厨房管理中,分配是一项最为具体复杂的管理实务,它不能因为具体复杂而迟缓与回避。人一般都有自私之心,所以在自我评估与领导对他的评估中,由于角度不同,往往存在差异。人都对评估比较敏感,因此,分配能激励人,搞得不好,也能挫伤人。所以,分配必须要慎之又慎,分配前,做好资料的搜集分析、测定,从比较科学的角度来着手做好分配。

一、如何预防

防火墙一:必须认识分配的重要性

在厨房管理中,分配是一项最为具体复杂的管理实务,它不能因为具体复杂而迟缓与回避。分配是领导对下级劳动成果的肯定。员工也很容易在分配中产生想法,在忙碌琐碎的事务中,人与人、事与事之间,好与差之间的区别只是相对的,很少有绝对的差别,管理者更无法用砝码去度量。要把分配当做领导水平、领导艺术的检验,尽量使分配减少副作用,激励和促进员工积极性的更大发挥。

防火墙二:必须坚持分配的原则

分配不能盲目随意,要严格按照我国劳动法原则和社会公认俗成原则来进行:
(1)按劳取酬多劳多得的原则;
(2)贡献大小的区别原则;
(3)按岗按级分配的原则;
(4)公平分配的原则;
(5)利益兼顾的原则。

防火墙三:管理者在采用激励手段时,要注意处理好物质激励和精神激励之间的关系

金钱和物质是每个人赖以生存的前提,物质激励在一定条件下将产生相当大的激励作用。传统的工资制度只重视保健因素以及职务因素,很难达到激励目的,现行的工资多与工作绩效挂钩,成为激励职工工作和学习的动机和手段。

防火墙四:薪酬必须有竞争性、激励性

薪酬必须有竞争性,薪酬制定必须根据人才市场的供求状况及同行业的薪酬水平,合理确定薪酬标准和分配办法,以增强市场的适应力和竞争性。薪酬必须有激励性,有利于增强员工的团结合作精神,有利于培养员工的责任心,有利于不断培养员工的业务水平,提高工作质量。薪酬政策必须实施差异化管理,向关键岗位关键人才倾斜,必须实行按效率、效益分配的原则,以成果多少贡献大小决定薪酬。

防火墙五:薪酬必须有公平性

公平是一种心理现象,每个人都愿意在公平、公正、公开的环境中工作,维护好自己应有的权益。如丧失"三公",就会产生不满情绪。在现在社会中,分配的公开难以做到,但是分配者必须尽量做到公平、公正的原则。2006年《经济参考报》报道,中华英才网的一项调查显示,有48%的受访者表示,在加薪受到不公平待遇时,会"开始寻找跳槽机会";43%会选择正面沟通;仅有6%保持沉默。

分配公平感指的是人们对组织中资源或奖罚的分配,尤其是指涉及自身利益的分配是否公正合理的个人感受。分配公平感也是一个极其强有力的激励因素。在有些情况下,公平感对人的工作积极性会产生极大的影响。必须在分配方面采取公开公平的分配制度,让员工明白自己的能力及适合的岗位,明白自己应该获得怎样的酬劳。

厨政管理者在采用公开公平分配制度的同时,一定要认识到,人的公平感一方面受其所得到的绝对报酬的影响,另一方面受到相对报酬的影响。人除了关心自身的实际收入外,还关心自己收入的相对值,即拿自己的收入与他人收入作比较。所以,厨政管理者在设置岗位与工资收入挂钩时,一定要有公平观。

以提高职工绩效与厨房组织的效能为目的,厨政管理宜选用贡献率标准确定分配的原则,实际上就是论功行赏,使奖酬与贡献成正比。当然,若没有正规的、系统的绩效记录和考核方法,贡献率只好免谈了。所以,建立、健全厨师业务考核方法和系统的绩效记录,是厨政管理实行公开公平分配的基础。

防火墙六:薪酬必须有有效性

薪酬必须有有效性,即厨房工资总额在成本中的比例必须适度,保证人力成本的增长与营业收入增长相适应,并符合国家政策、法律。

防火墙七:杜绝暗箱分配的方法

所谓暗箱分配,是指奖金、工资及其他福利分配不公开,员工只了解自己所领

的那一份额，且这一份额对其他员工来说是保密的一种分配制度。这种分配制度在国内外企业中时有运用。在实际工作中，这种分配制度也能起到一定的激励作用，使员工的工作积极性在一段时期内有所提高。但是，企业的分配形式长期使用暗箱的分配方式，会在工作中造成相当大的消极影响。

二、基本对策

步骤一：推行以顾客需求为基础的绩效管理

在饭店厨房中，消费者的意见是绩效管理体系的基础。对顾客满意度的评估结果常常被用作制定检查工作绩效的标准，进而衍化出奖励制度。由此，厨房把顾客满意度与员工的表现联系起来，把员工绩效的提高直接与顾客的需求结合在一起。其根本目的就是将提高员工的绩效集中到实现厨房改进顾客满意度的目标上来。要想大幅度提高厨房的效率，就要将顾客满意度调查与员工绩效评估结合在一起，使之成为两个有效的管理手段。为此，厨房应采取以下措施：一是搜集有关顾客满意度的资料。饭店应搜集调查资料，以确定消费者关注的主要服务内容；二是请顾客给每项服务打分。这样可以为饭店实施新的计划提供运作方面的基准。

步骤二：推行3P模式的工作目标管理

为适合现代饭店人力资源的开发以及降低管理成本的需要，在岗位（Position）职责、工作绩效（Performance）、工资（Payment）分配等方面（简称3P模式），建立动态目标管理的绩效评估体系，可充分体现"认识人性、尊重人性、以人为本"的思想。具体内容包括：根据厨房生产经营特点进行职务分析，明确所有员工各自岗位（Position）职责；根据厨房的岗位职责，设计人力资源的工作绩效（Performance）考核方案；使用绩效考核方案和工具，对厨房所有员工进行定期考核，并根据绩效考核结果，设计工资（Payment）、奖金发放方案。

厨房通过确立岗位目标，使员工科学合理地安排自己的工作进度，明确饭店对自己的要求以及对自己工作成绩的评价标准，并且相信，只要努力工作，就能获得相应的报酬。这种三位一体的动态目标管理体系，已日益凸显其优越性与较强的生命力。具体表现为：3P模式中的岗位职责、绩效考核与工资分配三者是有机联系的统一体，这种有机联系可以充分体现公正、合理、科学、竞争的原则；它将饭店的利益转换成个人目标，以更严格、更精确、更有效的内部控制来代替外部管理；使每个员工了解其个人的明细工作目标，增强个人对完成饭店总体目标的责任感，使个人的力量和职责得到充分发挥；它能有效强调个人努力与团结协作的统一性，员工个人命运与饭店命运一体化；不强调资历，只看重现实工作表现，定量评价与定性分析相结合，业绩考核与工资待遇、奖惩相互依存。3P模式的有效实施必将使饭店人力资源的开发逐步走上"法治化"轨道，避免"人治"、主观臆猜等造成的不良后果，充分发挥人力资源能量，充分调动各位员工的积极性和创造性，鼓励个人积极进取、努力奋斗，强调协作，促使饭店和所有员工共同进步、发展，使饭店迈上较为规范化管理的轨道。

在竞争日益激烈的21世纪，要使绩效管理取得成效，必须多用奖励方式，少用惩处政策。理想的做法是让员工自始至终地参与整个项目，从制订计划到完成计划。目的是保证调动员工的积极性。一是绩效评估的侧重点将由以往对员工的态度与特质评估，转向为与动态目标管理相结合的评估体系，即在饭店确立了厨房目标之后，运用各种管理、激励、控制手段，使员工自觉地朝目标努力，以"目标管理"取代"驱使管理"，用自我控制代替上级控制，使员工的个人目标和厨房的经营目标完美地统一起来，从而激发员工的工作热情。二是制订员工工作目标，饭店厨房应根据顾客服务资料的分析结果制订员工工作目标，目标应便于考核。三是目标与收入挂钩，理想的做法是将目标与奖励联系起来，每一季度末，要对顾客进行调查，以确定是否需要改进工作效率。若是达到了工作预定的目标，管理人员和员工可以拿到季度奖。奖金可以分为有或没有，也可根据取得成绩的大小分为等级。

步骤三：用薪酬待遇留住人

薪酬和待遇永远是员工最关心的问题，在现阶段，工作仍是大多数员工谋生的重要手段。据有关资料显示，饭店员工最关心的三个问题中，有一个就是薪酬问题。从某种角度上讲，高薪就是对人才价值的承认，只要饭店提供良好的薪酬，使人才价值得以充分体现，优秀员工就会忠诚饭店工作。虽然，现在饭店的经营利润不高，不可能对每一个员工都提供高薪，然而对那些任务重、责任大的员工，厨房在薪酬方面应该有所倾斜，尤其对饭店做出较大贡献的员工，厨房应该给予重奖，让优秀员工的价值得到体现。现代人们对生活的要求越来越高，厨房要关心和改善员工的生活福利。对于工资待遇偏低的员工，管理层要做到心中有数，在条件许可时，应予以调整、理顺，那种"既要马儿跑，又要马儿不吃草"的饭店是很难留住人才的。用什么样的薪酬吸引人才到饭店来出力献策，用什么样的福利留住人才，是饭店要认真考虑的问题。无论怎样有一点可以肯定，高薪与优厚的待遇将会有效地抑制员工流出本饭店，同时也能引得凤凰来。

步骤四：采取灵活的福利政策，使福利效用最大化

采取灵活的福利政策，满足职工需求多元化，使福利效用最大化。有条件的饭店可以实行开放式管理，使饭店内部股票持有者扩展到普通管理人员和技术人员，使利益共享，风险共担，增强员工的责任感，同时得更多的实惠。但是，物质激励如果不讲多劳多得，干好干坏一个样，就会使物质激励失去应有的作用。物质激励并非万能，在一定的条件下会产生"淡化"现象。比如，在厨房工作中发现，当一个人第一次因表现突出而获得50元奖金后，所产生的效果是很明显的，但如果连续拿几次同等量的奖金后，其效果就没有第一次那么明显了。又如：当小王第一次拿奖金时得了200元，第二次拿180元时，就会满腹牢骚，甚至产生后退的现象。因此，

物质激励应与精神激励相结合，才有可能真正达到激励的目的。

三、案例分析

四川鼎天集团对贡献突出的高级人员，实行股份配额制，以实现利益共享。福建恒安集团1994年在全省三资饭店中率先设立了员工福利基金会，凡申请加入基金会的正式成员，每月从工资中扣留10%，公司补贴同等款额一并存储，每年计复利，作为员工福利，在公司工作满20年，可全部领取。这一制度的实施，解决了职工的后顾之忧。这些都是饭店留住人才的有效物质利益手段。

分析：

在厨房管理模式中还要大量地引进激励机制，调动全体员工的积极性，为其参与管理、实现自我价值创造良好的工作环境，让员工把厨房当做自己的家。

四、提示

人本管理的一个方面是情感管理。在酒店管理艺术中，有很多管理技术可以采用，但情感管理的独特魅力，是其他方法不可替代的，它对激发员工潜能，提高酒店知名度和美誉度，增加综合效益有十分重要的作用。情感管理主要是探讨和寻求员工忠于厨房的领导艺术。有忠于酒店厨房的员工，才会有抢占市场的优质服务产品。作为厨房管理者，掌握了情感管理的奥秘，对增强领导艺术，提高厨房管理水平是十分有益的。